far Sordelon

2. one
2576.
+ A.3.

L'HISTOIRE

DES

IMAGINATIONS

EXTRAVAGANTES

DE

MONSIEUR OUFLE

CAUSE'ES

PAR LA LECTURE DES LIVRES qui traitent de la Magie, du Grimoire, des Démoniaques, Sorciers, Loups-garoux, Incubes, Succubes & du Sabbat; des Fées, Ogres, Efprits Folets, Genies, Phantômes & autres Revenans; des Songes, de la Pierre Philofophale, de l'Aftrologie Judiciaire, des Horofcopes, Talifmans, Jours heureux & malheureux, Eclypfes, Cometes & Almanachs; enfin de toutes les fortes d'Apparitions, de Divinations, de Sortileges, d'Enchantemens, & d'autres fuperftitieufes pratiques.

LE TOUT ENRICHI DE FIGURES, & accompagné d'un très-grand nombre de Nottes curieufes, qui rapportent fidellement les endroits des Livres, qui ont caufé ces imaginations extravagantes, ou qui peuvent fervir pour les combattre.

TOME PREMIER.

A AMSTERDAM,

Chez Estienne Roger, Pierre Humbert, Pierre de Coup, & les Freres Chatelain, Marchands libraires.

M. D. C. C. X.

PREFACE

ON a imaginé des Hiftoires très-amu-
fantes, pour repréfenter des efprits
gâtez par la lecture des Livres de Cheva-
lerie, des Romans, des Poëtes, & d'autres ouvrages, également éloignez de la
verité & de la vrai-femblance. Entre ces
Hiftoires, les plus confiderables, font
celles de *Dom Quixotte*, du *Berger extravagant* & de *la fauffe Clelie*. On les lit tous
les jours avec plaifir; & je croi que c'eft
particulierement, parce qu'on y trouve
de certains caracteres, qui ne démentent
point l'ufage, puifque l'experience nous
apprend, que la plupart de ceux qui fe
font une étude de vifions, ne manquent
point de devenir eux-mêmes fort vifionnaires. Il y a très-peu d'enfans qui ne reçoivent pour vrayes les Fables d'Efope
& les Contes des Fées, fi ceux, dont le
devoir eft de prendre foin de leur conduite, & leur donner une bonne éducation,
n'ont affez de fageffe & de prudence,
pour regler à cet égard leur credulité. Il

*

arri-

arrive auſſi très-ſouvent que ceux, qui étant plus avancez en âge, ont cependant l'eſprit auſſi foible que celúi des enfans, croyent tout ce qu'ils liſent, pourvû qu'ils y trouvent du prodigieux, de l'admirable & de l'extraordinaire. Celui, dont on va lire les extravagances, étoit tout à-fait dans ce goût. Il ne croioit rien plus fortement, que ce qui paroiſſoit le plus incroyable aux autres.

Ce pauvre homme avoit paſſé une grande partie de ſa vie, à lire un nombre prodigieux de Livres, ſur la Magie & la Sorcellerie, ſur les Spectres, les Phantômes, les Loups-garoux, les Eſprits Folets, les Fées, les Ogres, l'Aſtrologie Judiciaire, les Divinations, les Apparitions, les Enchantemens; enfin ſur ce qu'on a écrit de plus recherché pour faire valoir un nombre prodigieux de ſuperſtitieuſes pratiques.

Les premiers ouvrages qui lui tomberent entre les mains, & auſquels il s'abandonna avec le plus d'application, furent ceux qui donnent pour veritez, mille fables ſur toutes ces matieres; & ainſi la prévention s'étant entierement emparée de ſon eſprit, il fut continuellement en proye aux prétendus Lutins, Revenans,

nans, Devins, aux faiseurs d'Horofcopes, aux difeurs de bonne avanture, aux Fabriqueurs de Talifmans, & generalement à tous ceux qui entreprenoient de profiter ou de fe divertir de fa credulité. On réüffifoit d'autant plus facilement à le tromper en cela, qu'il convioit à l'entreprendre, & qu'il aidoit par fon entêtement à lui faire croire tout ce qu'on vouloit. Si les Lecteurs veulent bien rappeller dans leur mcmoire ce qu'ils ont vû fouvent dans le monde en matiere de prévention, ils ne douteront point de ce que je dis, & encore moins de ce qu'ils liront dans l'Hiftoire qu'on leur préfente.

On ne dira rien ici davantage de lui pour le faire connoître, puifque le premier Chapitre de l'hiftoire de fes Imaginations, eft uniquement deftiné pour reprefenter fon caractere; on y trouvera auffi ceux des perfonnes de fa famille qui y joüent des rôlles confiderables.

Au refte, l'exactitude avec laquelle on a recherché dans les livres qui traitent des fuperftitions, les endroits qui avoient gâté l'efprit de Mr. Oufle, fait efperer que les Nottes qui rapportent fidellement ces endroits, contribuëront à augmenmenter l'agrément de cette Hiftoire, feront par conféquent plaifir aux Lecteurs, & ne feront pas indignes de leur curiofité. On peut dire même, que ces Nottes feules pourrojent former un Livre qui feroit également amufant & inftructif; amufant, par la diverfité & par les chofes extraordinaires & fuprenantes qu'elles contiennent; inftructif, par un nombre prodigieux de traits d'Erudition, qui apprennent jufqu'où va l'efprit fuperftitieux, ou qui le combattent & en montrent le ridicule.

TABLE

TABLE

DES CHAPITRES

DU

PREMIER TOME.

* 3   Chap.

TABLE

DES CHAPITRES.

TABLE

Fin de la Table des Chapitres.

L'HISTOIRE

L'HISTOIRE
DES
IMAGINATIONS
EXTRAVAGANTES
DE
MONSIEUR OUFLE.

CHAPITRE I.

Caractères de Monsieur Oufle, & ceux de sa Famille, dont il est parlé dans cette Histoire.

N ne dira point de quel païs étoit Monsieur Oufle, ni dans quelle Ville il s'étoit fait un établissement; ni sa Patrie, ni sa demeure n'ont rien qui soit de conséquence pour tout ce qu'on va écrire de sa conduite. On permet donc aux Lecteurs de placer, où il leur plaira, les Scenes extravagantes, dont ils verront les représentations dans cet Ouvrage. Bien des raisons engagent à ne point donner d'autre éclaircissement à cet égard ; cela est si vrai, que s'il avoit été absolument necessaire de nommer le païs où demeuroit ce fameux visionnaire, les lieux circonvoisins

de sa demeure , où il a fait quelques voyages , on
proteste que l'on auroit mieux aimé ne rendre point
publique cette Histoire , que de faire connoître le moins
du monde celui qui en est le sujet , & dont on a même tout-à-fait déguisé le nom. On doit juger par la
protestation qu'on vient de faire , qu'il faut que ces
raisons soient très fortes , puisqu'elles auroient pû empêcher de mettre au jour tant d'avantures , qui peuvent
donner non-seulement beaucoup de plaisir , mais encore servir comme d'autant d'avis & d'instructions sur
plusieurs sujets qui inquietent , qui troublent , qui al-
larment & qui même jettent dans des pratiques superstitieuses , trompeuses & condamnables. Ainsi puisqu'on publie ces avantures , c'est qu'on a lieu d'être
persuadé qu'il sera fort indifferent à ceux qui les liront , de sçavoir de quelle famille étoit Monsieur Oufle , où il demeuroit , quand il vivoit , ou d'autres
circonstances qui , quand on les sçauroit , ne donneroient pas assurément , ni plus de plaisir , ni plus d'instruction.

On se contentera donc de donner à connoître le caractere de l'Esprit de Monsieur Oufle , & de ceux de
sa Famille , dont on se propose de parler ; c'est ce
qu'on va faire dans la suite de ce Chapitre.

Monsieur Oufle joüissoit d'un bien très-considerable ,
tant en maisons , en terres , en rentes , qu'en argent
comptant , qu'il ne dépensoit jamais plus volontiers , que
quand il s'agissoit de satisfaire à sa ridicule prévention.
Il n'avoit jamais voulu se gêner par aucun emploi , ni
par aucune charge , se contentant pour toute occupation , de lire beaucoup de livres de magie , de sortileges , d'apparitions , de divinations , enfin de tout ce
qui avoit raport à ces matieres. Il faut avoüer de
bonne foy , qu'il lisoit là-dessus avec une égale attention & assiduité le *pour* & le *contre*. Mais il est vrai
aussi qu'il ne croyoit de ces lectures , que les histoires
qui assuroient , par exemple , qu'un tel spectre étoit apparu ; qu'un tel esprit follet avoit bien fait des siennes
pendant

pendant la nuit dans un grenier ou dans une écurie ;
qu'une telle fille avoit été ensorcellée par un bouquet ;
un tel enfant par une pomme ; que celui-ci n'avoit pû
éviter ce que son horoscope lui avoit prédit , & une
infinité d'autres contes semblables , qui n'ont point
d'autre fondement , que l'adresse de ceux qui les débitent , & la foiblesse de ceux qui les reçoivent. En
vain lisoit-il des ouvrages faits pour combattre ces contes ; il retenoit seulement dans sa memoire les histoires qu'il y avoit lûës , sans vouloir se laisser persuader
par les raisons qui en faisoient connoître la fausseté.
Souvent même il regardoit comme des impies & comme des gens sans religion , les auteurs de ces ouvrages ; car c'est l'ordinaire des gens de sa sorte , de croire athées , tous ceux qui ne sont pas superstitieux.

Non seulement ses lectures , mais encore ses discours , ses actions , ses écrits & même plusieurs de ses
meubles prouvoient & representoient son entêtement ;
par les meubles dont je parle , j'entens particulierement
un grand nombre de tableaux , qu'il avoit fait faire à
grands frais par les plus habiles Peintres du païs , &
orner de bordures riches & parfaitement bien travail-
lées. Dans quelques-uns on voyoit un Magicien avec
tout l'attirail de l'habit magique , ayant une baguette
à la main , placé debout au milieu d'un cercle , en-
touré de monstres hideux , ou de diables qui jettoient
feux & flammes , & paroissoient attendre ses ordres ,
pour aller ravager , effrayer , & exterminer tout l'univers. D'autres contenoient des Astrologues contem-
plant les Astres , les cometes , les éclypses , dans le
dessein de donner ensuite , non pas des conjectures
pour l'avenir , mais plutôt des décisions infaillibles ,
que plusieurs gens de tous âges , & de toutes profes-
sions attendoient avec empressement , pour les gober
ensuite avec avidité. Toutes sortes de devins y étoient
aussi representez ; par exemple , des aruspices qui foüil-
loient dans des entrailles de victimes , pour y chercher
des connoissances qu'ils sçavoient assurement bien qu'on

n'y pouvoit trouver ; des augures, ayant la tête élevée & les yeux fixez fur des oifeaux qui voloient en l'air, & qui ne fçavoient rien du tout de ce que prétendoient apprendre d'eux ces Charlatans fi attentifs à les examiner ; des Bohemiennes difant la bonne-aventure à de jeunes filles, plus curieufes d'aprendre l'avenir, que ces friponnes n'étoient capables de les en inftruire ; toutes ces fortes d'Oracles dont l'antiquité a bien voulu prendre la peine de conferver les Hiftoires ou plutôt les Fables, fe perfuadant qu'il y auroit affez de gens dans la pofterité pour les croire ; les Sybilles avec leurs livres prophetiques, confultées par les Princes, & les peuples, & paroiffant avec autant de fuffifance, que fi la verité avoit été confiée à elles feules. On voyoit auffi dans d'autres des démoniaques, s'agitant avec des contorfions épouventables ; des diables figurez par des corps, ou horribles ou grotefques ; des fpeĉtres, phantômes, revenans, les uns envelopez de fuaire d'un blanc de farine qui ébloüiffoit ; les autres revêtus de longues robes noires, & tous fe montrant avec des attitudes effrayantes. Comme la Lune eft en quelque maniere la patrone des Magiciens, on la voyoit ou contemplée par leurs regards, ou attirée par leurs charmes, ou verfant des influences dont ils faifoient myfterieufement des compofitions, pour s'en fervir en temps & lieu, felon que les fots & les imbecillés leur en donneroient occafion. Une Galerie étoit remplie de curiofitez magiques ; de cedules que le diable avoit été obligé de rendre à ceux qui s'étoient donnez à lui ; d'inftrumens d'Aftrologie ; de ftatuës qu'il prétendoit avoir autrefois prononcé des oracles ; de Talifmans, faits pour plufieurs differens ufages, & d'un grand nombre de livres très-bien reliez, qui traitoient de toutes fortes de fuperftitieufes pratiques. (On parlera de ces livres dans le Chapitre fuivant.) Le fond de cette Galerie étoit remply, ou plutôt tout couvert d'un très-grand tableau, qui reprefentoit le Sabbat ; il étoit chargé d'un très-grand nombre de figures, dont

les

les unes faifoient horreur , & les autres excitoient à rire. On peut dire qne toute la fcience, toute la profeffion , & même toute la Religion du bon-homme Oufle étoient renfermées dans les curiofitez, dans les tableaux & dans les livres dont on vient de parler. Il n'y avoir rien qu'il crût plus fortement , qu'il pratiquât plus volontiers , ou qu'il étudiât avec plus d'application, que ce que ces meubles réprefentoient , ou ce qui y avoit quelque raport. Et c'eft en cela que confiftoit fon veritable caractere. Ce qu'on dira dans la fuite le fera fi bien connoître, que j'efpere qu'on ne m'accufera pas de l'avoir outré.

Parlons prefentement de ceux de fa famille , qui reprefenteront avec lui, ou feparément, plufieurs fcenes dans le cours de cette Hiftoire ; on leur donnera des noms differens de ceux qu'ils avoient , afin que perfonne ne foit connu.

Monfieur Oufle avoit une femme, deux fils, dont l'aîné étoit ce qu'on appelle Abbé, & le cadet Financier ; deux filles , & un frere marié. Entre fes domeftiques il y avoit un valet, fin matois, qui jouëra dans la fuite plufieurs Rôlles qui ne feront pas des moins agréables. J'appellerai la femme de Monfieur Oufle, Madame Oufle ; fon fils aîné , l'Abbé Doudou ; fon fils le cadet , Sanfugue ; fa fille aînée, Camele ; la cadette, Ruzine ; fon frere, Noncrede, & le valet en queftion Mornand. Voici les vrais caracteres de ces fept perfonnes.

Madame Oufle , femme de Monfieur Oufle , ne donnoit point du tout dans les vifions de fon mary. Au lieu que d'ordinaire les femmes font les plus fufceptibles de fuperftition , Madame Oufle doutoit de tout ce que Monfieur Oufle croyoit le plus fortement fur cette matiere. Il fembloit que la foibleffe de l'efprit de celui-ci avoit fortifié l'efprit de celle-là ; & cela peut-être , afin qu'elle eût un plus beau champ pour lui contredire fans relâche ; car rien ne regne plus ordinairement entre les maris & leurs femmes, que l'ef-

prit de contradiction. Quoiqu'il en foit , elle donnoit continuellement la chaffe aux Charlatans de l'Aftrologie, aux Chiromanciens, & generalement à tous
ceux qui venoient chez elle dans le deffein de deviner
le paffé, ou de prédire l'avenir. Elle étoit fort aler-
te, quand quelque impofteur promettoit de faire voir
des fpectres , ou de faire entendre les efpiegleries de
quelque prétendu efprit follet. On ne trouvoit point
du tout fon compte avec elle , pour tromper & pour
furprendre: car elle apportoit toute l'exactitude & toute l'attention poffible, pour en découvrir la fourberie.
Auffi avoit-on bien foin de prendre le temps de fon
abfence, pour engeauler fon mary. On verra dans la
fuite que Madame Oufle faifoit avec Mr. Oufle , un
très-réjoüiffant contrafte.

L'Abbé Doudou , fils aîné de Monfieur & de Madame Oufle étoit un bon garçon, qui faifoit un mélange très-mal afforti de fcience & de pieté. Par pieté, il croyoit que tout ce qu'il trouvoit d'extraordinaire dans les livres , étoit vray, ne fe pouvant perfuader que l'on fût d'affez mauvaife foy , pour faire im-
primer des chofes furprenantes , fi elles n'étoient pas
veritables: & le peu qu'il avoit de doctrine ne lui fervoit qu'à trouver je ne fçai comment dans fon efprit,
des preuves forcées de poffibilité pour tout ce qu'il vouloit abfolument croire. Il n'étoit pas affez mal-hon-
nête homme pour vouloir fe faire forcier ; mais il
étoit affez credule pour ajoûter foy à toutes les hiftoires qu'on faifoit des forciers; il n'y avoit pas une apparition, quelqu'étrange qu'elle fût, qui ne lui fem-
blât très-poffible : Auffi étoit-il continuellement dans
une fi grande crainte de voir des phantomes , que
rien n'étoit plus affligeant pour lui, rien ne lui donnoit plus d'inquiétude, que d'être obligé de refter feul
la nuit dans une chambre. S'il fe trouvoit par hazard
fans compagnie dans une Eglife , il s'imaginoit que
les corps de ceux qui y font enterrez , alloient fortir de leurs tombeaux , pour fe montrer à lui dans cet
appa-

appareil épouvantable , dont on fait tous les jours
tant de contes aux bonnes femmes & aux petits enfans.
On doit conclure de ce caractere , que l'Abbé Doudou
ne contribuoit pas peu à entretenir son pere dans l'extravagance de ses imaginations.

Sansugue, second fils de Monsieur Oufle, qui avoit
pris le parti de la finance, étoit un éveillé, un ardent
qui ne cherchoit que les moyens & les occasions de
s'enrichir extrêmement. Les Devins, les Sorciers, les
Astrologues judiciaires & autres gens de pareille étoffe, lui étoient tous bons, pourvû qn'il y trouvât son
interêt. Si on lui présentoit un Talisman pour lui faire acquerir de grandes richesses, il ne le rebutoit point;
& il y ajoûtoit foi, d'autant plus volontiers, qu'il
avoit une avidité extrême de devenir très-riche. Quand
on lui parloit des diables qui faisoient trouver des tre-
sors, l'eau lui en venoit si fort à la bouche, qu'il ne
les auroit pas renvoyez, quand même ils lui auroient
apparu avec les formes les plus épouventables, dont
on se sert pour les réprésenter. Il n'étoit pas si credule sur l'apparition des ames des deffunts ; parce que,
disoit-il, ces phantômes de morts ne paroissent d'ordinaire, que pour faire des demandes aux vivans, ou
pour donner des frayeurs qui n'aboutissent qu'à glacer
le sang de ceux qui les voyent. Il sembloit pourtant
quelquefois y ajoûter foy; mais c'étoit quand, ayant
cette complaisance pour son pere, il ésperoit en retirer quelque profit. Voilà quel étoit le caractere du
cadet des fils de Monsieur Oufle. Venons à present à
ses deux filles.

L'aînée à qui j'ai donné le nom de Camele, étoit
une bonne *Simplicienne*, qui croyoit tout ce que lui disoit son pere, quand il lui parloit; & qui ensuite n'en
croyoit rien quand elle s'étoit entretenuë avec sa mere.
Etant ainsi susceptible de toutes sortes d'impressions,
elle joüoit toutes sortes de Rôlles, quelqu' opposez
qu'ils fussent.

Ruzine , fille cadette de Monsieur & de Madame

Oufle, s'accommodoit comme sa sœur, au goût de son pere & de sa mere ; mais ce que celle-ci faisoit par simplicité, celle-là le faisoit par artifice ; c'étoit une *fine mouche*, qui alloit toûjours à ses fins ; on peut dire qu'elle joüoit en quelque maniere toute sa famille. Le desir du mariage la tourmentoit extrêmement ; cependant comme cadette, elle ne pouvoit être mariée qu'après sa sœur. Et comme celle-ci étoit si indolente là-dessus, qu'elle avoit éloigné par son indifference plusieurs partis très-sortables qui s'étoient presentez, la pauvre Ruzine se trouvoit dans la cruelle necessité d'attendre long-temps la décision de sa destinée. C'est à cause de l'inquietude & de l'impatience que lui donnoit cette attente forcée, qu'elle mit en usage, par rapport aux visions de son pere, plusieurs stratagemes également plaisans & adroits, pour arriver à son but.

Noncrede, frere de Monsieur Oufle, passoit dans l'esprit de tous ceux qui le connoissoient, pour un homme qui avoit veritablement de la sagesse & de la probité ; certainement on lui rendoit justice quand on avoit cette opinion de lui. Comme il joignoit à sa probité & à sa sagesse beaucoup de bon sens, on juge bien qu'il étoit fort éloigné de tomber dans les extravagances de son frere. En effet, il lui faisoit & à l'Abbé Doudou son neveu, des guerres continuelles sur leur ridicule entêtement. Et ces guerres étoient d'autant plus judicieuses, qu'il les soutenoit par de si solides raisonnemens, qu'on avoit lieu d'être surpris de ce qu'il ne pouvoit pas les réduire à la raison. Les Lecteurs verront dans la suite combien j'ai sujet d'en parler ainsi.

Mornand, un de ces maîtresvalets qui par une longue suite d'années de services, se sont emparez d'une espece d'autorité sur les Maîtres & sur les autres domestiques ; Mornand, dis-je, avoit une conduite qui approchoit fort de celle de Ruzine ; il paroissoit croire ou ne pas croire, selon que son interêt l'exigeoit.

geoit. Son profit étoit le mobile & la regle de toutes
ses démarches. En matiere de divinations, d'apparitions & de sortileges, il ne manquoit pas de mettre
en pratique, ou pour ou contre, les intrigues les plus
artificieuses, pourvû qu'il eût lieu d'esperer qu'elles se
termineroient à son avantage. Son habileté à inven-
ter & à conduire une fourberie étoit telle, que les principaux de cette maison, à qui il avoit affaire, ne
pouvoient pas s'empêcher d'y succomber : C'est ce qui
sera prouvé par des exemples qu'on trouvera dans le
cours de cette Histoire.

Après avoir fait connoître les caracteres de Monsieur Oufle & ceux de sa famille, dont il est fait si
souvent mention dans cet ouvrage, je juge à propos
de parler de sa Bibliotheque ; mais je ne rapporterai
que quelques principaux livres qu'il lisoit le plus souvent, & qui lui avoient causé ses imaginations extravagantes, par une mauvaise disposition d'esprit, qui
lui avoit rendu dangereux l'usage qu'il en faisoit. Le
Chapitre suivant contiendra la liste de ces Livres.

CHAPITRE II.

De la Bibliotheque de Monsieur Oufle.

Comme un Catalogue de Livres peut être fort en-
nuyeux dans un Ouvrage, pour de certains Lecteurs, j'ai lieu de croire que bien des gens passeront
par dessus ce Chapitre. En tout cas je les avertis,
pour les encourager à ce passage, & pour qu'ils n'en
ayent aucun scrupule, que le Chapitre précedent &
ceux qui suivront en sont si peu dépendans, qu'en ne
le lisant point, ils n'en auront pour cela pas moins
de plaisir dans la suite. Voici donc les Livres dont il
s'agit. J'ajouterai, mais très-succintement, ce que

je

je pense de quelques uns, afin que ce Chapitre ne soit pas tout-à-fait si sec, que le Catalogue d'un Libraire.

LISTE

Des principaux Livres de Monsieur Oufle.

LA Philosophie occulte d'Agrippa. On trouve dans ce Livre beaucoup plus d'érudition que de certitude.

Tableau de l'inconstance des mauvais Anges & Demons, par Delancre. Entre plusieurs choses curieuses qui sont répanduës dans ce Livre, on y trouve une description si étenduë & si bien circonstanciée de tout ce qui se passe au Sabbat, que je ne croi pas qu'on en fût mieux instruit, si l'on y avoit été soi-même.

Apologie des Grands Hommes, accusez de magie, par Naudé. On verra dans la suite, que Monsieur Oufle n'avoit point du tout profité de la lecture de ce livre, non-plus que du suivant, c'est-à-dire, de celui qui porte ce titre.

Le Monde Enchanté, par Beker. Cet ouvrage est très pernicieux, aussi lui a-t-on bien fait la guerre.

Physica Curiosa, & Magia universalis, par Gaspar Schot.

Demonomanie de Bodin. On a dit de ce Livre, que c'est un Recüeil fait avec plus d'étude que de jugement.

Danœus de Sortiariis.

De Odio Satana, par le Pere Crespet.

Malleus Maleficarum. Comme on ne parle point tant à present de sorcieres qu'on en parloit autrefois, n'est-ce point que ce marteau en a tant assommé, qu'il n'en peut pas rester beaucoup?

Frommannus de Fascinatione.

Le Prothée infernal, par un Auteur Allemand.

De

De la Magie Septentrionale, par *Olaüs Magnus*.

De Magis & Veneficis, par *Golman*.

L'Histoire du Docteur Fauste. C'est-là où l'on trouve bien du plaisir, pour peu qu'on aime les prestiges & les choses surprénantes.

De Sortilegiis, par *Paul Grilland*.

De Præstigiis Dæmonum, par *Vier*.

Sylu. Pierias de Strigimagarum dæmonumque mirandis.

Jean Adam Osiander, de Magia.

De l'Imposture des Diables, Devins, &c. par *Pierre Massé.* Qu'il y auroit encore de bons Livres à faire sur cette matiere! il n'y a guere de champ plus éten-du que celui de faire voir qu'il se mêle bien des four-beries dans ce qui s'apelle sortilege & divination.

De Fascino, par *Leonard Vair*.

Des Sorciers, par *Henry Boquet*.

De Sensu Rerum & Magia, par *Campanella*.

Disquisitiones Magicæ, par *Delrio*. Monsieur Ousle avoit encore ce Livre d'une traduction françoise, par *André Duchêne*. La matiere des superstitions y est traitée à fonds, & avec autant d'ordre & de travail, que s'il s'agissoit des dogmes les plus Theologiques.

Torreblanca de Magia, in qua aperta vel occulta invo-catio dæmonis intervenit.

L'Incredulité & Mécreance du sortilege pleinement con-vaincuë, par *de Lancre*. Voila un grand dessein. Cet Auteur avoit fait toutes les recherches possibles pour persuader; mais persuade-t-il? lisez-le, pour voir.

Oracula Magica Zoroastris. Comme il y a eu beau-coup de chemin à faire depuis Zoroastre jusqu'à nous, c'est un grand hazard si tant de siecles ont conservé fidélement ces prétendus Oracles.

Traité des Anges & des Demons, traduit du latin de Maldonat, par *de Laborie*.

Pererius, de Observatione Somniorum, de Divinatio-ne, &c.

Psellus, de Operatione Dæmonum.

Remigii Dæmonolatreïa.

Filesacus, de *Idololatriâ Magicâ*.

Demonologie, par *Perreaud*.

Cicognæ Magia Omnifaria, *seu de spiritibus & incantationibus*; ex *Ital.* latine per *Casparum Ens.*

Des Satyres, Brutes, Monstres & Demons, de leur nature & adoration, par *Hedelin*.

Les ruses, finesses & impostures des Esprits malins, par *Robert de Triez*.

Traité des causes des Malefices, Sortileges & Enchantemens, par *René Benoît.*

Thiræus de Locis infestis ob molestantes dæmoniorum & defunctorum spiritus, &c.

Binsfeldius, de *confessionibus maleficorum & sagarum*.

Le fleau des Demons & des Sorciers, par *Jean Bodin*.

La découverte des faux possedez, par *Pithois*.

Vincentius Pons, *de potentiâ & scientiâ Dæmonum*. Quand après avoir lû cet ouvrage, on lit le monde enchanté de *Beker*, on trouve bien des matieres de raisonnement.

Martinus de Arles, *de superstitionibus maleficiorum & sortilegiorum*.

Traité des Energumenes, avec un discours sur la possession de Marthe Brossier, par *Leon d'Alexis*.

Histoire des trois filles possedées en Flandres, où il est traité de la Police du Sabbat, & des secrets de la Synagogue des Magiciens & Magiciennes, par *Jean le Normant*.

L'Histoire de la possession & conversion de la Princesse des Sorciers de Provence, avec un discours des Esprits, par le *Pere Michaelis*.

L'Histoire d'Apollone de Thiane convaincue de fausseté & d'imposture, par *Monsieur Dupin*.

L'Asne d'Or d'Apulée.

Histoire des Diables de Loudun.

L'Incredulité sçavante & la credulité ignorante au sujet des Magiciens & Sorciers, par le *pere Jacques d'Autum*, prédicateur Capucin. Ce livre qui est un gros vo-

lume inquarto, charmoit Monfieur Oufle, tant il étoit
de fon goût.

Les fecrets admirables d'Albert le Grand. Cet ouvrage & le fuivant ont été fauffement attribuez à celui
qu'on en fait l'Auteur. Ils ne laiffent pas pour cela
d'être d'un grand credit chez les fots.

Le folide Trefor du Petit Albert.

Enchiridium Leonis Papæ. Livre des plus apocriphes,
& uniquement deftiné pour ceux qui donnent, tête
baiffée, dans les pratiques fuperftitieufes.

La Clavicule de Salomon. Ce livre eft auffi faux en
tout que le précedent. Le Pere Delrio en parle ainfi
& d'un autre l. 2. quæft. 3. p. 98. *prætexunt etiam Salomonis auctoritatem, cujus quandam claviculam (quam
egregie refutat kap. Segnius lib. de vero ftudio Chriftiano.
c. 7.) & aliud ingens volumen in feptem diftinctum obtru-
dunt, plenum facrificiis & incantationibus dæmonum. Hunc
librum Judæi & Arabes in Hifpania fuis pofteris hæ-
reditario jure relinquebant, & per eum mira quædam at-
que incredibilia operabantur. Sed quotquot inveniri potue-
runt exemplaria, juftiffimè flammis inquifitores fidei con-
cremarunt, & utinam ultimum exemplar nacti fuiffent.*
Nicetas parle de cette clavicule l. 4. Annal. in vita Ma-
nuel Comnen.

Le Grimoire. J'en ai vû un qui portoit à la fin la
fignature du Diable ; un Libraire affamé d'argent le difoit ainfi, pour mieux attraper les gens affamez de
ces fortes de Livres : car comment en venir à la verifi-
cation ?

Trinum Magicum, Editum à Cæfare Longino Philofoph.

Ciceron, de la Divination.

Des Divinations, par Peucer.

Penfées diverfes fur la Comete, il y a tant de chofes
folides dans cet ouvrage, pour combattr les erreurs
populaires, que fi Monfieur Oufle l'avoit lû fans vouloir s'en tenir avec opiniâtreté, à fa ridicule prévention, il ne feroit pas tombé dans tant d'imaginations
extravagantes.

Traité

Traité des superstitions, par Monsieur Thiers. On trouve ici une prodigieuse doctrine, pour prouver que les superstitions sont condamnables. Il seroit à souhaiter qu'on aussi habile homme eût travaillé de la même maniere, pour montrer qu'elles sont fort trompeuses dans ce qu'elles promettent.

Du Paganisme Moderne ; par Carolin.

Laponie Suedoise, par Scheffer.

Des Oracles, par Antoine Vandale.

Traité des Oracles, par Monsieur de Fontenelle. Il paroît que les deux gros Volumes, chargez de Grec & de Latin, qu'on a fait depuis peu contre cet ouvrage, ne lui ôteront point son credit. Il est écrit d'une maniere si agréable & si judicieuse, qu'il seroit inutile à son illustre Auteur de faire une réponse ; le public la fait pour lui.

Varieté & subtilité de Cardan.

Tho. Erastius, de Lamiis.

Cribrum Cabalisticum, par Gaffarel.

Curiositez inouies, par le même.

Centuries d'Antoine Mizauld. Livre très-propre pour des Oufles.

Volfius, des visions & augures.

Fatidica sacra, par Neuhusius.

Des Spectres, par Lavatier.

Fernel, de abditis rerum causis.

De Lamiis, par Jean wier.

Raguseius, de Divinatione.

Supplément des Jours Caniculaires.

Le Tombeau de l'Astrologie Judiciaire, par le Père de Billy.

Martinii subtilitatum veriloquia, in quibus proprietates substantiæ, huc usque occulta refulgent.

Roberti Fluddi opera.

Introduction à la Chyromance, la Physionomie, &c. par Jean Indagine.

Taisnierii Chyromantia, Physionomia, Astrologia naturalis & Judiciaria, & ars divinatrix.

Coclitis

Coclitis Chyromantiæ & Physiognomiæ Anastasis.

Trithemii Steganographia, cum clavi.

Steganographiæ Trithemii declaratio, à Joanne de Caramuel, cum Salomonis Clavicula.

Des Spectres, par le Loyer.

Les Oracles des Sybilles.

Les Oracles divertissans.

La Rouë de Fortune.

Le passe-temps de la fortune des dez, avec les questions & réponses de la Rouë de Fortune. Ces quatre derniers livres donnent des pratiques de divination, comme des jeux, seulement pour amuser & divertir.

Des Influences celestes, &c. par le Pere Jean François.

Prætorii Thesaurus Chiromantiæ.

De l'Apparition des Esprits, par Taillepied.

Histoire de la vie d'André Bugnot, Colonel d'Infanterie, & de son apparition après sa mort, par Est. Bugnot.

Traité curieux de l'Astrologie Judiciaire, ou préservatif, contre l'Astromantie des Genethliaques.

L'Astrologie & Physionomie en leur splendeur, par Taxil.

Joseph de Tertiis, de Gradu Horoscopante.

Des Jugemens Astronomiques sur les Nativitez, par Ferrier.

Ranzonii Tractatus Astrologicus, de Genethliacorum Thematum Judiciis.

Apomazar, significations & évenemens des Songes Trad. du Grec.

Artemidotus, de somniorum interpretatione.

Arcandam, des Prédictions d'Astrologie, de naissances, &c.

De l'Art & Jugement des Songes & Visions Nocturnes, par Julian.

Le Palais des Curieux, ou Traité des Songes.

Oeuvres de Belot, Curé de Millemont.

La Chyromance naturelle de Rhomphile.

La Chyromance de Tricassé.

Michaë-

Michaëlis Scoti Phiſiognomica.

La Phiſionomie d'Adamantius & de Melampe. Trad. du Grec, par de Boyvin de Vourouy.

Savanarola, adverſus divinatricem Aſtronomiam, ex Ital. Latine interprete Bon inſignio.

Camerarius de generibus divinationum, ac Græcis, Latiniſque earum vocabulis.

Les Oeuvres de Paracelſe.

Les Oeuvres de Jean Baptiſte Porta.

De l'Invention des Choſes, par Polydore Virgile.

Les Oeuvres de Pic de la Mirande.

Les Propheties de Noſtradamns.

Hiſtoire Naturelle de Pline.

Les Tableaux de Philoſtrate.

Plutarque, de la Superſtition, & des Oracles qui ont ceſſé.

Le Comte de Gabalis.

Il ſe trouvoit encore dans la Bibliotheque de Monſieur Ouſle, grand nombre d'autres Livres qui avoient rapport aux matieres agitées dans ceux dont on vient de lire la Liſte : mais on les paſſe ſous ſilence, afin de ne point impatienter le Lecteur, dans l'attente où il eſt d'apprendre des choſes plus réjoüiſſantes.

On va donc commencer dans le Chapitre ſuivant le détail des Avantures, ou des faits dits & écrits de Monſieur Ouſle, & de ceux de ſa famille, dont on a fait connoître les caracteres ; & l'on ne prendra preciſément des memoires qu'on a reçus, que ce qui a paru le plus conſiderable, & le plus digne d'être remarqué.

CHA-

CHAPITRE III.

Où l'on voit combien Monsieur Oufle étoit
persuadé qu'il y avoit des Loups-garoux,
& ce qui l'avoit engagé à le croire.

IL y a long-tems qu'on parle des Loups-Garoux.
(*a*) Les Anciens & les Modernes nous en rapportent grand nombre d'histoires, qui quoique fabuleu-
ses, n'ont pas laissé de passer dans l'esprit des simples,
pour être très-veritables. On en fait mille contes aux
jeunes enfans, qui étant sans lumiere, & sans experience, y ajoûtent foy d'autant plus volontiers, que
ce sont leurs peres, leurs meres & leurs mies qui leur
font ces recits ridicules. L'impression de l'idée des
Loups-garoux, se fait, pour ainsi dire, si profondément dans leur esprit, qu'ils la conservent toute leur
vie, s'ils ne travaillent pas à la détruire par une étude
dégagée de cette enfantine prévention ; & ainsi s'ils
n'effacent pas cette prévention, ils la communiquent
ensuite à leur tour, à plusieurs autres : & c'est de cette maniere, que nous voyons tous les jours tant d'erreurs populaires qui se perpetuent, sans qu'on ait d'autre raison pour les autoriser, que parce qu'on les a
entendu dire, & qu'on ne s'est point mis du tout en
peine d'en examiner la verité.

Il est à croire que Monsieur Oufle, aussi-bien que
presque tous les enfans, avoit reçû étant jeune cette
même impression, & qu'il l'avoit ensuite extrêmement fortifiée par la Lecture ; car il ne manquoit pas,
comme on a vû dans le Chapitre précedent, de livres
qui traitent de plusieurs sortes de ces bizarres trans-

muta-

(*a*) François Phœbus, Comte de Foix, dit en son Livre de la Chasse, que ce mot *garoux*, veut dire, *gardez-*
vous. Domomomanie de Bodin p. 195. Tableau de l'inconstance des Demons, par de Lancre p. 319.

mutations , dont bien des raisons l'auroient engagé à douter de la possibilité , (*b*) si son entêtement ne l'avoit pas empêché d'en faire la recherche. Mais comme

(*b*) La transmutation d'homme en Loup ne peut être en l'ame ni au corps : en l'ame ; car ce seroit une espece de mortalité , à quoi l'ame n'est pas sujette. Les sorcelleries & magiques effets du malin esprit, peuvent, quand Dieu le permet étouper les conduits des sens , les troubler & en affoiblir les organes. *Serpit hoc malum* , dit saint Augustin, *per omnes sensus , dat se figuris , accommodat se coloribus , adhaeret sonis , odoribus se subjicit , infundit se saporibus & quibusdam nebulis implet omnes meatus intelligentia :* mais il ne peut anneantir & éteindre cette ame raisonnable , effacer le caractere de l'image de Dieu , pour subroger en la place une ame brutale. Ce qu'Homere a reconnu en ceux que Circé transformoit, de qui l'ame ne changeoit point. Et S. Aug. *Nec tamen in iis fieri mentem bestialem , sed rationalem humanamque servari , sicut sibi ipsi accidisse Apuleius indicavit & finxit.* Que si l'on disoit que l'ame raisonnable se sequestre & fait place , cela ne peut arriver que par la mort entiere du corps. Non plus , est-il possible que les deux ames , la raisonnable & la brutale , soient jointes ensemble, parce que cela seroit deux formes essentielles en même sujet , ce que les maximes de la Physique ne permettent point.

La Transformation n'est non plus au corps , car ce vaisseau ne peut être changé , pour en substituer un autre à l'ame raisonnable , laquelle aussi n'est propre pour vivifier & organiser le corps d'une bête, comme fort à propos discourt Aristote , reprenant la Metampsycose des Pythagoriciens. Cette tête, ce cerveau d'homme , qui a l'imagination logée au devant de la raison , laquelle est au ventricule moyen , comme la souveraine des autres : & la memoire qui vient après , qui est la fidelle gardienne des choses qui passent par les deux premieres ; & generalement tous les membres de tout ce corps , sont composez si à propos, pour les fonctions de l'ame raisonnable , qu'elle ne peut loger dans la tête & corps d'une brute. Aussi est ce un ouvrage admirable de Dieu , selon qu'en discourt Lactance, *de opificio Dei.* S. Basile, S. Ambroise, S. Gregoire de Nice, Nemese, *de natura hominis,* & Theophile, *de humani corporis fabrica.* Dieu , comme disoit très-bien Plotin , est le souverain ordinateur des formes, lesquelles sont toutes inherentes à leurs sujets ; & les matieres tellement dispome il vouloit absolument croire ces transformations, toutes les histoires qu'il en lisoit, passoient dans son esprit pour indubitables : & ainsi, il ne doutoit point qu'il n'y eût, par exemple, des familles entieres, où il y avoit toûjours quelqu'un qui devenoit Loup-garou ; (c) qu'on le devenoit aussi quelquefois en mangeant les entrailles d'un enfant sacrifié ; (d) il croyoit encore fermement, qu'on pouvoit se changer en Chat (e) en

disposées par la providence de Dieu, que nulle forme ne peut être sans sa matiere propre & convenable. Non toutefois qu'en l'homme, la forme d'icelui procede de la force de la matiere, comme en autres choses, ainsi que nos Physiciens disent, que, *forma éducitur ex vi potentiâ materia :* car la forme qui est l'ame raisonnable, lui est immédiatement infuse de Dieu qui l'a créée de rien, & logée dans un vaisseau qu'il lui a approprié. Concluons donc avec saint Augustin : *Nec sanè demones naturas creant, sed specietenus quæ à vero Deo creata sunt, commutant, ut videantur esse quod non sunt. Non itaque solum animum, sed ne corpus quidem ulla ratione crediderim dæmonum arte, vel potestate in membra bestialia posse converti* de Lancre p. 291. &c.

(c) Pline raconte qu'Evanthes, Auteur Grec, a rapporté que les Arcades écrivent, que dans la race d'un certain Antæus, on choisit quelqu'un par sort, & qu'on le conduit près d'un étang, qu'il se dépoüille, pend ses habits à un chêne, passe l'eau à la nage, puis s'enfuit dans un desert, où il est transformé en Loup, & converse avec les autres Loups pendant neuf ans. Si durant ce temps il ne voit point d'homme, il retourne vers le même étang & le traverse à la nage, reprend sa forme d'homme, retourne chez lui, & allonge sa vieillesse de neuf ans *Mirum*, dit Pline, *quò procedat Græca credulitas, nullum tam impudens mendacium est, quod teste careat.* Medit. hist. de Camerarius t. 1. l. 4. c. 12. De Lancre p. 265. On trouve d'autres exemples de Loups-garoux dans la Demonomanie de Bodin p. 193, 450.

(d) Pline parle encore d'un nommé Demarque de Pharrase, qui après avoir mangé les entrailles d'un enfant, consacré à Jupiter Lycée, par les Arcades, fut sur le champ changé en Loup. Agrippa, de la vanité des sciences Chap. 44.

(e) Spranger parle, *in malleo maleficarum*, de trois Demoiselles qui en forme de Chat, assaillirent un pauvre Labou-

en Cheval (f) en Arbre , en Bœuf , en Vipere, en Mouche ; (g) en Vache ; (h) enfin indifferment en toutes fortes de formes. (i)   C'étoit en vain qu'il apprenoit dans quelques ouvrages , que , s'il y a des Loups garoux , ce n'eft que par une imagination troublée ,

bouteur, lequel les bleffa toutes trois, & furent trouvées bleffées dans leur lit. Des fpectres , par le Loyer p 274. autres exemples femblables dans la Demonomanie de Bodin. p. 194.

(f) Le pere de Preftantius, après avoir mangé d'un fromage maleficié, crut qu'étant devenu Cheval, il avoit porté de très-pefantes charges , quoique fon corps eût été toûjours dans le lit. S. Auguftin qui rapporte cette hiftoire dans la cité de Dieu l. 18. c.17 & 18. intetprete de cette façon tout ce qui a été écrit des merveilleufes tranfmutations, & de toutes les Lycanthropies d'Arcadie, dont Platon même nous a laiffé quelque chofe par écrit dans le 8. livre de fa Republique , où il recite cette fable des Arcadiens , pour nous faire comprendre la metamorphofe d'un Roy en Tiran. Les Neures, dont parle Herodote l. 4. hift. qui devenoient Loups tous les ans pendant quelques jours, ne patiffoient fans doute, qu'en la partie imaginaire. Agrippa de la vanité des fciences. Ch. 44. m. l. v. t. 1. p. 319. de Lancre p. 266.

(g) La fameufe Empufe chez Ariftophane, prenoit toutes fortes de figures. Epicarme dit , qu'elle paroiffoit tantôt comme une arbre , immediatement après , fous la figure d'un Bœuf; tantôt d'une Vipere; puis d'une Mouche, & après on la voyoit fous la figure d'une belle femme. l'Incr. fçau p. 96.

(h) J'ai lû autrefois en Albert Krantz. l. 1. *Hift. Dania,* c. 32. que Frothon, Roy de Danemarc, Prince fort adonné à la magie, tenoit en fa Cour une infigne Sorciere, qui prenoit telles formes d'animaux qu'elle vouloit. Cette Sorciere avoit un fils auffi méchant qu'elle; ils déroberent les trefors du Roy , & fe retirerent en leur maifon. Le Roy les foupçonnant, alla chez la Sorciere; & elle le voyant entrer , fe changea en Vache , & fon fils en Bouvard. Ce Prince s'étant approché de cette Vache, pour la bien confiderer , elle lui donna un fi grand coup de corne dans les flancs, qu'elle le jetta mort fur la place. Le Loyer p. 142.

(i) On lit dans Diodore Sicilien. l. 5. Biblioth. que les Telchines, premiers habitans de Rhodes , fe changeoient en telles formes d'animaux qu'ils vouloient. id. p. 141.

blée, qui perſuade qu'on eſt veritablement Loup,
& qui en fait faire preſque toutes les actions ; ce qu'on
appelle Lycantropie; (*k*) c'eſt de ce genre de maladie
que ſont affligez ceux, par exemple, qu'on appelle en
Poitou, *la bête bigourne qui court la galipode*, comme
me l'a appris une Dame de conſideration, aimable
en toutes manieres. Souvent encore les prétendus
Loups-garoux, ſont gens, qui pour ſe divertir, ou
pour quelqu'autre raiſon, (*l*) courent les ruës en faiſant des hurlemens épouventables, pendant de certaines nuits ; & cela, afin de faire peur aux bonnes gens,
qui n'oſeroient mettre la tête à la fenêtre, ſe perſua-
dant que, s'ils avoient cette temerité, le diable ne
manqueroit pas de leur tordre le cou.

Monſieur Oufle ne doutoit donc point qu'il ne fut
très-poſſible d'être changé en differentes formes. Il
croyoit avec la même certitude, qu'il n'étoit point du
tout difficile de faire ce changement ſur d'autres ; que
l'on pouvoit changer, par exemple, un Marchand de
vin en Grenoüille, (*m*) qu'une femme pourroit donner à un homme la forme d'un Caſtor ; (*n*) à un autre

(*k*) On preſenta, dit Sabin au traité de la nativité des
Sorciers, avec Jean Euvich, à Pomponace, celebre Medecin
Italien, un malade atteint de Lycanthropie, que des Vil-
lageois ayant trouvé couché dans du foin, & pris comme
pour un Loup, d'autant qu'il diſoit être tel, & crioit
qu'ils euſſent à s'enfuir, autrement qu'il les mangeroit,
avoient commencé à l'écorcher, pour ſçavoir s'il avoit le poil
de Loup ſous la peau, ſelon l'opinion erronée du vulgaire.
Mais ils le lâcherent à la requête de Pomponace, qui le guerit de ſa maladie. Medit. Hiſt. de Camer. t. 1. l. 4. Ch. 12.

(*l*) Baram, Roy de Bulgarie, par ſes preſtiges, prenoit
la figure d'un Loup, ou d'un autre animal, pour épouventer ſon peuple. l'incred. ſçau. p. 65. On lit dans Luit-
prand. l. 3. Ch. 8. *Rerum per Europam geſtarum*, & dans
Sigebert, *in Chronogr.* Que c'étoit Bajan, fils de Simon,
Roy des Bulgares. Le Loyer p. 142.

(*m*) Une Sorciere changea en Grenoüille un Cabaretier,
à qui elle en vouloit. Delrio. Diſquiſ. mag. p 124.

(*n*) Une autre Sorciere, pour ſe venger de l'infidelité
d'un

tre celle d'un Ane, (*o*) Enfin il ne trouvoit aucune difficulté pour ces transmutations, parce qu'il avoit lû qu'elles avoient été executées. Il croyoit avec la même complaisance, ou plutôt avec la même foiblesse d'esprit, que des rofes, (*p*) ou plutôt une fourche, (*q*) ou d'autres moyens & instrumens aussi peu propres, pour produire les effets que les superstitieux en font esperer, pouvoient rendre la premiere forme à ceux qui avoient subi ces transformations.

On voit bien qu'avec de pareilles opinions, ce pauvre homme étoit très-disposé à tomber dans de très-gra ndesextravagances. On en sera parfaitement convaincu par les aventures qu'on va lire dans la suite, où l'on apprendra comment notre heros de superstition crut être un Loup-garou, & ce qu'il fit après s'être mis dans l'esprit cette folle imagination.

---

d'un homme qu'elle aimoit, le changea en Castor, avec une seule parole. Cet animal s'ôte ses testicules, pour se délivrer de ceux qui le poursuivent.

(*o*) Un jeune homme qui demeuroit en Chypre fut changé en âne, par une Sorciere. Guillaume Archevêque de Tyr. Spranger, Inquisiteur. Demonimanie de Bodin. p. 199.

(*p*) L'Ane d'or d'Apulée.

(*q*) Guerir les malades du Loup-garou, en leur donnant un coup de Fourche, justement entre les deux yeux. Cir.

CHAPITRE IV.

Comment Monsieur Oufle crut être Loup-garou, & ce que son imagination lui fit faire.

UN des jours de Carnaval, Monsieur Oufle donna à souper à toute sa famille, & à quelques-uns de ses amis. On y mangea abondamment, & on y but de même; car quoiqu'il fût fort visionnaire & fort superstitieux, il ne laissoit pas d'aimer la bon-

ne

ue chere & la joye , à condition pourtant qu'on ne
renverseroit point de faliere , qu'on ne mettroit point
de coûteaux en croix , & qu'on ne feroit point treize
à table. Il mit ce foir-là tout le monde en train ;
pour exciter à boire , il portoit continuellement des
fantez , même galantes , aux conviez , & fatisfaifoit
fort exactement à celle qu'on lui portoit à lui-même ;
de forte qu'il prit beaucoup plus de vin , que fa tête
n'en pouvoit porter. On ne pouvoit pourtant pas dire
qu'il fût tout-à-fait yvre ; mais il eft conftant qu'il
étoit beaucoup ce qu'on appelle , entre deux vins.
Madame Oufle étant ravie de le voir fi gaillard (car
il babilloit fans cefle , étoit fort femillant , leger comme une plume , & ne tenoit pas à terre , tant le vin
lui avoit donné de vivacité) fe donna bien de garde
de faire naître l'occafion de parler de divinations , d'apparitions ou de fortileges , tant elle craignoit qu'il ne
changeât d'humeur. Loüable conduite , & bien differente de celle de la plupart des femmes , qui , par je
ne fçai quel efprit de contradiction , ne montrent
point plus de trifteffe , que quand elles voyent leurs
maris dans la gayeté !

Aprés le repas , & une converfation fort animée
& fort enjoüée fur plufieurs differentes matieres , comme il arrive prefque toûjours quand le vin fe met de
la partie , tous fe retirerent très-contens les uns des autres. Monfieur Oufle fit de fon mieux les honneurs
du départ de fes hôtes , & fe retira enfuite dans fa
chambre , puis Madame Oufle dans la fienne ; car ils
fe conformoient à la mode , c'eft-à-dire , qu'ils faifoient lit à part il y avoit déja long-temps. Les enfans prirent auffi le parti de la retraite , chacun chez
foy. L'Abbé Doudou ne demanda point alors de compagnie pour le conduire ; le vin qu'il avoit bu en plus
grande quantité qu'à l'ordinaire , l'empêchoit de fonger à avoir peur. Camele & Ruzine ne touchoient prefque pas des pieds à terre , tant la joye les avoit renduës legeres ce foir-là. Quant à Sanfugue , auffi-tôt

qu'il fut entré chez lui , il chercha dans ses habits de
masque , dont il avoit grand nombre de differentes
figures & constructions , en prit un & alla courir le
bal avec d'autres jeunes gens qui l'attendoient dans une
maison où ils s'étoient donné rendez-vous.

A peine Monsieur Ousle se fut-il retiré , qu'il lui
prit une de ces je ne sçai quelles inquiétudes , qui ne
permettent pas que l'on reste long-tems en une place ,
sans qu'on puisse dire pourquoi on se met en mouvement.   Après s'être promené pendant quelque tems
dans sa chambre , il en sort , & cela seulement pour
en sortir ; il monte un escalier , & passant devant l'appartement de Sansugue qu'il trouve ouvert , il y entre ,
ou poussé par la curiosité , pour sçavoir s'il y étoit , ou
pour y jaser avec lui. Je crois que c'étoit plutôt cette
derniere raison , que l'autre ; parce qu'il avoit , a ce
qu'on dit , le vin fort babillard.   Quoiqu'il en soit , y
étant entré , & n'y trouvant personne , mais seulement
les habits de masque que son fils avoit negligé ou ou-
blié de serrer , il en remarqua un fait exprès , pour
se déguiser en Ours , qui attira le plus sa veuë , &
qu'il considera le plus attentivement. Il ne pouvoit se
lasser de le regarder & de l'examiner. Cet habit étoit
fait de peaux d'Ours avec leur poil ; elles étoient cou-
suës de maniere qu'elles donnoient depuis la tête jusqu'aux pieds la ressemblance de cet animal , à celui
qui en étoit couvert.   Après l'avoir tourné & retour-
né quelque temps , il lui vint dans l'esprit de s'en servir pour faire une plaisanterie à sa femme. Cette plaisanterie étoit de vêtir cet habit , & ensuite étant déguisé , de lui aller faire peur. Ce qu'il trouvoit d'autant mieux imaginé , que Madame Ousle lui faisoit des
guerres continuelles sur sa credulité , par raport aux apparitions , spectres , phantômes , enchantemens , &
autres semblables visions. Il ne doutoit point , que
quand elle auroit été fort effrayée , il ne lui fût facile
dans la suite de la réduire à la raison sur cette matiere. La bonne humeur dans laquelle il étoit lui fit prendre

dre ce parti avec empreſſement. On ne peut croire
combien il s'applaudiſſoit à lui-même, d'avoir imaginé cette gaillarde ſupercherie, & quelle joye il reſſen-
toit, dans l'eſperance qu'elle produiroit un ſi favorable effet pour lui. Mais ſon idée eut un ſuccez bien
different de celui qu'il s'en promettoit, comme on
l'apprendra par les avantures dont on va lire le recit.

Il prit donc cet habit, l'emporta dans ſa chambre,
le vêtit, & puis alla très-doucement vers l'appartement de ſa femme, pour y joüer cet effrayant rôlle
que l'occaſion & ſon imagination lui avoient fait in-
venter. Comme il étoit prêt de commencer ſa ſcène,
il entendit du bruit, & connut que la femme de Chambre de Madame Oufle étoit encore avec elle. Ce con-
tre-temps le chagrina; cependant il ne quitta point ſon
deſſein, il retourna ſur ſes pas, & rentra dans ſa
Chambre, pour y attendre que cette fille fût partie,
afin de faire plus ſeurement ſon coup; & pour s'amu-
ſer & ſe deſennuyer, après s'être aſſis devant le feu,
il prit ſur une table le premier livre qui ſe trouva ſous
ſa main, c'étoit *la Demonomanie de Bodin*; il l'ouvre,
& tombe par hazard ſur un endroit qui traitoit des
Loups-garoux. Il paſſa environ une demi-heure dans
cette lecture, & dans celle de quelques autres ſujets
auſſi viſionnaires. Enfin, le vin, le feu & la ſituation tranquille où il étoit, l'aſſoupirent & le plonge-
rent inſenſiblement dans un ſommeil ſi profond, qu'il
ne ſongeoit plus à ce qu'il avoit fait, ni à ce qu'il
avoit réſolu de faire.

Madame Oufle, qui n'avoit aucun ſoupçon de ce
qu'on machinoit contre elle, ne manqua pas, comme on juge bien, de ſe coucher, & de dormir de ſon
côté auſſi tranquillement que ſon mary; mais ſon ſommeil fut bien plus ferme, dura bien plus long-tems,
& n'eut pas une ſuite ſi bizarre & ſi extraordinaire
que celui de Monſieur Oufle.

La Femme de Chambre dont on vient de parler,
avoit ſon logement au deſſus de l'appartement de Mon-

ſieur

sieur Oufle ; & comme elle s'étoit peut-être trop res-
sentie de la fête à la seconde table, ou qu'elle ne se
soucioit pas de menager & de respecter le sommeil de
son maître, ou soit que ce fût l'effet d'un hazard tout-
à-fait imprevû, un vase qu'elle tenoit à la main, &
dont il seroit ici inutile de dire le nom, tomba par
terre, & fit un si grand bruit, que Monsieur Oufle
en fût éveillé en sursaut. Il se leve tout troublé de
dessus sa chaise ; & comme il se trouvoit vis-à-vis
la cheminée, devant laquelle il y avoit une glace, il
se vit dans cette glace avec l'habit d'Ours, dont il étoit
revêtu. Et ainsi le vin & le feu qui lui avoient échauffé la tête, son sommeil interrompu si subitement, l'habit qu'il se voyoit sur le corps, tout cela joint avec la
lecture qu'il venoit de faire, lui causa un tel bouleversement dans la cervelle, qu'il se crut être veritablement, non pas un Ours, mais un Loup-garou. Ce
bouleversement étoit si fort, qu'il avoit entierement
détruit la memoire de l'endroit où il avoit trouvé l'habit, & de l'usage qu'il avoit projetté d'en faire ; il ne
lui resta que l'idée de sa prétenduë transmutation en
Loup, avec le dessein d'aller courir les ruës, d'y hurler de son mieux, d'y mordre, & de mettre en pratique tout ce qu'il avoit oüi dire que les Loups avoient
accoûtumé de faire. Il part donc sans differer, sort
dans la ruë, & commence à hurler d'une maniere effroyable.

Il est bon de faire remarquer que c'étoit un homme grand, gros, robuste, bien empoitraillé, & dont
la voix étoit naturellement haute, ferme & tonnante.
On ne doit pas douter, cela étant, que la poussant
pendant la nuit, aussi loin qu'elle pouvoit aller, avec
les tons effroyables qui accompagnent d'ordinaire les
hurlemens, on ne doit pas douter, dis-je, que quand
il hurloit il n'effrayât tous ceux qui l'entendoient. En
effet, il en fit la premiere experience sur une Serenade
qui broüissoit dans la premiere ruë qu'il parcourut.
Cette Serenade étoit donnée à une jeune Lingere très-
jolie,

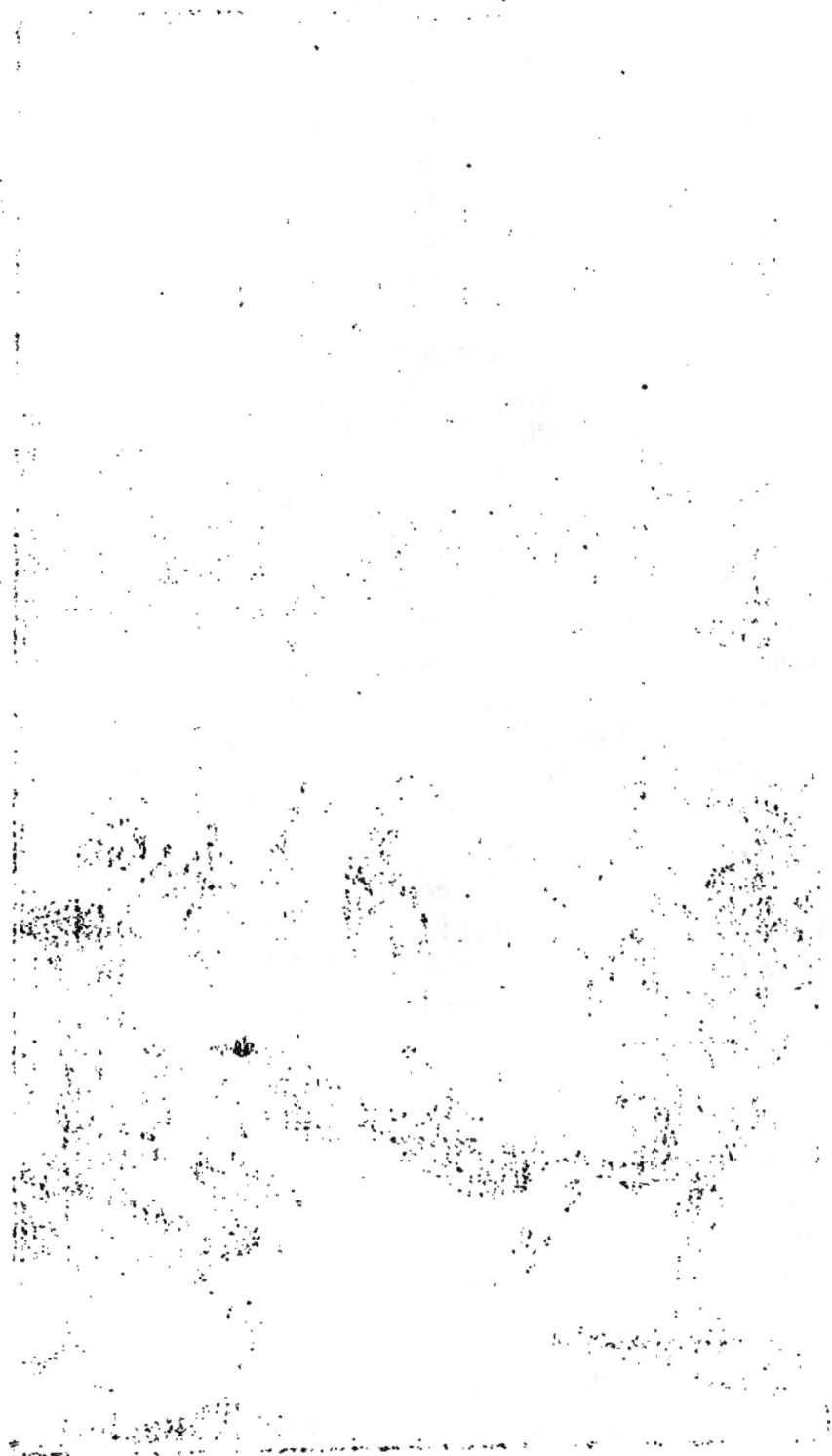

jolie, par un charmant Jouvenceau, qui en étoit vio-
lemment amoureux. Ce Jouvenceau étoit Garçon de
Boutique d'un des plus fameux Marchands de la Ville ;
mais Garçon diſtingué dans ſa profeſſion, c'eſt-à-dire,
un de ces beaux fils qui ſe font beaucoup valoir, &
& que les Marchands ne gardent que pour engeoler
les femmes par leur caquet & par leur galant exterieur,
lorſqu'elles viennent pour faire quelques emplettes.

Il étoit, pendant que la Symphonie ronfloit, enveloppé dans un manteau, faiſant le pied de Gruë, &
fort attentif à regarder ſi ſa belle paroîtroit à la fenêtre, & ſi elle donneroit quelque démonſtration qui
marquât qu'elle y prenoit plaiſir, & qu'elle étoit per-
ſuadée que c'étoit pour elle, & par lui que ſe faiſoit
cette dépenſe. Des Muſiciens, ſelon la coutume de ce
païs-là, auſſi-bien que de celui-cy pour les Serenades,
joüoient avec grand bruit la Deſcente de Mars, quand
ils entendirent un des hurlemens de Monſieur Ouſle.
La terreur que leur inſpira cette horrible ſymphonie,
à laquelle ils ne s'attendoient pas, glaça leur ſang de
telle ſorte, que demeurant immobiles, ils firent tous
en même temps une pauſe, qui n'étoit pas aſſurement
dans leurs tablatures. Ils écouterent pour connoître
d'où pouvoit venir une voix ſi extraordinaire, pendant
que le Loup-garou imaginaire ſe mit à hurler encore
plus fort ; & s'étant approché d'eux, ils le prirent tous
pour ce qu'il penſoit être lui-même. Quel cruel con-
tre-temps pour l'amoureux, quand il vid les Muſiciens
s'enfuir de toutes leurs forces, & qu'il jugea à propos pour ſa ſureté de les ſuivre !

Monſieur Ouſle, après avoir mis en fuite tant de
gens qui faiſoient un ſi grand bruit, en fut encore davantage confirmé dans l'opinion qu'il étoit veritablement un Loup-garou. Je n'ai point appris ce qu'é-
toient devenus les Muſiciens & celui qui les avoit mis
en œuvre. Il eſt à croire que chacun ſe retira chez
ſoi, & que tous firent de beaux contes du prétendu
Loup-garou. Il m'eſt ſeulement revenu, qu'un joüeur

de baſſe de viole aſſura qu'il avoit fui le dernier , & que ſi quelqu'un avoit voulu le ſeconder , il auroit tenu bon contre la terrible bête qui les avoit ſi fort épouvantez , & que ſans doute il en auroit tiré raiſon. Mais on ajoûte , que la bravoure n'avoit aucune part dans ſa fuite plus tardive que celle des autres ; que c'étoit ſelon quelques-uns , à cauſe de ſa baſſe de viole dont la peſanteur retardoit ſa courſe ; & ſelon d'autres ; qu'il n'avoit été le dernier ſuyard , que parce qu'il étoit fort goutteux. Cette derniere raiſon n'eſt pas incroyable , puiſqu'il étoit Muſicien ; car on gagne facilement la goutte à ce métier : & avec la goutte , on ne court pas comme on veut. Pour la bravoure , on en peut douter ; car le courage & la vaillance ne ſont point neceſſaires à ceux de ſa profeſſion , à moins qu'il ne s'agiſſe de certains combats , où l'on peut répandre beaucoup plus de vin que de ſang.

Mais je ne fais pas réflexion que je perds nôtre Loup-garou de veuë. Nous l'allons retrouver dans le Chapitre ſuivant.

CHAPITRE V.

Suite des Avantures de Monſieur Oufle, Loup-garou.

NOus avons laiſſé nôtre nouveau Lycaon courant les ruës , après avoir donné une terrible chaſſe à la Muſique nocturne qui s'étoit trouvée dans ſon chemin. Voyons ce que ſes courſes ont encore produit d'effrayant ; car il étoit trop plein de l'idée de ſa metamorphoſe , & trop animé à la ſoutenir , pour s'en tenir à des Muſiciens. Il ſembloit que des gens qui preſque toûjours n'ont point d'autre merite , que de faire valoir un vent , ou ſi l'on veut , un bruit bien cadencé & bien menagé , ne ſuffiſoient pas à l'avidité qu'il avoit de bien prouver ſon Loup-garoüiſme. Il ne fut

pas long temps fans avoir une occafion favorable pour
fe fatisfaire. La voicy.

Par tout il y a toûjours des Petits-Maîtres qui font
profeffion d'extravagances, qui auroient honte de paroître fages, & qui prétendent tirer de la gloire de
ce qui ne devroit leur donner que de la confufion.
Heureufement pour les vifions de Monfieur Oufle, il
s'en trouva de cet impertinent caractere dans les ruës,
la nuit qu'il couroit en Loup-garou. Quatre Jeunes-
gens, qui depuis peu de temps étoient délivrez de la
vie gênante des Colleges, fortant du Cabaret, où ils
avoient vuidé plus de bouteilles de vin (qu'on appelle
fouvent à tort de Champagne,) que leurs petites têtes
n'étoient capables d'en porter, imaginerent un de fes
projets qui paffent chez eux pour être des plus heroï-
ques. Ce projet confiftoit à fe donner de grands mouvemens, pour arracher des cordes de fonnettes, pour
ôter des marteaux de portes: ou s'ils n'en pouvoient
venir à bout, à fonner, à heurter de toutes les forces
de leurs bras, à déranger des bornes, à brifer des fie-
ges de pierre, & des boutiques, à faire des efpeces de
baricades des groffes chaines qui fe trouvent aux coins
des ruës, à broüiller des ferrures, & à faire d'autres
actions auffi dignes de leur courage & de leur valeur.
Quand ils avoient arraché le marteau d'une porte, ils
auroient hardiment fait affaut de gloire avec les Gene-
raux d'armée les plus fages & les plus intrepides, tant
ils étoient penetrez du merite de leurs proüeffes. Oh!
certes, on ne voit point de fi temeraires ni de fi
préfomptueux heros, que les gens de cette maniere,
quand ils fortent d'un Cabaret! les femmes, les Bourgeois, les Abbez, & autres perfonnes qui ne font point
munies d'armes offenfives, en donneroient de bons témoignages, fi l'on étoit d'humeur à les confulter pour
fçavoir là-deffus leur avis.

Le foir donc que nôtre Loup-garou, par imagination, faifoit des fienues, ces guerriers nocturnes &
vineux faifoient auffi des leurs, en travaillant fur les

cordes

cordes des sonnettes, sur les bornes des maisons, sur
les boutiques, les bancs & les chaînes des ruës. Ils
avoient déja fait tant d'ouvrage, qu'ils auroient tiré de
quoi boire abondamment le lendemain, pour peu qu'ils
eussent voulu faire de l'argent des captures de leur petite guerre.

Dans le temps qu'ils se rendoient compte les uns aux
autres de leurs faits & gestes, & qu'ils en montroient
les marques & les preuves, Monsieur Oufle, que son
chemin conduisoit naturellement vers eux , se mit à
hurler horriblement.   Nos heros de bouteille, étant
persuadez que ces hurlemens venoient d'un sujet bien
plus dangereux que des cordes , des marteaux & des
bornes; commencerent à rentrer en raison, & à faire
des réflexions, ce qui leur arrivoit très-rarement. Le
Loup-garou cependant renouvella ses hurlemens avec
plus de force & de vigueur.   Toute cette jeunesse qui
étoit peu de temps auparavant si furieuse & si turbu-
lente , devint tout d'un coup tranquille & pacifique.
Ils se regardoient les uns les autres sans rien dire. Pendant leur silence , les hurlemens continuerent, celui
qui les faisoit parut, & nos quatre braves à poil folet,
devenus plus sages, ou pour mieux dire , plus timi-
des, plus peureux & plus lâches, songent à reculer à
mesure que la bête s'approchoit d'eux ; & enfin, comme ils voyoient qu'elle continuoit de venir à grands
pas de leur côté, & qu'ainsi ils étoient en danger d'en
devenir la proye; car la peur la leur fit paroître avoir
des dents d'une longueur effroyable , & une gueule
si grande & si ouverte , qu'elle ne cherchoit qu'à
avoir de quoi dévorer ; ils prirent, sans autre examen , & sans vouloir hazarder de faire épreuve de leurs
forces contre les siennes , ils prirent, dis-je, le parti de la fuite , bien résolus de courir si fort , qu'elle
ne pourroit pas les atteindre.   La frayeur qui les avoit
saisis, n'étoit pas moindre que celle qu'ils ressentoient
il n'y avoit pas long-temps, quand ils voyoient dans
les Colleges à leurs trousses, leurs maîtres armez de

certains

certains instrumens qui aident beaucoup à rendre sage malgré qu'on en ait. Ils ne laissèrent pas de faire le lendemain des recits admirables & pathetiques du furieux combat qu'ils avoient genereusement soûtenu contre le Loup-garou (car il fut beaucoup parlé pendant quelques jours des hurlemens qu'on avoit entendus.) Un des plus fanfarons avoit, par une judicieuse précaution, pour paroître vaillant, rompu le lendemain au matin dans sa chambre son épée en deux, pour la montrer, & raconter ensuite aux Grisettes de son quartier, qu'il entretenoit souvent de ses *vaillantises*, avec quelle audace il s'étoit défendu contre les assauts terribles de cette effroyable bête. Mais laissons-leur le plaisir de crier victoire pour avoir fui de leur mieux; & revenons à Monsieur Oufle; il merite bien que nous ne le quittions pas pour ces fades Champions, car il nous divertira plus par ses extravagances, qu'eux par leurs étourdîries. Les étourdis sont si communs, qu'ils donnent moins de plaisir, qu'ils n'apportent d'importunité; mais un Loup-garou, comme Monsieur Oufle est une chose si rare, qu'elle peut faire une espece de recreation.

Notre visionnaire s'étant embarassé les pieds dans les cordes que ces pitoyables petits breteurs avoient abandonnées & jettées par terre, il tomba de sa hauteur, c'est-à-dire, très-rudement; ce qui le fit heurler encore plus fort qu'il n'avoit fait. Il fut bien-heureux de ce que personne ne passa alors; car on auroit eu bon marché de lui. Après être resté quelque temps couché, parce que sa chute l'avoit un peu étourdy, il se releva, marcha d'abord à quatre pattes, & s'arrêta proche une porte, où il resta hurlant de toute sa force, à differentes reprises; l'histoire dit que c'étoit devant la maison d'une jeune veuve qui attendoit son amant; que celui-ci n'osa entreprendre d'y entrer à la veuë de notre Loup-garou, & qu'ainsi n'ayant pas été fidèle au rendez-vous, elle luy en fit des reproches & des insultes d'une maniere si outrageante, qu'ils se

brouil-

broüillerent enfemble, fans aucun retour de racommo-
dement ; peut-être commençoient-ils à être las l'un de
l'autre ; fi cela étoit ainfi, quelque chofe de bien
moins confiderable qu'un Loup-garou, étoit plufque
fuffifante pour donner un fujet de rupture, ou du
moins pour en avoir un prétexte plaufible. Quoiqu'il
en foit, on laiffe la liberté d'en croire ce qu'on veu-
dra, car ceci ne fait rien à notre fujet. J'aurois trop
d'affaires, fi je voulois rapporter tous les raifonnemens aufquels Monfieur Oufle a donné occafion,
non-feulement pendant cette nuit, mais encore à propos d'autres vifions & d'autres extravagances, dont on
lira le détail dans la fuite de cet ouvrage. Je ne ferai
pourtant pas affez fevere à cet égard, pour paffer fous
filence ce que je jugerai pouvoir divertir le Lecteur.

Nous avons laiffé Monfieur Oufle à la porte de la
Veuve, bien moins intimidée de fes cris, fi l'on en
veut croire ceux qui ont donné l'interpretation qu'on
vient de lire, que réjoüie de la fuite de fon Amant.
Parlons à prefent des autres terreurs qu'il caufa, & de
ce qu'elles produifirent.

Après avoir parcouru quelques rües, il s'arrêta,
apparemment pour fe repofer, devant une maifon, où
plufieurs perfonnes joüioient un très-gros jeu. Je ne
fçai par quelle phantaifie il s'obftina à hurler plus
fort & plus fouvent qu'il n'avoit encore fait. Un coup
n'attendoit prefque pas l'autre, tant fes hurlemens
étoient promptement repetez. Les joüeurs l'entendirent ; ceux qui perdoient, parurent n'y faire pas grande attention ; ils étoient plus penetrez de chagrin pour
les pertes qu'ils venoient de faire, que de crainte pour
les bruits effroyables qu'ils entendoient. Ceux qui ga-
gnoient parurent plus inquiets & plus troublez que les
autres, par ces cris extraordinaires. Particulierement
une Dame qui gagnoit une fomme exceffive, laiffa tomber les cartes de fes mains, tant le Loup-garou faifoit
d'impreffion fur fon efprit. Elle marqua enfuite être
abfolument dans l'impoffibilité de continuer le jeu.
Les

Les perdans, qui se persuadoient qu'en voulant discontinuer le jeu, elle les joüoit eux-mêmes, par une crainte affectée, pour avoir un prétexte de ne leur point donner revanche, après lui avoir parlé assez raisonnablement, pour l'encourager & la délivrer de sa peur ; voyant enfin qu'ils ne pouvoient rien gagner à cet égard sur elle, pour regagner leur argent, ils s'emporterent & poussèrent leur fureur si loin, que le tumulte & le trouble se mirent bien-tôt dans la compagnie ; car il n'y a point de gens plus disposez à se mettre en colere, que les joüeurs, quand ils perdent ; on se fait dans ce commerce, d'abord des civilitez reciproques, on agit avec toute la politesse possible, quand on se place autour d'une table ; peu de temps après on se gronde, on se querelle, & presque toûjours on sort de cette table, & on se separe avec des brusqueries, des emportemens, des insultes & des injures.

Les hurlemens cependant continuoient toûjours, & la Dame continuoit de marquer sa frayeur, & en même-temps, l'impossibilité où elle prétendoit être d'accorder ce qu'on exigeoit de sa complaisance. Un des joüeurs qui perdoit le plus, pour lui ôter tout prétexte, sort l'épée à la main, afin de chasser le Loup-garou ; & comme il le vit aussi-tôt qu'il fut sorti dans la ruë, la frayeur le saisit, il rentre, ferme la porte avec tous les verroux qu'il y put trouver, souhaitant même pour sa sureté qu'il y en eût encore davantage ; il se tint quelque temps sur l'escalier pour rappeler ses esprits, & ainsi ne paroître pas si effrayé qu'il l'avoit été à la veuë de l'apparition qui s'étoit présentée devant ses yeux. Heureusement pour lui, M. Oufle prit party ailleurs. Le *Dégaineur* voyant qu'il ne l'entendoit plus, monte audacieusement dans la chambre du jeu, y fait un grand détail d'un combat imaginaire & fort à propos inventé, montre même du sang qui sortoit d'une blessure qu'il s'étoit faite à la main, en fermant la porte avec trop de précipitation ;

assure

affure enfin qu'il avoit donné tant de peur à cette ef-
frayante bête, qu'elle avoit été elle-même effrayée, &
dans la neceffité de prendre la fuite & de fe retirer ; &
ainfi prouva à la Dame allarmée, qu'elle devoit fe
raffurer, & continuer de joüer, fans rien craindre.
On crut fur fa parole le détail de fon combat ; mais
on ne lui accorda pas ce qu'il fouhaitoit. Il eut beau
dire, cette femme ne fe rendit point. Des vapeurs de
commande, caufées, à ce qu'elle prétendoit par la
peur qu'elle avoit euë, vinrent à fon fecours, pour la
faire perfifter impunément dans fa réfolution. Ces vapeurs donc s'emparerent de fa tête, & la mirent dans
un tel état, qu'elle ne connoiffoit ni les cartes ni les
jettons. Il fallut abfolument s'en rapporter à ce qu'elle
difoit, & celui qui affuroit avoir chaffé le Loup-garou, fut interieurement des premiers à rendre juftice
à cette Dame, par la peur qu'il avoit euë lui-même.

Enfin le jeu fut remis à un autre jour. La Dame
cependant, en emportant l'argent qu'elle avoit gagné
(car fa peur & fes vapeurs ne l'empêcherent pas de fe
reffouvenir qu'elle avoit fait un gros gain, & qu'il
étoit à propos de l'emporter,) demanda, afin de foutenir jufqu'au bout la comedie qu'elle avoit joüée, une
efcorte pour la conduire chez elle. Comme elle étoit
jolie, de jeunes gens de l'affemblée, qui fe farfoient
un grand plaifir de lui rendre fervice, pour lui plaire,
lui accorderent avec zele & avec empreffement, ce
qu'elle fouhaitoit. Les vapeurs la prirent encore dans
le Caroffe, par la crainte de trouver ce formidable
Loup-garou en chemin. Elle tenoit pourtant toûjours
très-ferme l'argent qu'elle avoit gagné ; c'étoit peut-
être par un effet de ces vapeurs ; car elles font tomber
quelquefois les femmes dans des convulfions fort vio-
lentes & fort tenaces. Ceux qui la conduifoient firent
de leur mieux, pour la foulager, & enfin ils la remi-
rent faine & fauve dans fa maifon. Pendant tout ce
manege, Monfieur Oufle alloit toûjours fon train,
fans s'informer, comme on doit croire, de ce qui fe

paffoit

paſſoit à ſon ſujet. On va raporter le reſte des avantures de ſes courſes , comme Loup-garou , dans le
ſixiéme Chap.

CHAPITRE VI.

Le reſte des Avantures de Monſieur Oufle, Loup-garou.

Comme on craint d'ennuyer enfin les Lecteurs ,
en traitant trop long-temps d'une même matiere , & qu'on a un très-grand nombre d'autres choſes
à rapporter ſur pluſieurs differens ſujets , on ne tom-
bera point dans une deſcription exacte de toutes les
frayeurs qu'il fit cette nuit en qualité de Loup-garou ;
& ainſi on paſſe ſous ſilence , des Bourgeois qui venoient de ſouper en ville ; un homme d'affaires , qui
après avoir laiſſé ſa femme dormant tranquillement
dans ſon lit , alloit trouver *incognito* , une maitreſſe
qui lui coûtoit elle ſeule autant que tout ſon menage
enſemble ; un vieux Seigneur qui étoit dans un Fiacre , & qui s'étoit dépoüillé de tout l'appareil de ſa
Grandeur , afin de voir ſans fracas & de ne point em-
baraſſer certaine petiteſſe ; trois , ſoi-diſant Abbez , qui
chantoient melodieuſement certaines paroles qu'ils n'a-
voient pas aſſurément apprises ſur le Lutrin ; quelques
Amans qui reconduiſoient leurs Maîtreſſes , en marchant le plus lentement qu'ils pouvoient , afin de ne
pas ſe ſeparer trop tôt ; un Chymiſte qui venoit de
ſouffler chez un Grand , & qui emportoit de chez celui-ci plus d'argent qu'il n'y en pourroit jamais produire ; enfin tous gens à qui notre Loup-garou donna ſi
vigoureuſement la chaſſe , qu'il les obligea de retourner bien vite ſur leurs pas , & d'allonger beaucoup
leur chemin , en prenant des ruës détournées , afin de
ne plus courir riſque de le rencontrer. On paſſera ,
dis-

dis-je, fous filence toutes ces petites avantures, pour
s'arrêter feulement à deux de plus grande importance,
que voici.

Un homme de confideration courant la pofte dans
une chaize, & étant efcorté de deux Cavaliers qui couroient avec lui, trouva dans fon paffage ce malheureux
Loup-garou. Tous les chevaux reculent fi promptc-
ment & fe cabrent de telle forte, qu'ils renverfent les
Cavaliers par terre. L'homme de la Chaife voyant ce
fpectacle, & en même-temps cette prétenduë effroyable bête, fort avec précipitation, le Loup fe jette tantôt fur l'un, tantôt fur l'autre, puis fur les Chevaux,
fans leur faire pourtant d'autre mal, que de la peur.
Après les avoir goufpillez à fon aife; car ils étoient
fi effraiez que pas un n'eut le courage de fe défendre;
il fe met à hurler, comme s'il eût voulu par-là chanter la victoire qu'il venoit de remporter. Les Chevaux
cependant prennent le mords aux dents, & s'enfuient
avec tant de legereté, même ceux qui trainoient la
Chaife, qu'on auroit crû qu'ils fortoient de l'écurie,
& qu'il y avoit plus d'un mois qu'ils n'avoient marché. Les hommes de leur côté, ne furent pas moins
diligens à courir, & Monfieur Oufle à les fuivre.
Enfin ils fe jettent tous dans une allée qu'ils trouverent
ouverte, & ferment la porte fur eux. Le Loup, qui
n'avoit pû entrer avec eux dans cette allée, hurle plufieurs fois de toutes fes forces; une infinité de têtes en
bonnet & en cornettes de nuit, paroiffent aux fenêtres, avec des bras avancez dehors, tenant une chandelle, pour voir ce qui caufoit un fi gaand fracas;
mais toutes ces têtes fe retirent bien vîte; & malheu-
reufement une fe trouva prife fous un chaffis qui tomba, parce que celui qui l'avoit levé ne s'étoit pas donné le temps de l'arrêter. Cette pauvre tête crioit épou-
vantablement, & autant que le patient pouvoit pouffer
d'air pour refpirer; le Loup-garou répondoit à cette
voix plaintive, p.r des hurlemens, ce qui faifoit la
plus horrible mufiue du monde; on n'avoit jamais

entendu

entendu un pareil *duo.* Perſonne n'oſoit plus ouvrir
ſa fenêtre & regarder dans la ruë, parce qu'entendant
les cris de ce voiſin affligé, on croyoit que c'étoit la
bête qui avoit grimpé, & qui le tenoit à la gorge.
Par bonheur le valet de cette tête, dont le cou étoit à
moitié étranglé, étant entré dans la chambre, voit ſon
maître dans cette douloureuſe ſituation, leve promptement le chaſſis, & le délivre du ſupplice que lui
avoit cauſé ſa curioſité funeſte.

Monſieur Oufle, après avoir donné une ſi furieuſe
allarme dans ce quartier, en alla chercher un autre,
pour y promener ſes viſions. Certes il devoit être aſſez content de cette derniere avanture; mais comme il
n'étoit pas encore gueri de ſa maladie, il ne pouvoit
pas s'en tenir à tout ce qui étoit arrivé.

Trois filoux attaquoient un paſſant, & ne luy demandoient pas moins que ſa bourſe & ſes habits. Le
compliment étoit fort déſagreable; mais il ne pouvoit
pas ſe diſpenſer d'y répondre; car c'étoit un bon Marchand de toile qui ne portoit pour toutes armes offenſives & deffenſives, qu'un coûteau pour ſa table,
& des ciſeaux pour ſes toiles; & n'avoit point d'autre
inclination martiale, que celle tout-au-plus, de lire régulierement les Gazettes; & d'aller les Fêtes & Dimanches allonger le cou ſur les épaules de certains Nouvelliſtes aſſemblez, qui ne parlent pas mieux de la
guerre, qu'ils ſçavent la faire. Les Filoux qui avoient
pris de meilleures précautions, lui tenoient le piſtolet
ſur la gorge, pour lui faire rendre ce qu'il ne lui avoient
pas aſſurémeut prêté. Notre Loup garou qui alloit
vers eux, ſans autre intention que de continuer ſes
courſes, au hazard de tout ce qui en pourroit arriver,
hurla ſeulement pour hurler. Les Filoux n'attendirent
pas qu'il hurlât une ſeconde fois, ou qu'il s'approchât
d'eux, pour quitter priſe, & le paſſant, comme on
n'en doute pas, les laiſſa aller, ſans les rappeller,
pour renoüer commerce avec eux; il s'enfuit d'un autre côté ayant du moins autant de peur du Loup, que

des

des habiles gens, qui étoient si bien disposez à exercer sur lui leur sçavoir faire. Pendant que le Marchand & les Filoux couroient , & que le Loup hurloit , un carosse venoit, ou plutôt couroit, (car c'est à présent l'usage , au grand dommage des pietons,) vers celui-ci. Ce carosse portoit trois hommes masquez qui revenoient de tous les Bals, dont on leur avoit donné avis. Le Cocher , fiacre des plus fiacres , & les chevaux , arideles des plus arideles , à qui pourtant on donnoit de la vigueur à coups de foüet , sans discontinuation , s'arrêterent de concert , autant par lassitude que par crainte. Les Masques s'emportent de fureur contre le Cocher & les chevaux , pour les faire avancer , & les chevaux & le Cocher demeuroient aussi tranquiles , que s'ils étoient venus pour coucher dans cet endroit. Les Masques recommençoient leurs juremens & leurs menaces , les chevaux n'en font pas un seul pas davantage. Mais le Cocher plus sensible , & d'ailleurs de mauvaise humeur , comme le sont d'ordinaire ceux de sa profession , à moins que le vin ne les ait égayez , dit brusquement aux Masques , de chasser le Diable qui étoit devant lui , s'ils vouloient qu'il allât plus loin. Un des Masques avance la tête hors de la portiere , pour reconnoître ce prétendu Diable , il voit notre Loup-garou ; il s'effraye d'abord , ensuite s'étant donné le temps de considerer cette bête , il ouvre la portiere , la va trouver , se jette sur elle , mais avec des ménagemens qui marquoient qu'il avoit extrêmement peur de la blesser ; il appelle les autres Masques à son secours, les assûrant qu'ils n'avoient aucun sujet de craindre, les prie cependant avec instance , & pour cause , leur dit-il , de ne lui faire aucun mal. Tous se saisissent de Monsieur Oufle , & l'emportent avec eux dans le carosse. Comme ce pauvre coureur étoit épuisé par les agitations qu'il s'étoit données pendant cette nuit , on fit de lui ce qu'on voulut. Aussi avoit-il raison de se rendre , puisque c'étoit son fils Sansugue, qui ne doutant point que ce ne fût son pere , parce qu'il reconnut son habit,

bit, & qu'il en fut entierement convaincu, quand il l'eut veu de près, ne fongea qu'à le transporter dans fa maifon, & lui procurer un repos, dont il avoit très-grand befoin. Il inftruifit les deux Mafques de tout ce myftere; ils plaignirent le pere & le fils, & contribuerent de tous leurs foins, pour remettre ce pauvre vifionnaire chez lui. Auffi-tôt qu'il y fut arrivé, on le deshabilla, fans qu'il refiftât; on le mit au lit, où il dormit plus de douze heures fort tranquillement; & à fon reveil, parut homme & nullement Loup-garou. Perfonne de chez lui ne fçut rien de tout ce qui s'étoit paffé. Sanfugue avoit pris toutes les mefures neceffaires pour que ce ridicule égarement ne devint point public. Et ce qu'on en dit ici, auffi-bien que tout ce qu'on dira dans la fuite des autres extravagances de Monfieur Oufle, vient par des voyes, dont on ne veut point donner connoiffance; parce qu'on a des raifons importantes qui engagent à les taire. S'il y a des Lecteurs qui ne veuillent point fe divertir de cette hiftoire, à caufe qu'on ne veut pas leur déclarer de qu'elle maniere on l'a apprife, tant pis pour eux; ils y perdront plus que l'Hiftorien, puifque, par entêtement, ou fi l'on veut, par une délicateffe outrée, ils voudront fe priver d'un divertiffement & d'une inftruction, dont il a lui-même fait beaucoup fon profit. Je m'étendrois davantage fur cette matiere, fi je n'avois point tant d'autres chofes à dire, & à finir enfin la relation du *Loup-garouifme* de Monfieur Oufle.

Que de bruits fe répandirent pendant plufieurs jours au fujet de notre Loup-garou! que de contes on en fit! car, comme il avoit parcouru pendant cette nuit prefque toute la Ville, il avoit été entendu d'une infinité de gens, dont la plupart furent plus que jamais perfuadez, qu'il y avoit veritablement des Loups garoux, qui faifoient des defordres épouvantables. On ne peut croire combien on fit de fauffes hiftoires à cette occafion. Ceux qui n'avoient pas ofé ouvrir leurs fenêtres, pour le voir, étoient des premiers à affurer qu'ils l'avoient vû, traî-

naux

nant des chaînes d'une grosseur & d'une longueur prodigieuses, & si grand, que sa tête atteignoit presque jusqu'aux premiers étages: car comme dit le proverbe,
on n'a jamais vû de petit Loup ; on veut toûjours persuader que ceux que l'on trouve, sont d'une grandeur
demesurée, & cela apparemment, parce que l'on pro-
portionne leur étenduë à celle de la crainte que l'on en
a. Il y en avoit d'autres qui assuroient qu'on lui avoit
coupé une patte en se défendant contre ses violences,
& que comme c'étoit un homme Sorcier, changé en
Loup, on l'avoit le lendemain trouvé dans son lit,
sans main, & qu'on lui alloit faire incessamment son
procez. Comme cette histoire de la patte d'un Loup-
garou, coupée, est repetée depuis plusieurs siecles, &
qu'on prétend qu'elle est arrivée dans je ne sçai combien de païs differens, il ne faut pas s'étonner, si on
la renouvelle avec tant de facilité. Les simples aiment
tant à croire ces choses surprenantes, qu'ils les débitent aussi volontiers, qu'ils les reçoivent de ceux qui
les leur rapportent. L'extravagance du peuple credule
à cet égard, alla si loin, qu'un gueux estropié d'une
main, qu'on lui avoit autrefois coupée pour un accident qui ne sentoit rien moins que le sortilege, demandant l'aumône dans les ruës, & montrant son poi-
gnet sans main, pour émouvoir à pitié, & pour exciter à le secourir dans sa misere, on s'alla mettre dans
l'esprit que c'étoit le Loup-garou, dont on avoit tant
parlé ; de sorte qu'on l'auroit mis en pieces, si remar-
quant la fureur dont on commençoit à s'enflammer
contre lui, il n'avoit promptement disparu. Dans un
endroit de la Ville, on disoit que notre Loup-garou
avoit devoré la tête d'une fille de 18 ans, qui étoit ac-
cordée & prête à se marier, & que son futur époux,
qui se trouva alors avec elle, après avoir donné plusieurs coups d'épée au Loup, étoit tombé mort de douleur & d'affliction sur la place, à la vûë de l'effroyable spectacle du corps de sa maîtresse, tombé sans tête
& nageant dans son sang. Dans un autre quartier, on
s'as-

s'assembloit par pelotons , & là on faisoit de pitoyables lamentations sur un Ecclesiastique , qui étant en
chemin pour aller assister un mourant, avoit été obligé de s'en retourner chez lui, parce que ce Sorcier de
Loup l'avoit poursuivi à outrance : de sorte que le malade étoit mort, sans qu'il eût été possible de lui donner le secours dont il avoit besoin. Selon quelques
uns, un Courrier avoit été arraché de dessus son cheval, & sa valise avec toutes ses lettres avoient été dé-
chirées par cette furieuse bête ; ce qui, disoient quelques mauvais plaisans , consola plusieurs femmes &
plusieurs filles, quand elles apprirent ce dévalisement,
parce que n'ayant pas reçu les lettres qu'elles attendoient,
elles accusoient de mépris ou de négligence, ceux qu'elles prétendoient qui devoient leur écrire. Il y en avoit
encore qui protestoient (& cela, parce qu'ils l'avoient
oüi dire par des gens, selon eux, trèsdignes de foy)
que ce Loup-garou étoit entré dans un Bal, qu'il y a-
voit dansé , & qu'ensuite il s'étoit jetté sur plusieurs
femmes, dont il avoit déchiré le visage. De certains
nioient qu'on eut blessé le Loup-garou , pretendant que
ces sortes de Sorciers sont invulnérables. On vouloit
encore qu'il eût couru plusieurs nuits de suite ; enfin
chaque quartier , ou plutôt chaque ruë avoit son histoire particuliere, à laquelle on ajoûtoit foi sans autre
fondement que parce qu'on la disoit. On souhaitoit
que cela fût ainsi, on se faisoit un plaisir de le croire ;
à telles sortes de gens , il n'en faut pas davantage,
pour ne point douter. Cela est si vrai, qu'en fait d'erreurs populaires, le moindre risque qu'on court, c'est
de passer pour n'avoir point de religion, si, quand on
les entend débiter, l'on témoigne quelque incredulité.
Le peuple se constitué de lui-même ministre là-dessus
d'une espece d'Inquisition ; il ne pardonne point si l'on
ne croit pas comme lui. Et certes, l'on seroit fort à
plaindre , s'il avoit autant de puissance pour punir,
qu'il a de facilité pour croire. Mais laissons la Morale & le *Loup-garoüisme*, pour reprendre Monsieur Oufle,

ſie , joüant d'autres Scènes qui ne ſeront pas moins extravagantes , que celles qu'on vient de voir.

CHAPITRE VII.

Monſieur Ouſle inquiet ſur la conduite de ſa
femme , met en uſage quelques ſuperſtitieu-
ſes pratiques , pour connoître ſi elle lui eſt
fidelle.

JE ne ſçai par quelle bizarrerie , Monſieur Ouſle
ſe mit dans l'eſprit, que ſa femme ne lui étoit pas
auſſi fidelle , que ſon devoir l'exigeoit , & qu'il le
ſouhaitoit lui-même. Il devoit pourtant être fort tranquile là-deſſus ; parce qu'outre qu'elle avoit de la ſageſſe & de la vertu , c'eſt qu'elle étoit d'un exterieur
qui la mettoit hors des dangers, où les plus ſages &
les plus regulieres ſuccombent ſouvent, & ne ſe recon-
noiſſent plus. Les hommes la voyoient ſans conſé-
quence. Après un tête-à-tête avec elle , on ſortoit de
part & d'autre auſſi indifferent , que l'on ſortiroit d'u-
ne ceremonie publique, où des hommes & des femmes ſe ſont trouvez enſemble, ſans avoir fait aucune
attention les uns ſur les autres , & où à peine a-t-on
ſongé à ſe regarder. Quoiqu'il en ſoit , Monſieur
Ouſle étoit pourtant devenu jaloux de Madame Ouſle,
tant il eſt vrai , que quand on a de la jalouſie , ce
n'eſt pas toûjours que l'on ait ſujet d'en avoir. Je me
perſuade, que je donnerois une veritable raiſon de celle de Monſieur Ouſle , ſi je diſois, qu'il croyoit que
ſa femme ne l'aimoit pas , & que par conſequent,
elle en aimoit un autre (car peu de femmes ſont ſans
amour) parce que, comme elle ne pouvoit ſouffrir ſes
phantaiſies ſuperſtitieuſes, elle lui en faiſoit des guerres ſi continuelles, que toute ſa conduite à ſon égard,
reſſem-

reffembloit beaucoup à la haine. Il fe mit donc dans
l'efprit qu'elle avoit quelque attachement ailleurs ; mais
cet ailleurs lui étoit entierement inconnu ; & c'eft ce
qui faifoit fon grand embarras. Il vouloit, à quelque
prix que ce fût, le deviner, & pour en venir à bout,
il rappella dans fa memoire & alla chercher dans fes
livres, toutes les inftructions qu'on ofe donner pour
découvrir les fecrets les plus cachez des autres , &
leurs intrigues les plus adroitement ménagées ; bien
réfolu de les mettre exactement en pratique, avec toutes les circonftances qu'il crut les plus néceffaires pour
le faire arriver à fes fins, & c'eft ce qu'on va voir.

Il fit chercher une grenouille, dont il prit la tête,
& un pigeon dont il prit le cœur ; & après avoir fait
feicher l'un & l'autre & réduire en poudre, il mit de
cette poudre fur l'eftomach de fa pauvre femme pendant qu'elle dormoit, & paffa toute la nuit lui-même
fans dormir ; parce qu'il prétendoit, felon la promef-
fe de fes livres fuperftitieux , qu'elle ne manqueroit
pas de dire, en dormant, tout ce qu'elle avoit fait,
étant éveillée (a.)   Helas ! la bonne Madame Oufle
dormit fi bien cette nuit, qu'elle n'avoit peut-être jamais eû un fommeil fi profond. Il fembloit que cette poudre étoit bien plus propre pour procurer un bon
fommeil, que pour toute autre chofe. Elle ronfla, il
eft vray , mais elle ne parla point.   Notre homme
fut fort mortifié le matin,   voyant que fon projet
avoit fi mal réüffi.   Il n'en accufa pourtant pas fes
livres,

(a) Pour faire dire à une fille ou à une femme tout ce
qu'elle a fait, qu'on prenne le cœur d'un pigeon avec la
tête d'une grenouille, & après les avoir fait feicher, fi on
les réduit en poudre fur l'eftomach de celle qui dort, on
lui fera tout avoüer ce qu'elle a dans l'ame ; & quand elle aura tout dit, il les lui faut ôter , depeur qu'elle ne s'éveille.
Les admir. fecrets d'Albert le Grand. l. 2. p. 145.

*Quando vis ut narret tibi mulier vel puella tua omnia quæ
fecit, accipe cor Colomba & caput Ranæ , & exficca utraque
& tere & pulverifa fupra pectus dormientis, & narrabit omnia
quæ fecit. Trinum Magicum. p. 203.*

livres ; il crut avoir sujet de s'en accuser plutôt lui-même, voulant absolument croire que c'étoit parce qu'il avoit manqué à quelque formalité ; car les gens de sa sorte ont trop de confiance aux superstitions, pour les démentir. Pour peu que ce pauvre homme eût eû de bon sens, ne devoit-il pas, considerant l'inutilité de cette pratique (car enfin, si Madame Oufle ne lui avoit fait aucune infidelité, comme cela paroît très-constant ; du moins elle pouvoit parler d'autre chose, puisque ce beau secret devoit lui faire dire ce qu'elle avoit fait) ne devoit-il pas, dis-je, se faire pitié à lui-même, d'avoir prétendu arracher un secret de cette importance, par un moyen si extravagant, & si peu proportionné à sa prétention ? Mais est-ce que les superstitieux raisonnent ? ils croyent que les Auteurs ont assez raisonné pour eux ; c'est pourquoi ils prennent aveuglément pour vrayes les plus hardies impostures, sans s'informer le moins du monde s'il s'y trouve quelque petit caractere de possibilité. Rien n'est plus favorable pour les livres superstitieux, que la défense qu'on fait d'éprouver ce qu'ils promettent ; car la raison nous dit, que de telles épreuves convaincroient entiérement de la fausseté de toutes ces promesses. Il faut pourtant reconnoître que cette défense est très-judicieuse, puisqu'il est toûjours criminel de donner dans ces impertinens usages, & de s'y confier. Je ne pousse pas plus loin ces réflexions, dans la crainte que j'ai de perdre de vûë notre visionnaire ; je le vais donc faire revenir sur la scène, où il mettra en pratique d'autres extravagances qui ne lui seront pas plus favorables que celle qu'on vient de lire.

La nuit suivante il fit une seconde épreuve avec la langue d'une grenoüille qu'il eut soin de placer le plus exactement qu'il put sur le cœur de sa femme. (*b*)

Cepen-

(*b*) *Ut mulier confiteatur quæ fecerit, ranam aquelem comprehende vivam, & tolle ejus linguam, & remitte illam in aquam, & pone illam linguam super partem cordis fæminæ dormientis, quæ cum interrogetur, vera dicet.* Trinum Magicum p. 209.

Cependant la langue de cette grenouille ne fit point du
tout remuer celle de cette obftinée dormeufe; & ainfi
Monfieur Oufle fe leva le matin, aufli peu inftruit
qu'il l'étoit le foir, quand il fe coucha. Quelle mortification pour un homme comme lui, qui regardoit la
langue d'une grenoüille, comme un moyen immanqua-
ble de lui faire acquerir des connoiffances qui lui
,, étoient fi importantes! Ah! certes, difoit-il en lui-
,, même, c'eft ma faute, fi je n'obtiens pas ce que je
,, fouhaite; je n'ai pas placé comme je devois cet inf-
,, trument de la fatisfaction de ma curiofité; la peur
,, que j'ai euë d'éveiller ma femme, m'a empêché de
,, le mettre jufte dans le lieu où il devoit être. C'eft
ainfi, qu'après s'être infatué de fecrets trompeurs, ou
eft aufli obftiné à fe tromper foy-même, que l'on a
été facile à fe laiffer tromper par les autres.

Pour continuer fon manége, il fit une autre tenta-
tive, fondée encore fur ce qu'il avoit appris par fes
lectures: car il étoit inépuifable fur cette matiere. Il
fit fecrettement chercher un crapaud, il lui arracha le
cœur; & après avoir bien épié le temps, auquel dormoit profondement cette innocente victime de la fuperftition, il luy mit ce vilain cœur fur la mammelle
gauche; (c) & prêta toute l'attention poffible, pour
entendre ce que fa femme diroit. Elle ne dit encore
rien. Et comme il avoit paffé deux nuits fans dormir, il s'endormit enfin lui-même; & le matin étant
éveillé, il fe perfuada que, s'il n'avoit rien appris de
ce qu'il fouhaitoit tant de fçavoir, c'eft qu'il avoit
ceffé d'être affez attentif pour écouter ce que, felon
lui, on n'auroit pas manqué de lui dire. Quelle fatisfaction pour un fuperftitieux d'avoir un fi plaufible
prétexte, pour juftifier le défaut d'une fuperftition!

Tom. I. C C ıı

_____

(c) Mettre le cœur d'un crapaud fur la mamelle gauche d'une femme, pendant qu'elle dort, afin de lui faire
dire tout ce qu'elle a de fecret. Mizauld. Centurie 2. n.
61. cité par M. Thiers dans fon Traité des Superftitions t. 1.
p. 389.

On doit bien s'imaginer qu'il prit des précautions, pour ne ſe laiſſer plus accabler par le ſommeil, dans une occaſion qui demandoit tant de vigilànce. En ef-fet, pour ne plus courir le même riſque, il dormit une partie du jour, & enſuite il fit cette nouvelle ex-perience.

C'eſt encore pendant le ſommeil de ſa femme, qu'il tâcha de connoître ſes ſecrets. Il lui mit un dia-mant ſur la tête, (d) & s'attendit enſuite à l'alternati-ve qu'on trouvera dans la notte ci-deſſous. let. d. La dormeuſe, quelques heures après, étant apparemment laſſe d'être ſur un côté, changea de ſituation, ſans s'éveiller, & tourna le derriere à ſon curieux. Ce changement de ſituation le mit dans une cruelle per-plexité. Il concluoit quelquefois, que c'étoit une preu-ve qu'elle avoit du mépris pour lui, & qu'elle ne l'ai-moit point. Pourtant, quand il conſideroit bien ce que ſes livres aſſuroient qu'elle devoit faire, pour mar-quer ſon infidelité, il trouvoit ſes concluſions injuſtes, puiſqu'elle ne s'étoit point du tout éveillée en ſurſaut. La premiere choſe qu'il fit le matin, auſſi tôt qu'il eut quitté le lit, ce fut d'aller conſulter ſes livres, pour voir s'il étoit dit en effet, qu'elle devoit s'éveiller en ſurſaut, pour qu'il eût ſujet de l'accuſer d'infidelité; il y apprit, qu'il n'avoit point du tout été trompé par ſa memoire. Après cet éclairciſſement il jugea à propos de pouſſer ſes épreuves auſſi loin, que ſes lectures lui avoient donné d'inſtructions pour les faire.

Il paſſa quelques jours à chercher trois ſortes de pier-res, auſquelles les ſuperſtitieux attribuent la vertu de fai-re connoître ce qu'il ſouhaitoit tant d'apprendre. La
premie-

(d) Il y en a qui diſent, que, ſi on met un diamant ſur la tête d'une femme qui dort, en connoît ſi elle eſt fidelle ou infidelle à ſon mary : parce que, ſi elle eſt infidelle, elle s'éveille en ſurſaut; au contraire, ſi elle eſt chaſte, el-le embraſſera ſon mary avec affection. Les admir-ſecr. d'Albert le Grand. lib. 2. p. 145. 146, Trinum Magicum. p. 203.

premiere est appellée, *galeriate* ; (*e*) la seconde, *qui-rim* ; (*f*) & la troisiéme *beratide* ; (*g*) il ne les trouva point, quelques recherches qu'il en fit, quelques sommes considerables qu'il promît pour les avoir. Il fut, certes, bien-heureux de ne pas trouver en son chemin quelque fripon, disposé à profiter de sa sottise ; car il étoit fort facile de lui vendre bien cher d'autres pierres de vil prix, sous le nom de celles qu'il demandoit, puisque n'en ayant jamais vû, il n'eût pû connoître si on l'eût trompé. Il s'informa encore, s'il n'étoit pas possible d'avoir de l'eau d'une certaine fontaine (*h*) d'Ethiopie, à laquelle on attribuë la même proprieté. A peine daigna-t-on l'écouter, tant on sçavoit peu ce qu'il vouloit dire. S'il n'avoit pas eu d'autres ressources, il auroit été inconsolable de ne pouvoir obtenir de cette eau merveilleuse, ni de ces admirables pierres ; mais sa memoire vint à son secours, pour le faire ressouvenir, que le cœur d'un merle, (*i*) ou le cœur & le pied droit d'un Chat-huant, (*k*) produiroient

C 2 roient

(*e*) Avicenne dit, que, si l'on pile la pierre *Geleriate*, qui se trouve en Lybie, & en Bretagne, qu'on la lave, ou qu'on la fasse laver à une femme, si elle n'est pas chaste, elle pissera aussi tôt, & non au contraire. Les admir. secr. d'Albert le Grand. l. 2. p. 103.

(*f*) La pierre *quirim* fait dire à un homme tout ce qu'il a dans l'esprit, si on la met sur sa tête pendant qu'il dort. On trouve cette pierre dans le nid des huppes, & on l'appelle ordinairement la pierre des traîtres. Id. p. 10.

(*g*) Si on veut sçavoir la pensée & les desseins des autres, on prendra la pierre *beratide* qui est de couleur noire, & on la mettra dans la bouche. Id. p. 100.

(*h*) Il y avoit en Ethiope une Fontaine, dont les eaux avoient la proprieté de faire dire tout ce qu'on sçavoit, quand on en avoit bû. Diod. Sicil.

(*i*) Si on met le cœur d'un Merle sous la tête d'une personne qui dort, & qu'on l'interroge, elle dira tout haut ce qu'elle aura fait. Les admirables secrets d'Albert le Grand. l. 2. p 119. *Trinum Magicum. p.* 187.

(*k*) Si l'on met le cœur & le pied droit d'un Chat-huant sur une personne endormie, elle dira aussi-tôt ce qu'elle

roient le même effet, que ces pierres ou cette fontaine. Son valet Mornand qui faisoit profession de sifler des Linottes & d'apprendre à parler à des Merles & à des Sansonnets, parce qu'il étoit extrêmement attentif à faire argent de tout, avoit un Merle parfaitement instruit, connu de tout le quartier par son sçavoir dire; mais haï de la plupart des voisins, parce qu'il n'y avoit aucun sommeil, pour profond qu'il fût, qui pût tenir contre le bruit qu'il faisoit par son sifflement & par son habil. C'étoit le plus étonnant gosier de Merle qu'on eût jamais entendu. A peine le jour paroissoit-il, qu'il faisoit un bruit épouvantable; aussi recevoit-il autant de maledictions, qu'il siffloit de fois. La superstition de Monsieur Oufle vengea tous ces mécontens, & c'est peut-être ce qu'elle lui a fait faire de mieux & de plus utile pendant tout le temps qu'elle a regné sur son esprit. Il alla donc dans la Chambre de Mornand, pendant que celui-ci étoit allé en ville s'acquitter de quelques commissions, dont il l'avoit chargé. Il prend cette pauvre bête, sans se laisser attendrir par son caquet, lui tord impitoyablement le cou, l'emporte, & lui ôte le cœur. Il avoit fait chercher la veille un Chat-huant, dont il prit aussi le cœur & le pied droit. On ne parlera point icy de l'affliction dont Mornand fut accablé, quand, étant de retour, il ne trouva point son cher Merle. Il suffit pour la faire comprendre, qu'il l'aimoit comme un des plus habiles & des plus entendus élèves, qu'il eût jamais formez, & qu'il esperoit tirer une somme considerable d'une si belle éducation.

Monsieur Oufle, fourni de cette extraordinaire & bizarre provision, s'alla coucher auprès de sa femme; car pendant ces épreuves, il lui tint compagnie toutes les nuits; ce qui ne la rendit pas médiocrement étonnée; elle n'y fit pourtant aucune attention qui tirât à conse-

confequence. Il fe preffa de faire femblant de dormir
auffi-tôt qu'il fut au lit, afin que ne donnant aucune
diftraction à fa bonne époufe, elle fit veritablement ce
qu'il ne faifoit qu'en apparence. La pauvre femme
s'endormit en effet, bien éloignée de foupçonner rien
de ce qu'on avoit entrepris de lui faire. Il lui leve d'a-
bord la tête le plus doucement qu'il peut, & y met
deffous le cœur du Merle; puis il lui fait, a voix baf-
fe, des interrogations fur ce qu'il fouhaitoit fçavoir.
A toutes ces demandes, nulle réponfe. La moitié de
la nuit fe paffa dans ce ridicule manége; & il le continua pendant l'autre moitié, après avoir mis fur elle
le cœur & le pied du Chat-huant. Enfin voyant tous
fes artifices devenus fi inutiles, il quitta prife, bien réfolu de ne plus confulter le fommeil, puifqu'il en avoit
tiré fi peu de fatisfaction. On va peut-être croire,
qu'après avoir connu la vanité & l'impofture de ces
fuperftitieufes pratiques, il n'y ajoûta plus de foy, &
qu'il y renonça pour toûjours; on croira affurément
avec raifon, que cela devoit être ainfi; mais cet homme étoit trop prévenu en faveur de ces fadaifes, pour
prendre un party fi raifonnable. C'eft à foi-même qu'il
en attribuoit toûjours la faute; il ne lui venoit point
du tout dans l'efprit d'en accufer les maîtres qui lui
avoient donné ces belles inftructions. Auffi, bien loin
de fe laffer, il reprit courage & fe propofa d'autres operations; c'eft ce qu'on va voir dans le huitiéme Chapitre.

CHAPITRE VIII.

Suite des pratiques superstitieuses que Monsieur Oufle mit en usage, pour connoître si sa femme lui étoit fidelle.

Monsieur Oufle recommença ses superstitieuses pratiques par une invention, qui ayant un air de prodige, étoit extrêmement de son goût. Car, comme je l'ai déja fait remarquer, les choses surprenantes étoient celles qui le charmoient le plus, & qui prévenoient le plus fortement sa crédulité ; c'est ce qu'on verra très-souvent dans la suite de cet ouvrage. Cette belle invention consistoit à prendre des chardons, pour connoître la personne dont on est le plus aimé. (a) Pour cela, si, par exemple, un homme veut sçavoir laquelle de trois femmes à le plus d'amitié pour lui, il n'y a qu'à prendre trois têtes de chardons, en couper les pointes, donner à chacun de ces chardons le nom de chacune de ces trois femmes, ensuite les mettre sous le chevet de son lit ; & les charlatans superstitieux assurent impudemment, que celui des chardons qui poussera un nouveau jet & de nouvelles pointes, marquera la femme dont cet homme sera le plus aimé. Monsieur Oufle prit donc trois chardons, mit à chacun un petit papier, sur l'un desquels il avoit écrit le nom de sa femme, & sur les deux autres, les noms

de

(a) Pour connoître entre trois ou quatre personnes, celle qui nous aime le plus, il faut prendre trois ou quatre têtes de chardons, en couper les pointes, donner à chaque chardon le nom de ces trois ou quatre personnes, & les mettre ensuite sous le chevet de notre lit. Celui des chardons qui marquera la personne qui aura le plus d'amitié pour nous, poussera un nouveau jet, & de nouvelles pointes. Traité des superstitions, par Monsieur Thiers. t. 1. p. 210.

de deux femmes, à qui il ne douroit point qu'il ne
fût très-indifferent. Et ainsi il étoit très-disposé à conclure qu'il n'étoit pas aimé de Madame Oufle, si l'un
des chardons de ces deux femmes venoit à pouffer
quelques pointes, fans que les autres en pouffaffent
autant. Il se coucha, après avoir placé *incognito*, ces
trois chardons fous fon chevet. Sa femme qui ne s'é-
toit pas encore couchée, même lorfqu'il dormoit profondément, trouvant dans fa chambre fur fa table, un
livre ouvert & couché du côté de l'ouverture, s'avisa,
je ne fçai par quelle curiofité, qui ne lui étoit pas ordinaire, de lire juftement dans l'endroit où il étoit ouvert, & là elle trouva l'article des chardons. La difpofition de ce livre lui donna d'abord quelque foup-
çon ; & pour s'éclaircir de ce qu'elle foupçonnoit,
elle alla doucement chercher fous le chevet, & y trouva ces myfterieux chardons ; elle les confidera attentivement, & y lut les noms dont je viens de parler ;
il ne lui en fallut pas davantage, pour juger que c'é-
toit une épreuve que fon mary vouloit faire. Les
noms de ces deux autres femmes, lui infpirerent à
fon tour de la jaloufie. Elle remit cependant les
chardons en la place où elle les avoit trouvez, fans y
rien changer ; mais pourtant avec deffein de s'en fervir, comme on verra dans la fuite, pour joüer quelques tours à cet impertinent curieux. Elle ne dormit
pas fi tranquillement cette nuit qu'elle avoit fait pendant celles dont on a parlé ci-devant. Le matin M.
Oufle fonge à fes chardons, les prend, les confidere,
n'y trouve ni jet nouveau, ni pointes nouvelles. Il
ne s'allarma pourtant pas pour cela ; parce qu'il s'alla
imaginer qu'il falloit plus d'une nuit, pour perfection-
ner une fi merveilleufe operation ; & ainfi il prit deffein
de continuer cette épreuve la nuit fuivante. Madame
Oufle qui avoit étudié toute fa conduite pendant la
journée, ne douta point qu'il ne recommençât le même manége dans la premiere nuit ; c'eft pourquoi elle
fit provifion de chardons. La nuit venuë, elle fe

coucha

coucha la premiere, fit semblant de dormir, & vit placer les chardons. Monsieur Oufle dormant, elle se leve, les prend, & met en leur place trois de ceux dont elle avoit fait provision, après y avoir écrit ces trois noms, *Michel*, *Gabriel*, *Belzebuth*. Elle avoit coupé les pointes des deux premiers, & les avoit laissées à celui qu'elle avoit nommée *Belzebuth*, nom diabolique, comme on sçait.

Quelle fut la surprise ! quel fut l'étonnement de Monsieur Oufle, quand il trouva le matin ce changement de noms, & qu'il apprit que *Belzebuth* étoit le meilleur de ses amis ! Quel divertissement en même temps pour Madame Oufle, de voir son inquietude & sa perplexité ! car, comme elle avoit bien prévû qu'il ne manqueroit pas d'être agité & embarassé, à la vûë de cette étrange metamorphose, elle s'appliqua pendant toute la journée à étudier ses mines & ses démarches. Elle connut par cette étude, qu'il prenoit dessein de recommencer cette épreuve, pour sçavoir enfin à quoi il s'en devoit tenir. Pendant qu'il cherchoit de son côté des chardons, afin de voir si *Belzebuth* s'obstineroit à se dire son ami, elle en preparoit d'autres, pour continuer de le jetter dans l'embarras, & en même-temps pour se rendre à elle-même cette superstition favorable, en le convainquant, qu'il n'y avoit personne qui l'aimât avec plus d'attachement & de fidelité qu'elle l'aimoit. On comprend bien, que pour cela, il falloit faire paroître des chardons, dont l'un portât son nom, & en même temps des pointes ; c'est ce qu'elle ne manqua pas de faire. Elle mit en la place de ceux du bon-homme, les trois qu'elle avoit preparez, c'est-à-dire, deux qui portoient le nom de ces deux femmes, dont on a parlé ci-devant, avec les pointes coupées, & le troisiéme qui portoit le sien, sans en avoir rien retranché ; de sorte que c'étoit une preuve pour ce superstitieux & credule mary, que sa femme étoit la personne du monde qui l'aimoit le plus. Voilà comment ceux qui donnent dans les superstitions, sont presque toûjours les dupes des gens habiles & adroits, qui connoissent leur foiblesse, pour ne pas dire, leur sottise. Heureux, quand ils ne sont troupez que comme Monsieur Oufle dans cette occasion! Car enfin, il faut rendre justice à sa femme, en avoüant de bonne foy, qu'elle l'aimoit veritablement, qu'elle ne lui faisoit aucune de ces infidelitez qu'il craignoit, & qu'ainsi elle ne lui faisoit aucune supercherie condamnable à son égard, en voulant le convaincre de son amour. Puisqu'elle le voyoit disposé à n'ajoûter foy qu'à ce que la superstition lui disoit, il paroît qu'elle n'étoit pas fort criminelle de se servir de cette même superstition, pour le tirer de l'erreur & le conduire à la verité. Comme c'est aux Docteurs à décider sur ce cas, je m'en rapporte, sans appel, à leur decision. En atendant qu'ils en jugent, & qu'ils s'accordent ensemble pour porter un même jugement, il y a apparence que bien des gens ne condamneront pas la conduite de Madame Oufle. Quand on a affaire à des personnes du caractere de son mary, on est exposé à tant de démarches extravagantes, qu'il est bien difficile de ne pas profiter des occasions qui se présentent, pour ne point souffrir de leurs folies.

Revenons aux faits & gestes de notre visionnaire. Je me fais à la verité une espece de violence pour y revenir; car je me sens si porté à invectiver contre son dérangement d'esprit, & contre ce qui le lui a causé, que, si je ne craignois de fatiguer le Lecteur, qui attend plutôt des faits, que des moralitez, je m'étendrois aussi loin que le sujet le permet.

Monsieur Oufle visite le matin ces fameux chardons, & ne doute point que ceux qu'il trouve, ne soient ceux-là même qu'il avoit placez; car il étoit bien éloigné de soupçonner le tour qu'on lui joüoit. Autre sujet d'admiration pour lui, quand il vit des pointes à celui qui portoit le nom de sa femme, & que les deux autres n'en avoient point. Il sentit, il

C 6

eft vray , de la joye , à la vûë de ce petit fpectacle ;
mais cette joye diminua infenfiblement , à mefure
qu'il fit des réflexions. Ces réflexions confiftoient à
remarquer, que ces trois épreuves difoient des chofes
différentes. Dans la premiere , il ne s'étoit fait aucun
changement ; la feconde , lui apprenoit, qu'il étoit aimé du Diable plus que de qui que ce foit ; & par la
troifiéme , il paroiffoit que c'étoit fa femme qui l'aimoit le plus. Ces différences lui fournirent matiere de
plufieurs raifonnemens, qui aboutirent enfin à lui faire conclure, qu'il ne devoit pas ajoûter plus de foy à
la dernicre épreuve , qu'aux deux autres, & qu'ainfi
une quatriéme étoit abfolûment neceffaire pour décider. Il fit donc cette quatriéme épreuve , & Madame
Oufle la rendit par fon adreffe égale à la troifiéme,
de forte que fon mary fut ou peu s'en falloit, entiérement convaincu de la fageffe de fa conduite. Je dis,
que peu s'en falloit ; parce que ce qui arriva le même
jour , fait croire qu'il lui étoit encore refté quelque
doute dans l'efprit.

Comme il étoit agité fur ce fujet de penfées differentes, & d'une efpece d'inquiétude qui ne lui permettoit pas de refter long-temps dans une même place,
il alla fe promener l'aprêdinée dans un grand Jardin
qui lui appartenoit , & qui étant environ à un quart
de lieuë de la Ville, l'éloignoit entiérement du grand
bruit , & lui fervoit fouvent d'une agréable retraite,
quand il vouloit n'être point troublé dans fes projets,
ni dans fes imaginations. Ce Jardin étoit parfaitement bien entretenu ; le couvert , les fruits , les fleurs,
les legumes n'y manquoient point , autant que le
temps le permettoit ; & le tout montroit une propreté
qui faifoit veritablement plaifir. Après avoir vifité fon
potager , il entra dans une efpece de boulaingrain,
orné de toutes fortes de fleurs, felon la faifon. Celles qui attacherent le plus fa vûë , furent plufieurs
Eliotropes, qu'il confidera fort long-temps. Il ne faut
pas s'en étonner ; car il fe reffouvenoit d'avoir lû,
que

que si on cueille une de ces fleurs au mois d'Août,
lorsque le Soleil est dans le signe du Lion, & si après
l'avoir enveloppée dans une feuille de laurier, avec une
dent de Loup, on met ce petit paquet dans une Eglise ; pendant tout le temps qu'il y sera, les femmes
infidelles à leurs maris, n'en pourront sortir. (b)
C'étoit justement dans le temps marqué par cette superstition, que Monsieur Oufle se promenoit dans son
Jardin ; & ainsi le moyen qui se présentoit à lui,
pour le rendre entiérement éclairci sur ce qu'il souhaitoit si fort de sçavoir, lui paroissoit trop facile, pour
le negliger. Il avoit dans son Jardin abondance d'E-
liotropes & de lauriers ; une dent de loup n'étoit pas
si difficile à trouver, que la pierre *quirim*, dont on a
parlé ci-dessus : c'est pourquoi il prit à l'instant le
parti de mettre en usage cette nouvelle épreuve. Il
sort donc sur le champ, pour aller chercher une dent
de loup ; au lieu d'une, il en trouve un très grand
nombre, & de peur d'en manquer, il en achete six,
& donne volontiers le prix qu'on les lui veut vendre,
tant il avoit peur qu'elles ne lui échapassent, & tant
il étoit persuadé, qu'il alloit enfin s'instruire à fond
de ce qu'il devoit penser de la conduite de sa femme.
Il retourne dans son Jardin, se fournit d'Eliotropes &
de lauriers, prenant cependant bien soin d'en ôter la
vûë à ceux qu'il pourroit rencontrer. Après être ren-
tré chez lui, il met le tout en lieu de sûreté, & le
soir étant venu, il se renferme, prépare secrettement
son paquet, bien résolu d'en faire usage le lendemain.

Voici comment il executa ce grand projet. Il sçut
adroitement de sa femme à quelle heure elle devoit aller à l'Eglise ; il l'a précede de quelques momens,

C 7   met

(*b*) Si on met dans une Eglise l'Eliotrope, après l'avoir
cueillie au mois d'Août, pendant que le Soleil est dans le
signe du Lion, & qu'on l'enveloppe dans une feuille de laurier avec une dent de loup, les femmes qui ne seront pas
fidelles à leurs maris n'en pourront sortir, si on ne l'ôte.
Les admir. secr. d'Alb. le Grand. l. 2. p. 73.

met son Eliotrope avec tout son assaisonnement dans
un coin, & si bien caché, que personne n'en pouvoit
rien voir. Lui-même se cache, voit entrer sa femme
quelque temps avant midy. Après qu'elle eut satis-
fait aux devoirs de sa Religion, pendant environ une
demi heure, elle sort avec plusieurs autres personnes
qui avoient assisté comme elle au même mystere; cependant le paquet étoit toûjours dans la même place,
ce qui donna une joye inconcevable à notre visionnaire; puis qu'ajoûtant foy, autant qu'il faisoit, à tous
ces superstitieux usages, il avoit lieu de ne plus douter
de la fidelité de son épouse. Il faut dire vray; ce dernier essay le tranquillisa si fort, qu'il abandonna entierement le dessein de faire aucune autre épreuve. Cependant il voulut se donner le plaisir de voir, si
de toutes les femmes qui étoient dans l'Eglise, il
n'y en auroit point quelqu'une, qui n'en pourroit
sortir, pendant que son paquet resteroit dans le lieu
où il l'avoit mis. Heureusement pour leur réputation, selon la prévention superstitieuse de notre
homme, elles sortirent toutes l'une après l'autre, excepté une qui resta si long-temps, qu'enfin notre curieux s'impatientant prend son paquet, sort & attend
à la porte, pour sçavoir si elle le suivroit; elle sortit
en effet presque aussi-tôt après; mais c'étoit parce
qu'elle avoit fini ses pieux exercices, & non pas,
comme il croyoit, parce que l'Eliotrope n'y étoit
plus. Il ne laissa pas toutefois de tenir pour certain,
que c'étoit l'Eliotrope qui l'avoit retenuë si long-temps
dans l'Eglise; & pour voir si il avoit tout-à-fait raison
de le croire ainsi, il la suivit, la vit entrer chez elle,
s'informa ensuite de son état, & apprit que c'étoit
une fille d'environ vingt ans, qui avoit refusé plusieurs partis considerables, qui s'étoient présentez pour
l'épouser; qu'elle les avoit tous refusez, parce qu'elle
avoit renoncé au monde; qu'elle avoit mené toûjours
une vie fort réguliere, & qu'elle alloit s'enfermer dans
un Convent pour le reste de ses jours. Et ainsi l'Eliotrope

trope n'avoit eû envers elle aucune vertu, puisqu'il ne s'agissoit que de connoître les femmes infidelles à leurs maris. Monsieur Oufle qui n'aimoit point du tout à approfondir les superstitions, quand il paroissoit quelque sujet de revoquer en doute l'execution de ce qu'elles promettent, ne voulut point faire la discussion de celle-ci. C'est ainsi que les superstitieux ont autant d'aversion pour tout ce qui les peut détromper, qu'ils sont faciles à être trompez. Ne voyons-nous pas tous les jours ces femmes qui courent les devineresses, ne vouloir se rendre, quelque fortes que soient les raisons qu'on leur apporte pour leur montrer combien il est impossible de connoître dans l'avenir ce qu'on leur a prédit; mais s'obstiner au contraire à soutenir par des histoires fausses qu'elles ont reçûës pour veritables, la prétenduë science de ces charlatannes, contre les principes les mieux établis dont on se sert pour les désabuser? Qu'elles font de pitié aux gens raisonnables! & qu'elles ont paru ridicules à ces mêmes devineresses, quand elles sont allées les consulter avec tant de confiance! Il n'y en a certes pas une de celles-ci, qui ne regarde avec compassion & avec mépris, tous ceux qui sont assez foibles & assez sots, pour s'en rapporter à ce qu'elles disent, comme à des Oracles infaillibles sur ce qui leur doit arriver. Comme on en trouvera dans la suite des exemples, passons à un autre Chapitre, où nous verrons l'Abbé Doudou joüer aussi quelques rôlles.

CHAPITRE IX.

Du divorce qui se mit entre Monsieur Oufle &
sa femme, & des moyens superstitieux dont
se servit l'Abbé Doudou leur fils, pour tâ-
cher de rétablir la paix entr'eux.

MOnsieur Oufle revint si bien des soupçons qu'il
avoit eus sur la conduite de sa femme, qu'à
voir la complaisance qu'il montroit pour elle, & toutes les amitiez qu'il luy faisoit, on auroit dit, qu'il
ne s'étoit pas fait la moindre alteration dans sa ten-
dresse. Il avoit pourtant agi froidement à son égard,
pendant toutes les épreuves dont on a parlé ; mais
soit qu'il fût veritablement persuadé qu'elle ne le
trompoit pas, soit qu'il fût las de se donner tant d'inquiétudes & de troubles, il la traita avec autant d'affection, que s'il n'avoit jamais douté de la sienne.
Mais elle n'avoit pas pour lui des sentimens tout-à-
fait semblables ; deux raisons l'en empêchoient ; la
premiere, c'est à cause qu'il lui avoit fait connoître
avoir mauvaise opinion de sa conduite ; la seconde,
& qui étoit la plus forte, c'est qu'elle le soupçonnoit
lui-même de quelque infidelité, à cause de ces deux
femmes, dont les chardons avoient fait mention. Ces
deux raisons faisoient qu'elle ne répondoit pas à toutes
ses manieres obligeantes & affectueuses ; il sembloit
qu'elle ne le voyoit qu'avec confusion, & qu'elle ne le
souffroit qu'avec peine. Ses enfans s'en apperçurent.
L'Abbé Doudou, qui avec sa pieté & sa petite science,
croyoit avoir droit de faire des remontrances & de
donner des conseils, lui fit une espece de reproche sur
son peu de correspondance aux témoignages d'affection
de son mary. Elle eut assez de bonté pour l'écouter,
quoique ce qu'il disoit, n'en vallût pas la peine ; mais
elle

elle fe donna de garde d'avoüer qu'elle eût tort. A-près avoir entendu patiemment le petit fermon de fon Abbé, elle parla à fon tour, & lui fit un recit pa-thetique & exact de tout ce qui s'étoit paflé. Celui-ci répliqua avec de grands efforts d'efprit, afin de jufti-fier fon pere. Il laiffa cependant fa mere, auffi peu convaincuë de fon difcours, que s'il n'avoit pas dit un mot. Elle lui fit grande pitié; il en hauffa les épau-les; car, comme il étoit à peu-près, auffi fuperfti-tieux que fon pere, il ne pouvoit goûter rien de ce qu'elle difoit, parce qu'elle n'avoit aucun goût pour les fuperftitions.

Cependant la divifion s'augmentoit infenfiblement de part & d'autre: car le mary fe laffant de voir fon amitié récompenfée d'indifference, donna enfin froi-deur pour froideur, mépris pour mépris, jufques-là, que les groffes paroles furent réciproques. Notre Ab-bé voyant que fes remontrances ne produifoient aucun bon effet, fe perfuada pieufement que, puifqu'il s'a-giffoit de racommoder un mary avec fa femme, & particulierement fon pere avec fa mere, il lui étoit permis d'appeller à fon fecours l'ufage de quelque fu-perftition. Car de quoi n'eft pas capable un devot un peu fçavant, & qui n'a point de tête?

Ce bon enfant d'Abbé cherche donc dans fes livres de quoy fuppléer à l'admirable difcours qu'il venoit.de faire. Admirable, s'entend, feulement felon lui; il le croyoit ainfi; & je juge par le portrait qu'on m'a fait du caractere de cet homme, que ny les Lecteurs ni moy n'en penferions pas de même, fi nous l'a-vions entendu. J'en parlerois avec plus d'affurance, s'il étoit venu jufqu'à moy.

L'Abbé Doudou, après avoir parcouru quelques li-vres, pour y chercher les moyens de faire cette belle & charitable operation qui lui tenoit fi fort au cœur, en trouva quelques-uns qu'il crut parfaitement lui con-venir. Ils lui difoient, que pour réünir d'affection les perfonnes mariées, il faut faire porter le cœur d'u-

ne

ne caille mâle à l'homme , & celui d'une caille femelle , à la femme , (*a*) ou se servir de cheveux , après en avoir fait un offrande , d'une maniere que l'on peut appeller impie, si l'on considere bien le respect que l'on doit à la religion ; (*b*) ou porter sur soy la moüelle du pied gauche d'un loup ; (*c*) ou faire porter un morceau de corne de cerf. (*d*) Ce bon garçon met le même jour en pratique ces folies, s'imaginant apparemment, qu'on ne pourroit résister à quatre moyens si forts & unis ensemble, puisqu'il ne doutoit pas qu'un seul ne pût produire son effet. Il eut pourtant bien soin (& cela par délicatesse de conscience) de s'en servir secretement , persuadé qu'il étoit que, si d'autres en étoient instruits, ils pourroient vouloir l'imiter , & ne pas agir en cela aussi innocemment que lui. C'est l'ordinaire des gens de sa sorte ; ils se flattent de rendre legitime ce qui ne seroit que condamnable chez les autres. Il ne se fit cependant pas le moindre changement dans l'esprit de Monsieur & de Madame Oufle. L'Abbé Doudou en étoit émerveillé.
„ Il

(*a*) Pour empêcher les differents & le divorce entre un homme & une femme , il faut prendre deux cœurs de caille, un de mâle & l'autre de femelle , & faire porter celui du mâle à l'homme, & celui de la femelle , à la femme. Les admir. secr. d'Alb. le Gr. l. 3. p. 170. Mizauld. Cent. 8. n. 18. Traité des superstions par Monsieur Thiers 1. p. 283.

(*b*) *Dicunt. Vis ut maritus tuus diligat te? accipe de omnibus crinibus tuis, & offer illos ad altare ter cum cereo ardenti; & tunc, quando portabis illos super caput tuum, tamdiu exardescet in amorem tui. Delrio. Disquis. Mag. p. 470.*

(*c*) Il est écrit dans le livre de Cleopatre, qu'une femme qui n'est pas contente de son mary, comme elle le souhaiteroit, n'a qu'à prendre la moüelle du pied gauche d'un loup, & la porter sur elle ; alors elle en sera satisfaite, & la seule qu'il aimera. Secr. admir. d'Albert le Grand. l. 2. p. 143.

(*d*) Faire porter sur soy à son mary un morceau de corne de cerf, afin qu'il soit toûjours en bonne intelligence avec sa femme. Mizaud. Cent. 2. n. 71. Monsieur Thiers. t. 1. p. 381.

,, Il faut , diſoit-il en lui-même , que cette diſcorde
,, ſoit bien tenace, puis qu'elle ne ſe peut détruire par
,, des moyens ſi bien autoriſez ; c'eſt-à-dire, rapportez dans des livres qu'il regardoit comme des Oracles,
dont il n'étoit pas permis de douter. On voyoit
donc tous les jours , que cet homme & cette femme
devenoient de plus en plus inſupportables l'un à l'autre.

Noncrede, qui ſouffroit avec peine cette augmenta-
tion de diſcorde , & qui craignoit qu'elle ne ſe terminât
à une rupture ouverte, publique & déclarée, les entretint en particulier, apprit d'eux leurs raiſons ; &
comme il connut, que pour ſe racommoder, il étoit
neceſſaire qu'ils s'expliquaſſent enſemble , ce qu'ils
n'avoient point encore fait , il obtint d'eux qu'ils s'ex-
pliqueroient en ſa preſence. Ces explications étoient
ſi importantes , qu'auſſi-tôt qu'elles eurent été faites,
& que cet homme ſage les eut accompagnées de ſes
judicieuſes remontrances, la réünion ſe rétablit ſi fortement, qu'il n'y eut dans la ſuite entr'eux aucune apparence de diſcorde. C'eſt ainſi qu'on appaiſeroit bien
des troubles domeſtiques , ſi ceux qui font profeſſion
de reconcilier , avoient aſſez de lumiere, pour connoître ce qu'il faut faire, & aſſez de prudence, pour
le faire à propos. Cette habileté ne ſe trouve point
chez les Abbez Doudous, j'entends, chez ces gens,
qui n'étant, pour ainſi dire, petris que de bagatelles,
oſent toutefois former des deſſeins qu'on ne peut executer, qu'autant qu'on a aſſez de diſcernement, pour
connoître ce qui convient.

Revenons à Monſieur Ouſle ; il va faire une figure
bien differente de celles qu'on vient de répreſenter.

CHA-

CHAPITRE X.

Comment Monsieur Oufle devint amoureux, & ce qu'il fit pour se faire aimer.

MOnsieur Oufle, à ses superstitions près, avoit passé assez tranquillement sa vie. On n'apprend point qu'il eût jamais été agité d'aucune de ces passions tumultueuses qui gâtent presque toûjours le cœur, & qui dérangent extrêmement l'esprit. Comme il se contentoit de son état & de sa situation, il ne regardoit l'ambition que comme une phrenesie qui ôte entierement le repos, par les inquiétudes qu'elle donne pour s'élever & s'agrandir. Il n'avoit aucun de ces empressemens avides pour acquerir toûjours plus de richesses qu'on n'en possede ; c'est-pourquoi l'avarice n'avoit pû se faire aucun passage jusqu'à lui. Presque toûjours il ne prenoit de plaisir, qu'autant que le demandoit la necessité & que la régularité le permettoit. Pour l'amour, il ne le connoissoit, & n'en avoit ressenti les traits, que par rapport à Mme Oufle ; il l'aima long-temps avant que de l'épouser, & après l'avoir épousée, il n'aima qu'elle, jusqu'au moment fatal dont je me propose de parler. Voici quel étoit ce moment, & quelles en furent les suites.

Un miserable livre, faussement attribué à un Auteur illustre, & rempli de mensonges hardis & impudens, ose assûrer, que les enfans qui naîtront le quinziéme jour de la Lune, aimeront les femmes (a). M. Oufle avoit lû plusieurs fois cet article, sans y faire presque aucune attention. Un jour qu'il s'étoit amusé à rechercher le moment de sa naissance, il trouva en chemin

(a) Les enfans qui naîtront le quinziéme jour de la Lune, aimeront les femmes. Les admir. secr. d'Albert le Grand. l 4. p. 272.

chemin faiſant, qu'il étoit né le quinziéme de la Lune; & quelque temps après, le malheureux article,
dont je viens de parler, lui tomba par hazard, ſous
les yeux dans ſes lectures, & lui changea l'eſprit & le
cœur de la maniere qu'on va lire.

Il crut dans ce moment ſentir pour les femmes un
penchant violent, auquel il ne pouvoit réſiſter. La
perſuaſion ſeule où il étoit, que ces impertinens livres
ne diſent jamais rien qui ne ſoit veritable, avoit produit ce penchant, par la force de ſon imagination;
de ſorte qu'on peut dire, qu'il étoit plutôt imaginaire, que réel. Cela eſt ſi vray; qu'autant qu'on en
peut juger par ſa conduite paſſée, il auroit continué
de n'aimer que Madame Ouſle, ſi ſon livre avoit dit
que les enfans nés le quinziéme de la Lune, n'aime-
roient qu'une ſeule femme. Je me crois obligé de lui
rendre cette juſtice, puiſque je n'ai jamais entendu
parler de rien qui exige que j'en parle autrement. Je
me ſuis informé, avant que de donner cette Hiſtoire,
de tout ce qui étoit le plus important, pour me le faire bien connoître; & je proteſte que tous ceux qui le
connoiſſoient le plus particulierement, m'ont parlé de
lui en des termes qui m'engagent à croire & à publier
que ſon plus grand défaut c'étoit de donner trop dans
les ſuperſtitions. A dire vrai, on ne peut s'empêcher
de le juger très-condamnable, de s'être infatué de telles fadaiſes, & encore plus condamnables ceux qui les
ont écrites; puiſque ſans ces fadaiſes, il ne ſeroit pas
tombé dans les extravagances, dont je vais parler.

Il ſe mit donc dans l'eſprit, que les Aſtres lui
avoient donné un très grand penchant pour les femmes; & ce fut cette maudite prévention qui le porta à
faire un attachement auquel il n'auroit jamais penſé,
s'il n'avoit pas été ſi ſuperſtitieux. Il fut pendant pluſieurs jours amoureux, ſans ſçavoir de qui; cela n'eſt
pas ſurprenant, puiſqu'il n'étoit amoureux, que parce
qu'il vouloit abſolûment l'être; & il ne le vouloit abſolûment être, que parce que les Aſtres, ſelon lui, le
vouloient

vouloient abfolûment. En falloit-il davantage pour un homme comme lui , qui fe faifoit un devoir d'être l'Efclave de la fuperftition ?

Une veuve qu'il avoit occafion de voir fouvent, parce qu'elle étoit intime amie de Madame Oufle, fut la premiere femme qu'il réfolut d'aimer. Avant que d'aller plus loin , pour dire quel fut le fuccez de cet amour, il eft bon d'avertir, que Monfieur Oufle n'aimoit que pour aimer. Il cherchoit feulement à fe prouver à foi-même , qu'il avoit un grand penchant pour les femmes, & qu'ainfi il ne démentoit point ce que lui promettoit le moment de fa naiffance. Ses intentions étoient très-pures , quoique fes démarches paruffent auffi empreffées , que celles qui partent de la plus ardente paffion.

La veuve dont il s'agit, & que j'appellerai Dulcine , afin de ne la pas faire connoître , étoit jeune , belle , riche & très-fage. Monfieur Oufle étoit alors dans un âge avancé ; il n'étoit point du tout Adonis. Les ri-cheffes de la veuve étant affez confiderables , & la mettant par confequent dans un état où , elle n'avoit pas befoin des liberalitez de cet amant, s'il avoit vou-lu lui en faire, elle étoit hors de danger de fe laiffer furprendre par efprit d'interêt , & de vendre à prix d'argent fa tendreffe. Mais ce qui rendoit encore cet-te conquête extrêmement difficile, c'eft qu'il étoit ma-rié , & qu'elle avoit une vertu incompatible avec un tel attachement , parce qu'il ne pouvoit être que cri-minel.

Je ne ferai point ici un détail de tout ce qu'il fit, de tout ce qu'il dit , pour inftruire Dulcine de fon amour, des entretiens qu'il eut avec elle fur cette ma-tiere ; de quelle maniere elle reçut fa declaration, fes affiduitez, & autres pratiques complaifantes & em-preffées de ceux qui aiment ; il fuffit d'apprendre aux Lecteurs, qu'elle lui fit parfaitement connoître, que comme il ne devoit aimer que fa femme , elle ne voudroit jamais d'un amour dont il ne pouvoit difpo-

fer

fer pour d'autres. On fera bien furpris , fi j'affure
que Monfieur Oufle reffentit beaucoup de joye, quand
il eut lieu de croire, qu'il lui feroit prefque impoffible
de fe faire aimer. Cela eft pourtant très-vrai, & voici pourquoi. Il fçavoit que fes Livres fuperftitieux
apprenoient des fecrets admirables pour donner de l'a-
mour. Et ainfi il étoit beaucoup plus content de Dulcine, pour les refiftances qu'elle lui faifoit, qu'il n'en
auroit été, s'il n'eût trouvé auprès d'elle que des faci-
litez. Il étoit devenu amoureux par fuperftition; auffi ne fouhaitoit-il rien de plus, que de fe fervir de la
fuperftition pour conduire fes amours,

L'Hypomanes, (b) ce fameux philtre, dont les Anciens & les Modernes ont tant parlé, & qui a fait le
fujet de tant de differtations , fur la (c) merveilleufe
propriété

(b) L'Hyppomanes eft, dit-on, un morceau de chair
noire & ronde, de la groffeur d'une Figue feche, que le
poulain apporte fur le front en naiffant. La mere, ajoû-
te-t-on, l'arrache auffi tôt qu'il eft né, pour le manger, & fi
elle ne le trouve pas, elle a une fi grande averfion pour fon
Poulain, qu'elle ne le peut fouffrir. L'Hyphomanes a paffé
pour le plus fameux de tous les Philtres, quand étant mis
en poudre, il eft pris avec le fang de celui qui veut fe faire
aimer. Diu. Cur. t. 6. p. 22.

On prétend que fi l'on fait fecher l'Hyppomanes dans un
pot de terre, neuf, verniffé, dans un four, quand le pain
en eft tiré, & que fi en le portant fur foy, on le fait feulement toucher à la perfonne dont on voudra être aimé, on
réüffira. Le Solide Trefor du Petit Albert. p. 6.

L'Hyppomanes eft un venin qui coule de la partie naturelle de la Cavalle, tandis qu'elle eft en chaleur. Dict.
Trev.

*Hic demum Hyppomanes vero quod nomine dicunt Paftores,
lentum diftillat ab inguine virus.* Virgil. Geoig. l. 3.

Hyppomanes cupidæ ftillat ab inguine equa. Tibulle. l. 2.
Eleg 4.

(c) Il eft parlé de l'Hyppomanes dans un petit in fol.
imprimé à Londres en 1671, & traduit en François fur
l'Anglois, avec ce titre ; *Methode Nouvelle & invention extraordinaire de dreffer les Chevaux & les travailler felon la nature,*

propriété qu'on lui attribuë , fut le premier inſtrument dont il réſolut de ſe ſervir pour vaincre l'inſenſibilité de Dulcine, ſe promettant, fondé qu'il étoit ſur la confiance qu'il avoit en ſes livres , qu'elle ſentiroit dans la ſuite pour lui autant de penchant, qu'elle lui avoit juſqu'alors témoigné d'indifference. Il le mit donc en uſage ſelon les regles que lui en avoient donné ſes lectures ; il en fit deux differentes épreuves ; & Dulcine continua d'être auſſi froide pour lui, que s'il n'y avoit jamais eu d'Hyppomanes au monde. Il arriva cependant qu'après ces épreuves, Monſieur Ouſle ſe perſuada, qu'elle l'aimoit veritablement. Cette perſuaſion lui vint de ce que , comme elle avoit remarqué, que ſon amour étoit ſage, & qu'elle n'auroit pas lieu d'en craindre aucun emportement déraiſonnable, elle prit le parti de s'en divertir. C'eſt pourquoi elle le recevoit avec plus d'enjoüement qu'elle n'avoit fait ; elle rioit & badinoit agréablement ſur ſes amoureuſes proteſtations , ſur ſes regards tendres , ſes timiditez reſpectueuſes, ſes beaux ſentimens, quand il ſe mêloit d'en pouſſer, ſur ſes petits ſoins, ſes aſſiduitez, ſes complaiſances, enfin ſur tous ces affectueux manéges de ceux qui aiment, & dont il tâchoit de s'acquiter le mieux qu'il pouvoit. Le bon Monſieur Ouſle
auroit

---

ture, qui eſt perfectionnée par la ſubtilité d'un art qui n'a jamais eté trouvé, que par le très-noble , haut & très-puiſſant Prince, Guillaume de Cavendiſch, Duc, Marquis, &c. L'auteur de ce Livre aſſure qu'il n'a jamais rien vû de tel au front d'aucun Poulain : que cette mépriſe vient d'une coëffe qu'il appelle la ſecondine, dans laquelle le Poulain eſt enveloppé, & dont tous les cordons ſe rencontrent au bout, qui reſſemblent à un petit nœud, & pendent ſur la tête du Poulain, & qu'auſſi-tôt que le Poulain eſt ſorti, ce nœud, & la coëffe, qui eſt la même choſe, tombent enſemble. Et ainſi, non ſeulement l'Hyppomanes n'a point les vertus que l'antiquité credule lui a attribuées ; mais même il n'eſt pas vrai que le Poulain porte ſur ſon front cette ex croiſſance de chair, comme on l'entendoit alors. Voyez la diſſertation ſur l'Hyppomanes à la fin du dernier Volume du Dictionaire Critique de Bayle.

auroit bien connu, ou'elle fe moquoit de lui, s'il ne
s'étoit pas mis dans l'efprit, qu'il falloit abfolument
que l'Hyppomanes fît fon effet. ,, Il eft vrai, difoit-
,, il en lui même, que Dulcine ne me dit pas qu'elle
,, m'aime ; mais il eft conftant, que le plaifir qu'elle
,, prend à me voir, & à m'entendre, marque qu'elle
,, fent plus de tendreffe pour moi, qu'elle n'ofe m'en
,, faire ouvertement paroître. Sa vertu l'empêche de
,, fe déclarer. Qu'ai-je à fouhaiter davantage, que
,, de connoître que je fuis aimé de ce que j'aime ?
,, Avant l'Hyppomanes, à peine me pouvoit-elle
,, fouffrir ; depuis que j'ai appellé à mon fecours ce
,, merveilleux & charmant fecret ; bien loin de lui être
,, infupportable, je la fais prefque toûjours rire, tant
,, mes difcours & mes actions lui font agréables. En-
,, core une fois, que puis-je fouhaiter de plus ? C'eft
ainfi qu'il fe flattoit d'être arrivé à fes fins.

Il s'en feroit tenu à ces réflexions fi confolantes pour
lui, s'il n'avoit pas été tenté par quelques lectures
qu'il fit dans la fuite, de mettre en ufage d'autres pratiques fuperftitieufes, qui lui parurent également faciles & efficaces : tant il eft vrai, que la fuperftition le
fuivoit par tout, & qu'il ne la perdoit point de vûë.

La premiere de ces pratiques confifte à fe fervir du
poil du bout de la queuë d'un Loup ; (d) la feconde,
à attacher à fon cou certains mots barbares, (e) aufquels on ne comprend rien, & aufquels ceux qui les
ont imaginés, n'ont rien compris eux-mêmes. La
troifiéme, dans la partie droite d'une Grenoüille,
rongée par les Fourmis. (f) La quatriéme, à fe frot-

Tom. I.   D   ter

(d) Pline donne au poil du bout de la queuë du Loup
une vertu, pour fe faire aimer. Din. Cur. 6 : 23.

(e) Attacher à fon cou ces mots & ces croix † *authos*
† *à aortoo* † *noxio* † *bar* † *gloy* † *aperit* † ..... pour fe faire aimer de tout le monde. Monfieur Thiers t. 1. p. 410.

(f) On dit que des os d'une Grenoüille verte, rongée
par des Fourmis, les parties gauches font haïr, & les parties droites font aimer. Din. Cur. 6 : 23.

ter les mains de jus de Verveine, & puis toucher la
personne dont on desire de se faire aimer. (g) La cinquiéme, à porter devant l'estomach, la tête d'un Milan. (h)   La sixiéme, dans une Pommade, composée de la moüelle du pied gauche d'un Loup, d'ambre gris, & de poudre de Chypre. (i)

Monsieur Oufle étant muni de ces beaux secrets,
alla chez Dulcine avec une si grande confiance, qu'il
s'imaginoit qu'aussi-tôt qu'il seroit entré, elle lui
viendroit sauter au cou. Ce n'est pas pourtant qu'il
demandât des caresses ; ou, s'il en demandoit, ce
n'étoit que parce qu'il les regardoit nomme des preuves d'amour ; & non qu'il les souhaitât dans un esprit de volupté. Elle le reçut à l'ordinaire, c'est-à-dire, comme un homme qui venoit lui donner une
espece de Comedie, & qui par consequent, lui inspiroit de la joye aussi-tôt qu'il paroissoit. Après s'être
entretenu quelque temps avec elle, il tira négligeam-
ment & comme par hazard, une petite boëte d'argent,
où étoit cette merveilleuse Pommade ; comme l'odeur
en étoit fort agréable, Dulcine marqua qu'elle lui fai-
loit plaisir. Il n'en ressentit pas moins de voir qu'elle
goûtoit delicieusement ce philtre qu'il lui avoit preparé. Il voulut qu'elle la gardât ; & elle la reçut sans
façon & sans consequence ; parce que le present étoit
d'une si petite valeur, qu'il n'étoit pas capable de blesser
la délicatesse de son désinteressement.

On

(g) Si l'on veut se faire aimer d'un homme, ou d'une
femme, on se frottera les mains avec du jus de Verveine,
& ensuite on touchera la personne dont on veut être aimé.
Les Admir. Secr. d'Albert le Grand. l. 3. p. 166.
   (h) Si l'on porte devant l'estomach la tête d'un Milan,
elle fait aimer de tout le monde, & sur tout des femmes.
Id. l. 2. p. 116.
   (i) Pour se faire aimer constament, prendre la moüelle
du pied gauche d'un Loup, en faire une espece de Pommade avec de l'ambre gris & de la poudre de Chypre, porter
sur soi cette Pommade, & la faire flairer de temps en temps
à la personne. Le solide Tresor du Petit Albert. p. 12.

On juge bien , que Monsieur Oufle étant assuré qu'elle sentiroit souvent certe Pommade , & s'y confiant autant qu'il faisoit , il conclut qu'il n'avoit plus rien à pratiquer , pour gagner le cœur de sa maitresse.

Il continua long-temps à la voir sur le même pied , & avec la même satisfaction. Ne demandant que d'être aimé , & croyant l'être , il ne cherchoit rien de plus. Heureusement pour lui , il ne fut point troublé par sa femme dans ce commerce , que son imagination lui rendoit si doux & si délicieux. Elle étoit instruite par Dulcine de tout ce qui se passoit , & comme elle craignoit , que de l'humeur qu'il commençoit à être , il ne s'adressat à d'autres femmes qui profiteroint volontiers de sa foiblesse , elle contribua de son côté autant qu'elle put , à l'amuser auprès de cette veuve , dont la sagesse qui lui étoit parfaitement connuë , l'empêchoit de craindre aucune de ces suites également dangereuses pour les maris & pour leurs femmes. Sa précaution lui fut pourtant bien inutile ; car Monsieur Oufle voulant aimer plus de deux femmes , pour se mieux convaincre de son prétendu penchant natal , prit dans la suite parti ailleurs : & à la malheure le prit-il , puisqu'il porta ses venës sur une personne , dont le caractere étoit bien different de celui de Dulcine ; c'est ce qu'on va voir dans le Chapitre suivant.

CHAPITRE XI.

D'une nouvelle Maitresse que fit Monsieur Oufle ; des superstitions dont il se servit , pour en être aimé , & quel en fut le succez.

IL y avoit dans le voisinage de Monsieur Oufle , une jeune fille des plus coquettes , que je juge à propos d'appeller Dorise. Sa famille étoit des plus vulgaires ; cependant ses manieres la faisoient paroitre

une

une fille de qualité ; & cela, parce qu'elle étoit très-
belle, & qu'elle sçavoit si bien se servir de sa beauté,
qu'elle suppléoit à l'obscurité de sa famille, & à la pauvreté qu'elle y avoit trouvée en naissant. On ne voyoit
auprès d'elle pour toute parenté qu'une tante postiche,
qui la suivoit par tout, & qui ne paroissoit sage &
severe, qu'afin que sa prétenduë niece le parût aussi ;
& ainsi, quoique Dorise fût entierement maîtresse de
sa conduite, elle ne laissoit pourtant pas de montrer
une grande dépendance des volontez de sa tante puta-
tive, & une extrême crainte de lui déplaire & de la
fâcher ; ce qui étoit un artificieux manége ; pour tenir
long-temps en haleine & faire languir les soupirans ;
afin que, par cette crainte & par cette dépendance,
faisant naître de continuelles difficultez à accorder ce
qu'ils demandoient, ils fussent long-temps à souhaiter,
& par conséquent, longtemps aussi à continuer de lui
faire des liberalitez ; la tante, vieille routiere dans
ce metier, l'ayant souvent avertie, que les hommes ne donnent qu'autant que durent leurs desirs, &
qu'ils se retirent presque toûjours aussi-tôt qu'ils
n'ont plus rien à desirer. Dorise avoit si bien profité
de ces avis, qu'elle étoit devenüe assez riche, pour
paroître dans le monde avec beaucoup de magnificen-
ce, & pour vivre chez-elle avec beaucoup de somptuo-
sité. Sa maniere de se parer servoit de regle pour toutes les femmes qui se piquoient le plus du bel air.
Entre les hommes qui la frequentoient, il y en avoit
plusieurs qui s'en faisoient honneur, parce qu'on prétendoit que personne ne sçavoit mieux qu'elle, donner des leçons de politesse, d'agrément & de sçavoir
vivre.

Monsieur Ousle entreprit absolument de faire cette
conquête. Il fut d'abord reçû comme un homme reconnu pour être fort riche ; c'est-à-dire, avec beaucoup d'honnêteté & de ménagement. La tante & la niè-
ce qui se persuadoient, qu'il étoit capable d'abonner
beaucoup leurs affaires, mirent en usage toutes les mi-
naude-

nauderies les plus adroites, pour le tenir long-temps
dans l'incertitude des sentimens qu'on avoit pour lui,
afin de voir s'il tireroit de sa bourse ce qui étoit le plus
propre pour s'en éclaircir. Il donna en effet souvent,
& on eut la bonté de recevoir. C'est l'ordinaire des coquettes de profession. Elles croyent faire une grande
grace de prendre ; & les hommes sont assez sots, pour
marquer leur en avoir de grandes obligations. Notre
visionnaire fut de ce nombre pendant plusieurs mois ;
il commença enfin à se lasser, voyant qu'on ne lui
donnoit point d'autre preuve de correspondance d'a-
mour, que de lui permettre de faire des presens, ou
d'en demander, quand il n'en faisoit point. Il disoit
souvent à Dorise qu'il l'aimoit, & qu'il se croiroit le
plus heureux des hommes, si elle lui en disoit autant ;
& Dorise affectoit de n'oser se déclarer là-dessus, dans
la crainte qu'il n'eût pas veritablement pour elle les sentimens qu'il lui marquoit. C'étoit presque toûjours le
refrein de ses réponses ; ce qui désesperoit ce pauvre
homme, sans pourtant qu'il crût avoir un veritable
sujet de se retirer ; car les mêmes paroles qui le désef-
peroient, lui donnoient de l'esperance. Il redoubla les
presens, pour prouver encore plus efficacement qu'on
n'avoit aucun lieu de douter de la sincerité de ses amou-
reuses protestations ; & c'étoit justement là le moyen
pour ne point décider avec lui, puisqu'il paroissoit par
cette conduite, que c'étoit l'incertitude qui l'engageoit à
continuer & à augmenter ses liberalitez. Voilà la grande maxime des coquettes ; maxime dont Dorise étoit
très-bien instruite, & qu'elle sçavoit parfaitement faire
valoir.

Notre Amoureux continua encore pendant quelques
mois ses visites liberales & bien-faisantes. Il s'obstina
même à prodiguer, & par un rafinement favorable
pour ses visions, il se réjoüit dans la suite de voir l'i-
nutilité de ses presens, en comparaison des superstî-
tions, dont il prit dessein de se servir pour gagner le
cœur de Dorise ; & lui faire avoüer qu'elle l'aimoit.

Entre plusieurs secrets que ses livres lui enseignoient, il choisit ceux-ci. Il alla chez la coquette, portant sur lui une figure de Jupiter, qui avoit la forme d'homme, surmontée d'une tête de belier; (a) mais ce n'étoit pas le moyen de plaire, que de se contenter de porter quelque chose sur soy, sans rien apporter chez elle; c'est pourquoi il en sortit comme il y étoit entré. Il ne réüssit pas mieux avec des petits d'Hirondelles, préparez selon la maniere qu'il avoit lûë. (b) Il eut enfin un succez malheureux pour la belle, par une composition faite de son sang, & d'autres drogues (c) qu'il lui fit prendre, sans qu'elle s'en apperçut; (d) car le même jour elle tomba malade, & fut réduite à une telle extrêmité, qu'on crut pendant quelques jours, qu'elle n'en reviendroit pas. Il n'est pas certain que ce fût ce philtre qui lui causa cet accident, quoiqu'il y ait des exemples, (e) qui en puissent

(a) *Jovis figura, quæ sit in forma hominis cum arietis capite, gestantem facit amabilem, citòque impetrantem quicquid voluerit.* Trinum Magicum p. 189.

(b) Vier prétend que les petites Hirondelles, dont le bec sera ouvert, & qui auront été trouvées mortes de faim en un pot mis exprès dans la terre, feront aimer, & que celles, dont le bec sera fermé, feront hair.

(c) Tirer de son sang, un Vendredy du printemps, le faire sécher au four dans un petit pot verniflé, après que le pain est tiré, avec les deux testicules d'un lievre, & le foye d'une Colombe; reduire le tout en poudre fine, & en faire avaler environ une demi dragme à la personne dont on veut se faire aimer. Le Solide Tresor du Petit Albert. p. 7.

(d) Van-helmont fait un raisonnement, pour montrer comment les philtres operent; ce raisonnement n'est qu'un vrai galimatias. Les philtres sont aussi de pures chimeres; & pour les faits qu'on allegue pour preuves, ou ils sont faux, ou ils dépendent d'autres causes Dict. Trev.

(e) Lucille, femme de Lucrece, desireuse de se faire aimer de son mary, lui donna un philtre amoureux qui le rendit si furieux, qu'il se tua de sa propre main. Joseph. l. 11. Antiq. Jud. c'est pourquoi Ovide a dit;

Philtra nocent animis, vimque fororis habent.

Le

sent autorifer la créance. Peut-être feroit-elle devenuë
malade, quand même elle ne l'auroit pas pris.

Monfieur Oufle ne fçavoit plus que penfer de tout
cecy. Il vit plufieurs fois Dorife pendant fa maladie ;
toute la déclaration qu'elle lui fit, ce fut de fe plaindre beaucoup des maux qu'elle fouffroit, & de lui
exprimer la crainte qu'elle avoit de mourir. Il eut la
fottife de fe flatter affez pour s'imaginer qu'elle ne
craignoit la mort, que parce qu'elle la fepareroit de
lui. Cette réflexion le contentoit extrêmement. Cependant la maladie fit place à la fanté, fon enbon-
point fe rétablit, & elle retrouva fi bien fes charmes,
que l'on recommença auffi-tôt à voir chez elle toute
cette jeuneffe verte, vive & femillante, dont la principale occupation & la plus importante affaire, eft de
courir les belles qui font le plus de bruit, & dont
on parle le plus.

Monfieur Oufle n'avoit encore aucune conviction
qui l'affurât, qu'il étoit plus aimé que les autres.
Franchement il avoit beaucoup de fujet d'en douter ;
car, à fes richeffes près, on ne voyoit rien en lui qui
meritât la préference. C'eft pourtant beaucoup pour
un homme qui aime, que de paffer pour être riche.
Avec ce merite on fait de grands progrez auprès des
coquettes, Il faut auffi dire, que ces progrez ne regardent point leur cœur ; elles ne donnent fouvent aux
riches que des minauderies amoureufes & fort étudiées, & abandonnent toute leur tendreffe à quelque
pauvre amant, qui leur convenant mieux, profite avec
elles des liberalitez des autres.

Enfin Monfieur Oufle réfolut de fe faire abfolument
aimer ; & cela, par un effort de fuperftition qui étoit
fort hardi, & que l'on pourroit appeller très-condamnable, puifqu'il fembloit qu'il s'y mêloit du fortilege
& de l'enchantement. Il falloit que fa paffion fût bien
violente alors, puifqu'il pouffoit jufques-là la fuperfti-

D 4

tion.

___

Le bruvage que Cefonia donna à Caligula, pour s'en faire
aimer, lui fit perdre l'efprit. Suet. in Calig.

tion. Il fit faire une espece de bague magique, avec
toute la ceremonie & toutes les circonstances superfti-
tieuses, (f) que l'on verra ci-deffous dans la notte f.
après avoir pris toutes les précautions qu'il crut neceffaires pour l'efficacité de ce merveilleux ouvrage.
Avant que de la donner à Dorife, il la porta un matin chez un joüaillier, pour aggrandir un peu l'anneau, parce qu'il avoit remarqué qu'il feroit trop petit
pour le doigt auquel il étoit deftiné. Cette bague n'é-
toit pas riche; car on ne l'avoit enrichie que d'un diamant fort mediocre; ce qu'on y trouvoit de plus confiderable, c'eft que la façon en étoit extraordinaire,
& en même-temps finie & très-bien executée. Le jour
même qu'il l'avoit portée chez le Joüaillier, pour
qu'il y donnât la derniere main, Dorife y alla auffi,
pour y changer une petite agraffe de Diamans, qu'elle portoit, en un autre plus confiderable & plus à la
mode. Elle y vid par hazard la bague magique en
queftion, fans pourtant que ni elle, ni le Joüaillier
foupçonnaffent qu'elle eût la moindre tare de magie.
Elle la trouva fort jolie & fort finguliere. Le Joüaillier qui babilloit volontiers, lui dit, que c'étoit un
homme de confideration qui l'avoir fait faire, qu'il
devoit

(f) Pour fe faire aimer, avoir une bague d'or, garnie
d'un petit diamant, qui n'ait point été portée, l'envelopper
dans un petit morceau d'étoffe de foye, la porter neuf
jours & neuf nuits entre fa chemife & fa chair, à l'oppo-
fite de fon cœur, le neuviéme jour, avant le foleil levé,
y graver en dedans avec un poinçon neuf, ce mot *fcheva* :
puis avoir trois cheveux de la perfonne, dont on veut être
aimé, les accoupler avec trois des fiens propres, en difant :
*ô corps, puiffes tu m'aimer, & que :on deffein réüffiffe auffi
ardemment que le mien par la vertu efficace de fcheva.* Noüer
ces cheveux en lacs d'amour, en forte que la bague foit,
à peuprès enlacée dans le milieu du lacs, & l'ayant enveloppée dans l'étoffe de foye, la porter derechef fur le
cœur fix jours, & le feptiéme dégager la bague du lacs
d'amour, & la donner à la perfonne, & faire le tout avant
le Soleil levé, & à jeun. Le Solide Tréfor du Petit Albert. p. 8.

devoit la reprendre le même jour ; qu'il paroissoit en
faire grande estime, qu'il avoit marchandé une croix
de diamans d'assez grand prix, & qu'il lui trouvoit
une grande envie de l'acheter. Dorise ne poussa pas
plus loin sa curiosité ; c'est pourquoi le Marchand ne
lui en dit pas davantage. Elle fit son marché & s'en
retourna.

Le lendemain Monsieur Oufle alla querir la bague,
en fit present à la belle, penetré d'esperances si fortes,
qu'il n'y manquoit rien. Dorise la reconnut pour la
même qu'elle avoit vûë la veille, & se ressouvenant
aussi de la croix de Diamans que ce bon-homme
avoit marchandée, elle présuma, qu'elle pourroit suivre la bague, si elle sçavoit bien prendre ses mesures
pour l'attirer. Elle fit alors à Monsieur Oufle plus
d'amitiez qu'elle n'avoit jamais fait. C'étoit l'esperance d'attirer la croix de diamans, qui produisoit cet
épanchement de cœur, dont elle fit une si grande dépense. Mais le bon Monsieur Oufle, bien éloigné de
l'attribuer à la veritable cause, croyoit fermement,
que c'étoit le charme de la bague, qui operoit. Elle
alla sous quelque prétexte le jour d'après chez le Joüail-
ler, & demanda à voir cette attrayante croix, elle la
vid, en fut charmée & compta bien de la porter dans
peu, penduë à son cou. Monsieur Oufle effaça pendant plusieurs jours tous les autres soupirans. S'il s'en
trouvoit quelques-uns avec lui, il étoit le seul à qui
l'on faisoit des minauderies gracieuses ; les autres
étoient tout-à-fait negligez ; à peine paroissoit-on son-
ger à eux. La porte lui étoit toûjours ouverte, &
souvent afin de le posseder seul, elle étoit fermée pour
qui que ce fût. Cependant la croix ne venoit point,
quoique la tante dît quelquefois, que celle que Dorise
portoit, étoit trop mince, & qu'elle feroit beaucoup
mieux de n'en point porter du tout, que d'en montrer une si petite. On se servoit de plusieurs autres
stratagêmes pour l'animer à faire ce present ; & à
peine y faisoit-il attention ; aussi n'en avoit-il pas le

D 5   moindre

moindre deſſein. Il étoit perſuadé de l'effet prétendu
de ſon philtre ; cela lui ſuffiſoit ; c'eſt pourquoi il ne
jugea pas à propos d'aller plus loin.   ,, Après cela ;
,, diſoit-il en lui-même , oſera-t-on aſſurer, que de
,, tels ſecrets ſont toûjours ſans effet ? n'ai-je pas à
,, preſent une preuve invincible de leur force , & de
,, leur efficacité ? à peine Doriſe a-t-elle eu ma ba-
,, gue , qu'elle a ſenti de la paſſion pour moi, & n'a
,, preſque plus gardé de meſures, pour me la donner
,, à connoître.   Voila comment le hazard, & l'ignorance o.. vrayes cauſes, fait ſouvent regarder comme
prodigieux des effets qui ſont très-naturels.   Que de
choſes qu'on n'admireroit point, ſi l'on en connoiſſoit la
cauſe & le principe ! On admirera pourtant toûjours ;
car le peuple aimera toûjours à admirer.   Les eſprits
foibles veulent abſolûment du merveilleux, rien ne les
intereſſe davantage ; & rien ne leur eſt moins propre,
que de bien examiner, & de bien approfondir ; c'eſt
pourquoi l'on parlera toûjours de merveilles & de prodiges ; & l'on ne doutera point de ces prodiges & de
ces merveilles ; parce qu'il ſe trouvera toûjours aſſez
de facile credulité.

Enfin, comme Monſieur Ouſſe avoit obtenu ce qu'il
ſouhaitoit, il ſongea à faire retraite. Ses viſites de-
vinrent moins frequentes ; il ne faiſoit plus de preſens.
Quand il ne venoit pas on lui écrivoit pour lui faire
d'obligeans reproches, & lui pour ne pas declarer ouvertement ſon intention, donnoit de méchantes raiſons, qu'on recevoit pour telles qu'elles étoient veritablement : car les filles comme Doriſe, ont tant d'experience qu'elles connoiſſent les intentions, de quelque
déguiſement qu'on ſe ſerve, pour les cacher. Elle continua pendant quelque temps ſes affectueuſes perſecu-
tions.   Elle lui envoya même un bouquet fort galant
le jour de ſa fête ; il lui rendit viſite le même jour,
pour l'en remercier. Et, comme prévoyant qu'il la
pourroit venir voir, elle avoit mis en uſage tout ce
qui pouvoit relever, augmenter & faire valoir ſes charmes,

snes, dont elle croyoit avoir beaucoup de besoin dans cette occasion: il sortit, plus passionné & plus épris qu'il n'avoit encore été.

Quand il fut de retour dans sa maison, il lui vint une phantaisie qui lui embarassa bien l'esprit. Il s'alla imaginer que c'etoit ce bouquet qui le rendoit de nouveau si passionné pour cette fille ; & qu'elle l'avoit composé par quelque artifice magique ; car il étoit parfaitement au fait de toutes les superstitions sorcieres & enchanteresses, comme nous le verrons bien amplement dans la suite. Il étoit trop habile en cette matiere pour ne pas trouver bien-tôt un remede contre ce prétendu ensorcellement. Il se servit pour cela, d'une chemise de cette fille, qu'il obtint par adresse de la femme qui la servoit. On verra dans la notte (g) le ridicule usage qu'il en fit.

Il rendit encore quelques visites qu'on reçut très-froidement ; parce qu'on desesperoit de faire venir cette croix de diamans, qui avoit tenu si long-temps au cœur ; & ainsi la rupture se fit insensiblement, & chacun prit parti ailleurs.

Je ne parlerai point de quelques autres amours de Monsieur Oufle ; parce qu'ils furent très-peu importans, & que les superstitions n'y eurent point d'autre part, que celle qui l'excitoit à aimer les femmes, afin de satisfaire au prognostic de sa naissance. Je vais parler d'autres sujets, où l'on verra, que ce que j'ai dit de lui, quand j'ai décrit son caractere, est très-conforme à la verité.

(g) Si une femme a donné quelque chose à un homme, pour s'en faire aimer, il prendra sa chemise, & pissera par la têtiere, & par la manche droite ; aussi-tôt il sera délivré de ses malefices. Les Admir. Secs. d'Albert le Grand. l. 2. p. 547.

CHAPITRE XII.

Où l'on montre , par un très-grand détail,
combien Monsieur Oufle étoit disposé à croi-
re tout ce qu'on lui disoit , ou tout ce qu'il
lisoit des Phantômes , Spectres , Revenans ,
& autres apparitions.

ON va apprendre dans ce Chapitre combien il est
vrai, qu'un esprit foible est très-disposé à faire
un mauvais usage, de tout ce qu'il lit dans les livres qui
traitent de choses surprenantes , prodigieuses & extraordinaires, & avec quelle facilité il croit toutes les
histoires qu'on lui en fait.

Monsieur Oufle, toûjours penetré & esclave de sa
prévention, qui l'assuroit, que tout ce que l'on avoit
écrit de plus incroyable, étoit cependant digne de créance ; avoit dans sa Bibliotheque un très-grand nombre
de livres qui traitoient, comme j'ai déja dit , d'une
infinité d'Histoires sur les Sorciers, les Devins &
les Revenans. C'est particulierement de ces derniers,
je veux dire, des Revenans , Spectres & Phantômes
que je me propose de parler à present. On va voir que
j'ai un très-beau champ , pour montrer combien la tête
de ce pauvre homme étoit dérangée à cet égard.

Il s'étoit mis dans l'esprit que son horoscope vouloit
qu'il fut un des gens, à qui les Phantômes apparoissent
le plus volontiers, & plus ordinairement qu'aux autres, parce qu'il étoit né en premier aspect de la planette de Saturne. (*a*) Rempli de cette impertinente &
ridicule idée, il s'imaginoit voir presque toûjours quelque

_____

(*a*) Les Astrologues disent, que ceux dont l'Horoscope
regarde directement en premier aspect la planete de Saturne,
voyent plus de spectres, que les autres, qui sont sous une
autre planete. Des Spectres, par le Loyer. p. 459, 460.

que Phantôme bizarre. Un bruit dont il ne sçavoit point la cause, & qu'il entendoit la nuit, étoit pour lui une marque, que quelque Revenant rôdoit dans sa maison. Une ombre, causée par l'interposition d'une chaise ou de quelqu'autre meuble, lui donnoit occasion de faire l'histoire de l'apparition d'un Spectre. Il se persuadoit même, que lors qu'ayant les yeux fermez, je ne sçai quelles figures se presentoient à sa phantaisie (ce qui arrive presque à tout le monde) c'étoient autant d'idées phantastiques qui le suivoient par tout, parce que son horoscope vouloit qu'il ne fût point sans quelque vision.

Un jour qu'il entretenoit fort serieusement son frere Noncrede de toutes ces prétenduës apparitions, celui-ci, qui étoit bien éloigné d'ajoûter foy a de telles fadaises, lui rit au nez, & lui dit sans façon que tout ce qu'il croyoit voir n'avoit point d'autre realité, que celle que son imagination produisoit. Il est difficile d'exprimer la fureur dans laquelle entra alors Monsieur Oufle, voyant qu'on traitoit d'imaginaires, des choses qu'il croyoit aussi réelles, que sa propre existence. Ce que Noncrede venoit de lui dire, joint avec quelques raisons qu'il apporta pour le détromper, lui échauffa tellement la tête, que rappellant tout d'un coup dans sa memoire tout ce qu'il avoit lû sur ce sujet, il fit une tirade de discours aussi longue, & aussi ridicule, que celles que les Docteurs de Comedie débitent quelquefois sur le Theatre, sans vouloir donner à ceux à qui ils parlent, le loisir de leur répondre. On ne sera pas, je croi, fâché de trouver ici cet extravagant discours. Je le vais mettre tel qu'il fut dit; car le matois Mornand, qui y étoit present, & qui projettoit d'en faire usage, comme on le verra dans la suite, eut soin de l'écrire dans le temps que son maître le prononçoit; ce qu'il lui fut facile de faire; parce que le tout se passa dans sa chambre, pendant qu'il travailloit à mettre au net quelques memoires, & qu'il interrompit exprès, pour écrire avec autant de vitesse,

que

que la legereté de sa plume le permettoit, cette admirable tirade qu'on va lire. Noncrede l'interrompoit quelquefois, pour arrêter le grand flux de ses paroles ; mais Monsieur Oufle, sans l'écouter, continuoit toûjours avec une vehemence si violente & une impetuosité si precipitée, qu'il étoit impossible de lui resister. C'est pourquoi, comme celui-là n'avoit pas le temps de débiter toutes les raisons qu'il avoit a lui opposer, je n'ai pas jugé à propos de les rapporter ici, parce qu'elles ne pouvoient pas être prononcées avec toute l'étenduë qui étoit necessaire pour leur donner de la force. Je remets à écrire dans la suite & à ramasser ensemble ce que cet homme judicieux lui dit, quand il le trouva plus tranquille. Je me contenterai donc de rapporter ici uniquement ce que Monsieur Oufle dît dans son Enthousiasme, en y ajoûtant des nottes qui montreront exactement les endroits des livres, qui lui suggererent cet effroyable flux de paroles, auquel on fut obligé de laisser un cours libre, parce qu'on ne pouvoit former de digues assez fortes, pour lui donner des bornes. On va assurement voir un des plus prodigieux exemples, qu'on ait jamais remarquez, d'une imagination gâtée par les lectures, parce que le jugement n'y est point du tout entré pour sa part, afin d'en faire un usage raisonnable. Ceci pourtant ne dois pas extrêmement surprendre, si l'on veut bien faire réflexion sur ce qui se passe dans le monde, comme je l'ai déja fait remarquer ; ce que je repete encore d'autant plus volontiers, que je n'en vois que trop d'exemples tous les jours: car il est constant qu'il y a bien des Oufles qui se gâtent par les lectures ; parce qu'étant incapables de discerner le vrai d'avec le faux, ils reglent entierement leur credulité sur leur prevention. Notre visionnaire étoit tout disposé à croire tout ce qu'on lui pouvoit apprendre, pour autoriser toutes sortes d'apparitions ; c'est pourquoi il ne lui étoit pas possible de revoquer en doute aucune des histoires qu'on lui en faisoit. Au contraire, il les croyoit toutes

tes fi veritables, que quelques preuves qu'on lui appor-
tât, pour lui en montrer l'impoffibilité, il tâchoit
toûjours de trouver dans fon fonds (mais fonds, à la
verité, fort foible & fort pitoyable) de quoi combattre ces preuves, & fe juftifier de ce qu'il ne vouloit
pas s'y rendre.

Voici le difcours dont il s'agit. Qu'on s'imagine
donc que c'eft Monfieur Oufle qui parle à fon frere
Noncrede, pour lui prouver qu'il a raifon de croire
tout ce qu'on lui dit des Revenans.

Difcours, ou Tirade de Monfieur Oufle, fur les Apparitions.

EN me riant au nez, comme vous faites, Monfieur mon frere, de ce que je vous dis fouvent qu'il
m'apparoît des Spectres, vous me faites pleurer de
pitié pour vous ; parce qu'en vous montrant incredule
fur cette matiere, vous vous imaginez, que c'eft un
moyen pour convaincre, que vous êtes veritablement
un efprit fort. Et moi, je vous foutiens que vous
êtes un efprit fi petit, que fa fphere n'a pû s'étendre
affez loin, pour acquerir, comme moi, toutes les connoiffances dont je fuis parfaitement inftruit à cet égard.
Que de Sçavans qui nous apprennent la poffibilité de
toutes ces apparitions dont vous vous moquez ! que
d'Hiftoriens qui nous en rapportent des faits inconteftables ; puifqu'ils font approuvez, privilegiez & imprimez ! Comment les Phantômes ne feroient-ils pas
auffi communs qu'on le dit, puifque les Aftres en
produifent une infinité, qu'ils envoyent tous les jours
mêlez avec ces influences fi celebres chez les Aftrologues & fi communes parmi nous ? (b) Un des plus
illuftres Philofophes de l'antiquité, ne nous affure-t-il
pas, que les ames de ceux qui ont vêcu dans le dére-
glement,

(b) Pomponace prétend, que les Aftres produifent des
Spectres.

glement, deviennent des Spectres après leur mort; parce que l'attachement qu'elles ont eû pour leur corps pendant qu'elles étoient unies avec lui, les a renduës si materielles, qu'après en être separées, elles deviennent elles-mêmes comme des corps, en ce qu'elles apparoissent visibles à ceux qui se trouvent en leur passage, lorsqu'elles sont errantes & vagabondes sur la terre? (c) Un autre Philosophe ne dit-il pas encore, qu'il s'engendre des Phantômes, des dépouilles & des écailles des choses naturelles? (d) Etes-vous si ignorant dans l'histoire, que vous ne sçachiez pas, que la raison pourquoi les anciens étoient si exacts à bruler les corps des morts, & à recueillir leurs cendres; c'est, parce que, sans cette précaution, les ames qui avoient animé ces corps, auroient erré continuellement, sans pouvoir avoir aucun repos? (e) Et dites-moi, je vous prie, pendant que ces ames étoient ainsi errantes, n'est-il pas croyable, qu'afin de se desennuyer, elles s'amusoient à se montrer aux vivans, ou pour leur faire peur, ou pour les divertir? Nous-mêmes, tous les jours, ne prenons-nous pas plaisir, quand nous ne sçavons que faire, à inspirer quelque frayeur, non-seule-

(c) Platon croit que les ames de ceux qui avoient mal vêcu, devenoient des Spectres aprés leur mort, & se rendoient visibles, comme ayant contracté cette qualité avec leurs corps, avec lequel s'étant trop attachées, elles en rapportoient quelque chose de corporel. *Socrat. in Phæd. apud Platonem.*

(d) Lucrece dit l 4. que des dépouilles & écailles des choses naturelles, s'engendrent des Simulacres.

(e) L'erreur des Grecs qu'ils ont communiquée aux Romains, & ceux ci, à nos anciens Gaulois, étoit, que les ames, dont les corps n'étoient pas solemnellement enterrez, par le ministere des Prêtres de la Religion, erroient hors des enfers, sans trouver de repos, jusqu'à ce qu'on eût brûlé leurs corps & recueilli leurs cendres. Homere fait apparoître Patrocle, tué par Hector, à son ami Achille, pour lui demander sepulture. Dissertation sur ce qu'on doit penser de l'apparition des esprits, à l'occasion de l'avanture qui est arrivée à saint Maur. p. 20, 21.

feulement à ceux que nous croyons fort faciles à en
prendre, mais encore à ces efprits forts, à ces Noncredes qui veulent perfuader, que rien ne les peut épouventer ? Je fçai encore (mais pour vous, vous ne vous
mettez pas en peine de fçavoir toutes ces chofes ; c'eft-
pourquoi vous raifonnez fi mal.) Je fçai encore, dis-
je, que les Juifs croyent que les ames erroient pendant
un an autour des corps. (*f*) C'est ce qui me donne lieu
de croire, que ce qu'on dit des morts qui apparoif-
fent dans les Cimetieres, eft très-vrai, quelque chofe
qu'en difent les prétendus efprits forts comme vous.
Croyez, Monfieur le bel efprit, Monfieur l'incredule
de profeffion, croyez, dis-je, que ces fameux Philofophes, appellez Pythagoriciens, qui avoient affurement plus d'habileté, que vous n'en aurez de votre vie,
ne me démentiroient pas, comme vous faites, puifque
leur opinion fur la Tranfmigration des ames (*g*) d'un
corps dans un autre, femble autorifer parfaitement la
mienne, & en même-temps celle de tant de Grands
hommes qui ont penfé, difcuté, examiné, & prouvé
la même chofe avant moi. Car ces ames en chemin
faifant, pour aller dans d'autres corps, ne pouvoient-
elles

(*f*) A caufe que les Juifs font errer les ames pendant un
an autour des corps, dont elles font feparées, ils croyent
les apparitions, Le monde enchanté. t. 1. p. 251.

(*g*) Monfieur Dacier, qui a fait la vie de Pythagore,
prétend qu'il ne faut pas entendre l'opinion de ce Philofo-
phe & de fes fectateurs, comme plufieurs l'ont entenduë
jufqu'à prefent. Il prend la chofe moralement. Ce qu'il
dit là-deffus, eft très-bien imaginé. On y renvoye le lecteur curieux ; le fujet merite bien qu'il fe donne cette peine.
Les Manichéens croyoient auffi la Metempfycofe, tellement que les ames, felon eux, paffent dans des corps de
pareille efpece, que ceux qu'elles ont le plus aimez pendant leur vie, ou qu'elles ont le plus maltraitez Celle
qui a tué un Rat ou une Mouche, fera contrainte par punition d'entrer dans le corps d'un Rat ou d'une Mouche.
L'état où l'on fera mis après la mort, fera pareillement op-
pofé à l'état où l'on eft pendant la vie. Celui qui eft riche, fera pauvre, & celui qui eft pauvre, deviendra riche.
Le Monde Ench. 1. 262.

elles pas apparoître à ceux qui se trouvoient sur leur route? Qu'est-ce que les anciens entendoient par Manes, Lares, Larves & Lemures, sinon des Phantômes qui apparoissoient? (b) Nous avons une infinité d'Auteurs qui sont de ce sentiment, & il subsistera, malgré tous les Noncredes du monde. Ah! que vous allez encore être bien étonné de ce que je vais vous dire, beau rieur! car, comme je suis persuadé, que vous avez jugé indigne de vous, d'approfondir comme moi cette matiere, je ne doute pas, que ce que je vais vous apprendre, ne soit tout-à-fait nouveau pour vous. Je vous dis donc, qu'il arrive quelquefois, qu'il y a des ames, qui commme des Taupes, roulent je ne sçai combien de centaines de lieuës sous terre, pour s'aller joindre avec un corps qui sera peut-être enterré à l'au-

tre

(b) Porphyrio, Scholiaste d'Horace, avec Isidore, fait les Lemures, ombres des hommes morts de mort violente & avant leur âge. Le Loyer. p. 205.

Les ames des Trépassez, s'appellent Manes, parce qu'elles demeurent après les corps, elles restoient dans la maison pour la garde des successeurs du défunt, & c'étoient les Bonnes, les Lares, les Dieux domestiques. Les méchantes étoient appellées Larves, Phantômes nocturnes, & Spectres ou Lemures, qu'on croit venir de Remures; & Remures, de Remus, frere de Romulus, qui s'imagina par frayeur voir l'ombre de son frere devant lui, après qu'il l'eut tué. Le Monde Enchanté. 1. 24.

Apulée dans son livre du Dieu de Socrate, expliquant le mot de Manes, dit que l'ame de l'homme, détachée des liens du corps & delivrée de ses fonctions, devient une espece de Démon ou de genie que les anciens appelloient Lemures. De ces Lemures, ceux qui étoient bien faisans à leurs familles, & qui entretenoient leurs anciennes maisons dans la tranquillité, étoient appellez Lares familieres, Lares domestiques; mais ceux qui pour les crimes qu'ils avoient commis pendant leur vie, étoient condamnez à errer continuellement, sans trouver aucun lieu de repos, & qui épouventoient les bons, & faisoient du mal aux méchans, étoient vulgairement appellez Larves, c'est-à-dire, Masques, qui étoit un nom que l'on donnoit à tout ce qui épouventoit les petits enfans.

tre extremité du monde, (*i*) & ainſi ne peut-il pas arriver, que quelque Vigneron ou quelque Laboureur ouvre la terre juſtement dans le lieu où elle paſſe, & qu'elle ſorte par cette ouverture & lui apparoiſſe? Et s'il eſt
vrai encore, comme on le dit, & par conſequent,
comme je le croi, que l'ame reſſemble à une boule de
verre, qui a des yeux de toûs côtez, (*k*) cette ame
roulante, voyant ſi clair, puiſqu'elle à tant d'yeux;
ne peut-elle pas faire à ſa volonté un choix de ceux qui
ſont les plus ſuſceptibles de crainte & d'efroi, pour les
épouventer? Oſerez-vous après cela, Monſieur mon
frere, me railler ſur ma prétenduë facile credulité?
Certes, vous ne vous moqueriez pas tant de ce que je
croi, ſi vous ſçaviez tout ce que je ſçai. Vous ne vous
moqueriez pas tant, dis je, ſi vous aviez, comme moi,
aſſez lû, pour ſçavoir qu'il y a des gens qui quittent
leur ame quand ils veulent, (*l*) puiſque vous concluriez
delà, que ces ames étant ainſi ſorties de leur corps,
ont tout le loiſir d'apparoître par tout où elles veulent
ſe porter; vous allez encore être bien étonné, quand
je vous prouvera que vous-même produiſez tous les jours
une infinité de Spectres & de Phantômes, un nombre
prodigieux d'ames. Comptez demain matin, quand
vous ſerez éveillé, juſqu'au ſoir, quand vous vous
endormirez, combien vous aurez de battemens de
cœur; & je vous ſoûtiens enſuite qu'autant que vous
aurez eû de ces battemens, autant vous aurez pro-
                                                         duit

(*i*) Il y en a qui diſent, qu'une ame ſe roule de lieu én
lieu, des centaines de lieuës par-deſſous la terre, & s'unit
avec un corps qui eſt enterré à l'autre bout du monde. Le
Monde Ench. *t.* 77.

(*k*) Un Sçavant a prétendu, que la figure de l'ame eſt
ſemblable à un vaſe ſpherique, de verre, & qui a des yeux
de tous côtez. Delrio. Diſquiſ. Mag. p. 229.

(*l*) Pline l. 7. c. 52. & Plutarque, dans la vie de Romulus, diſent qu'un certain Ariſtée quittoit & reprenoit
ſon ame, quand il vouloit, & que quand elle ſortoit
de ſon corps, les aſſiſtans la voyoient ſous la figure d'un
Cerf.

duit d'ames , (*m*) qui iront de tous côtez se montrer
peut-être à des gens aussi incredules que vous , & qui
cependant ne laisseront pas de s'en effrayer.　N'est-il
pas vrai , que je vous fais grande pitié , quand je vous
annonce de pareilles choses ? Cependant des peuples entiers le pensent comme je le dis , & on l'a même imprimé.　Jugez donc de-là , que l'air doit être rempli
de Spectres , puisqu'en un seul jour il y a une infinité
de millions de battemens de cœur.　Tous ces gens qui
meurent avant leur juste âge , (*n*) excepté ceux qui
font naufrage sur les mers , (*o*) sont autant de matieres de Spectres & de Phantômes.　Les anciens l'ont
pensé ainsi , ils étoient plus habiles que moy ; & ainsi , je m'imagine , que sans rien risquer , je puis bien
penser comme eux.　Pour vous assommer de preuves ,
je vais encore vous dire , que des Sçavans ont soûtenu
que toutes les ames qui ont été & qui seront , furent
créées en même temps. (*p*)　La consequence n'est-elle
pas

(*m*) Chez les Caraïbes , chacun croit avoir autant d'a-
mes , que de battemens de cœur ; que la principale est le
cœur même ; que les autres ames errent en differens endroits , selon la qualité & le naturel de ceux qui les
avoient ; que le cœur va vers leur Dieu Montanus.　Le
Monde Enchanté 1. 117.

(*n*) Les Payens croyoient , que les ames de ceux qui
étoient morts avant leur juste âge , qu'ils mettoient à l'extremité de la croissance , erroient vagabondes , jusqu'à ce
que le temps fût venu , auquel elles devoient être naturellement separées de leur corps.　Dissert. sur l'avanture arrivée
à saint Maur. p. 22.

(*o*) Les anciens croyoient qu'il n'y avoit que les ames
de ceux qui avoient été noyez , qui ne pouvoient revenir
après leur mort , dont l'on trouve une plaisante raison dans
Servius interprete de Virgile , que c'étoit , parce qu'ils tenoient que l'ame n'étoit autre chose qu'un feu. Id.

(*p*) Origene croit , que les ames des hommes existent
toutes ensemble , avant que de venir animer les corps.　Le
monde Ench. 1. 217.

Hoornbeech dit dans son livre contre les Juifs p. 319.
que leur sentiment est , que les ames ont été toutes créées
ensem-

pas facile à tirer de cette opinion, que celles qui ne doivent animer leur corps, que plusieurs siecles après leur création, ont eû tant de temps inutile, que, pour s'occuper à quelque chose, elles ont pu venir ici, faire tous ces tintamarres, dont on parle si souvent?

Quoique Monsieur Oufle fût tout essoufflé, tant il parloit avec vehemence, & avec vitesse, il ne laissa pas de continuer. Pour moi, je juge à propos de me donner le temps de respirer moi-même, pour donner le même loisir au Lecteur; & ainsi le reste de sa Tirade sera pour le Chapitre suivant.

ensemble avec la lumiere, le jour de la création; & non-seulement, qu'elles ont été créées ensemble; mais par paire d'une ame d'homme & d'une ame de femme; de sorte qu'on peut bien comprendre par-là, qu'il faut que les mariages soient heureux & accompagnez de douceur & de paix, lorsqu'on se marie avec sa propre ame, ou avec celle qui a été créée avec elle; mais qu'ils sont malheureux, & ne se font que pour la punition des hommes, lorsqu'on s'allie à un corps, dont l'ame n'a pas été créée avec l'ame de celui qui le prend en mariage. On a à lutter contre ce malheur, jusqu'à ce qu'on en soit délivré, & qu'on puisse être uni par un second mariage, à l'ame dont on a été fait le pair dans la création, pour mener une vie plus heureuse. Id. 165.

CHAPITRE XIII.

Suite du Discours, ou de la Tirade de Mr Oufle, sur les Apparitions.

Monsieur Oufle continua ainsi sa Tirade, & toûjours avec la même impetuosité.

Donnerez-vous, Monsieur mon frere, aussi un démenti à tant de Religieux qui assurent avoir vû souvent dans leur Eglise, des Phantômes assis dans les Chaises de

de ceux qui devoient mourir bien-tôt après? (*a*) A
d'autres, qui vous protefteront encore, que quelquefois des Moines de leur Convent, qui étoient morts,
font apparus (*b*) dans leur Refectoir, pour leur apprendre l'état de damnation où ils étoient, & les exciter, par cette apparition, à être plus exacts obferva-
teurs de leurs Regles, qu'ils n'avoient été eux-mêmes?
Je ne vous croy pas affez mauvais, pour accufer d'un
tel menfonge de fi honnêtes gens. Des Religieux vou-
droient-ils mentir, faire de fauffes hiftoires? Si nous
les en croyions capables, où en ferions nous? Si vous
voulez d'autres hiftoires, d'autres faits, pour vous reduire enfin à embraffer mon opinion; il s'en prefente au moment que je vous parle, un fi grand nombre,
à ma memoire, que je ne fçai lefquels choifir. Vous
allez en être accablé.

Un Empereur, quelques jours avant d'être maffacré,
voit dans un étang, une figure qui tenant une épée à la
main, lui fait des menaces qui le font fremir d'horreur. (*c*)

Un grand Capitaine, après avoir tué une jeune fille, la vid continuellement à fes côtez, elle ne l'aban-
donnoit point. (*d*)

Un

(*a*) Il arrive fouvent aux Convens, que l'on voit dans les
Eglifes, des Phantômes fans tête, vêtus en Moines & Nonnains, affis dans les Chaifes des vrais Moines & Nonnains
qui doivent bientôt mourir. Medit. hiftor. de Camerarius.
t. 1. l. 4. c 13.

(*b*) On lit dans les Chroniques de faint Dominique,
que le Refectoir fut trouvé par les Religieux, tout plein de
Moines decedez, qui fe difoient damnez; ce que Dieu leur
faifoit dire pour exciter les Religieux vivans à mener une
meille ure vie. De Lancre p. 371.

(*c*) Jules Capitolin dit, que l'Empereur Pertinax vit
trois ou quatre jours avant qu'il fut maffacré par les Soldats
de fa garde, je ne fçai quelle figure dans un étang, qui
le menaçoit l'épée au poing. Le Loyer. p. 268. Gaffarel.
p. 120.

(*d*) Paufanias, Chef des Lacedemoniens, après avoir tué
à Bi-

Un Prince eſt averti de ſa mort prochaine, dans un bal, par un Spectre qui eut l'impudence d'y venir danſer publiquement. (*e*)

Un Marquis apparoit (*f*) après ſa mort à ſon amy, pour

à Bizance, une fille nommée Cleonice, ne ceſſa depuis d'être effrayé, & penſer qu'il voyoit toûjours cette fille. Le Loyer. p. 115.

(*e*) Hector Boëce écrit, *in Annal. Scot.* qu'Alexandre troiſieme, Roy d'Ecoſſe, lorſqu'il ſe maria en troiſiémes nopces avec la fille d'un Comte de Dreux, & celebrant la nuit la ſolemnité des noces, le bal étant fini, on vit entrer dans la Salle une effigie de mort, toute décharnée, qui ſautoit & gambadoit.

(*f*) Le Marquis de Ramboüillet, frere aîné de Madame la Ducheſſe de Montauſier, & le Marquis de Precy, aîné de la Maiſon de Nantoüillet, tous deux âgez de 25 à 30 ans, étoient intimes amis, & alloient à la guerre, comme y vont en France toutes les perſonnes de qualité. Un jour qu'ils s'entretenoient des affaires de l'autre monde, après pluſieurs diſcours qui témoignoient aſſez qu'ils n'étoient pas trop perſuadez de tout ce qui s'en dit, ils ſe promirent l'un à l'autre, que le premier qui mourroit, en viendroit apporter des nouvelles à ſon compagnon. Au bout de trois mois, le Marquis de Ramboüillet partit pour la Flandre, où la guerre étoit pour-lors, & de Precy arrêté par une groſſe fievre, demeura à Paris. Six ſemaines après, de Precy entendit ſur les ſix heures du matin, tirer les rideaux de ſon lit, & ſe tournant pour voir qui c'étoit, il apperçut le Marquis de Ramboüillet en Buffle & en Bottes. Il ſortit de ſon lit en voulant ſauter à ſon cou, pour lui témoigner la joye qu'il avoit de ſon retour; mais Ramboüillet reculant quelque pas en arriere, lui dit que ces careſſes n'étoient plus de ſaiſon, qu'il ne venoit que pour s'acquiter de la parole qu'il lui avoit donnée, qu'il avoit été tué la veille en telle occaſion, que tout ce que l'on diſoit de l'autre monde étoit très-certain, qu'il devoit ſonger à vivre d'une autre maniere, & qu'il n'avoit point de temps à perdre, parce qu'il ſeroit tué dans la premiere occaſion où il ſe trouveroit. On ne peut exprimer la ſurpriſe où fut le Maquis de Precy à ce diſcours: ne pouvant croire ce qu'il entendoit, il fit de nouveaux efforts pour embraſſer ſon ami, qu'il croyoit le vouloir abuſer; mais il n'embraſſa que du vent; & Ramboüillet voyant qu'il étoit incredule, lui montra l'endroit où il avoit reçû

pour lui apprendre, selon la convention qui avoit été faite entr'eux, que tout ce qu'on disoit de l'autre monde étoit très-veritable. Je vous citerois, si je le voulois, plusieurs apparitions de gens, venus exprès pour assurer la même chose.

L'ombre de Severe se montre à Caracalla, & le menace

reçû le coup, qui étoit dans les Reins, d'où le sang paroissoit encore couler. Après cela, le Phantôme disparut, & laissa de Precy dans une frayeur plus aisée à comprendre, qu'à décrire. Il appella en même temps son valet de Chambre, & reveilla toute la maison par ses cris. Plusieurs personnes accoururent, à qui il conta ce qu'il venoit de voir: tout le monde attribua cette vision à l'ardeur de sa fiévre, qui pouvoit alterer son imagination, & le pria dë se recoucher, lui remontrant qu'il falloit qu'il eût rêvé ce qu'il disoit. Le Marquis, au desespoir de voir qu'on le prenoit pour un visionnaire, raconta toutes les circonstances que je viens de dire: mais il eut beau protester, qu'il avoit vû & entendu son ami en veillant, on demeura toûjours dans la même pensée, jusqu'à ce que la poste de Flandres, par laquelle on apprit la mort du Marquis de Ramboüillet, fut arrivée. Cette premiere circonstance s'étant trouvée veritable; & de la maniere que l'avoit dit Precy, ceux à qui il avoit conté l'avanture, commencerent à croire qu'il en pouvoit bien être quelque chose, parce que Ramboüillet ayant été tué precisément la veille du jour qu'il l'avoit dit, il étoit impossible qu'il l'eût appris naturellement. Dans la suite, Precy ayant voulu aller pendant les guerres civiles, au combat de saint Antoine, il y fut tué.

En supposant la verité de toutes les circonstances de ce fait: voici ce que je dirai pour en détruire les consequences qu'on en veut tirer. Il n'est pas difficile de comprendre, que l'imagination du Marquis de Precy, échauffée par la fievre & troublée par le souvenir de la promesse que le Marquis de Ramboüillet & lui s'étoient faite, lui ait representé le Phantôme de son ami qu'il sçavoit qui étoit aux coups, & à tout moment en danger d'être tué. Les circonstances de la blessure du Marquis de Ramboüillet, & la prediction de la mort de Precy, qui se trouva accomplie, ont quelque chose de plus grave; cependant ceux qui ont éprouvé quelle est la force des pressentimens, dont les effets sont tous les jours si ordinaires, n'auront pas de peine à concevoir, que le Marquis de Precy, dont l'esprit

nace de le tuer. (g) Cardan, qui a fait tant d'ouvrages
d'une très-profonde érudition, dit, & le croit comme
il le dit, que fon pere eut des apparitions étranges, &
fi vifibles, qu'il en rapportoit toutes les circonftances,
comme s'il avoit vû des hommes ordinaires. (h)

Tout le monde fçait ce que c'eft que le Grand Veneur de la Forêt de Fontainebleau, bien des gens affurent l'avoir vû, & un grand Roy en eft un témoin,
(i) fi irreprochable, que je ne puis pas me mettre
dans

prit agité par l'ardeur de fon mal, fuivoit fon ami dans
tous les hazards de la guerre, & s'attendoit toûjours à fe
voir annoncer par fon Phantôme ce qui lui devoit arriver à
lui-même, ait prevû que le Marquis de Rambouillet avoit
été tué d'un coup de Moufquet dans les reins, & que l'ardeur qu'il fe fentoit lui même de fe battre, le feroit perir
dans la premiere occafion. Differt. fur l'Avant. arrivée à faint
Maur, p. 33. &c.

(g) L'hiftoire rapporte, qu'à la fortie d'Antioche, l'ombre de l'Empereur Severe apparut à Caracalla, & lui dit pendant fon fommeil avec une voix de menace: *Comme tu as tué
ton frere, auffi te tuërai-je.* Coëffeteau.

(h) Cardan dit que le 13 ou 14 Août 1491. fept Demons
apparurent à fon pere, vêtus de foye avec des Capes à la
Grecque, chauffes rouges, chemifes, pourpoints en cramoi-
fi, qui fe difoient hommes aërées, affurans qu'ils naiffoient
& mouroient, qu'ils vivoient jufqu'à trois cens ans, &
qu'ils s'approchoient beaucoup plus de la nature des Dieux,
que les hommes terreftres; mais néanmoins, qu'entreux
& les Dieux, il y avoit une difference infinie. De Lancre
p. 414.

(i) On lit dans l'hiftoire de Matthieu l. 1. 5 Narrat. 1596.
Que le grand Roy Henry IV. chaffant dans la Forêt de
Fontaine-bleau, entendit environ comme à demi lieuë loin,
des japemens de chiens, le cry & le Cor des Chaffeurs;
mais en un moment ce bruit s'approcha à vingt pas de fes
oreilles. Il commanda à Monfieur le Comte de Soiffons
de voir ce que c'étoit, le Comte s'avance, un grand homme noir fe prefente dans l'épaiffeur des brouffailles, qui
cria, *m'entendez-vous?* & difparut. Les Paifans & Bergers
des environs, difent, que c'eft un efprit ou Demon, qu'ils
appellent le Grand Veneur, qui chaffe par cette forêt Id.
p. 318.

dans l'esprit qu'il y ait aucun Noncrede qui ose le re-
cuser.

On a vû un Magicien, qui pour se venger de quelques
gens qui l'avoient insulté, faisoit paroître dans le Bain
où ils étoient, des Spectres (*k*) noirs, qui les chas-
soient à coups de pieds au derriere, & ne leur donnoient point de repos qu'ils n'en fussent sortis.

L'Empereur Basile, souhaitant passionnément de voir
encore une fois son fils, qui étoit mort, un fameux
Magicien, lui fait obtenir, par ses enchantemens ce
qu'il demandoit avec tant d'ardeur. (*l*)

Un pere revient de l'autre monde, (*m*) pour garentir

(*k*) Un Magicien nommé Michel Sicidites, pour se venger de quelques gens qui l'insultoient dans un bain, se retira
dans une chambre prochaine pour reprendre ses habits; à peine
fut-il sorti que tous ceux qui étoient dans le Bain en sortirent avec precipitation, parce que du fonds de la Cuve du
Bain, ils avoient vû sortir des hommes noirs, qui les chas-
soient à coups de pieds par les fesses. Le Loy. p 130

(*l*) Michel Glycas dit 4. part. annal. que Basile, Empereur de Constantinople, ayant perdu son fils Constantin
qu'il aimoit uniquement, voulut le voir, à quelque prix
que ce fût, après sa mort; qu'il s'adressa à un Moine he-
retique, appellé Santabarene, qui après quelques conjura-
tions, lui montra un Spectre semblable à son fils. Id. 469.

(*m*) En Etolie il y avoit un Citoyen venerable, nommé
Polycrite, qui pour sa suffisance, avoit été du consente-
ment du peuple, élû Etolarque, c'est-à-dire, Maire, Chef
& Gouverneur d'Etolie. A cause de sa probité, sa dignité lui fût prorogée jusqu'à trois ans, pendant lesquels il
épousa une Dame de Locres. Après avoir couché trois nuits
seulement avec elle, il mourut à la quatriéme, & la laissa
enceinte d'un hermaphrodite, dont elle accoucha neuf mois
après. Les Prêtres des Dieux, les Augures ayant été consul-
tez sur ce prodige, ils conjecturerent, que les Etoliens &
ceux de Locres auroient guerre ensemble, à cause que ce
monstre avoit les deux natures. Et on conclut enfin, qu'il
falloit mener la mere & l'enfant hors les limites d'Etolie, &
les brûler tous deux. Comme on étoit prêt à faire cette execution, le Spectre de Polycrite apparoît, & se met auprés
de son enfant. Il étoit vêtu d'un habit noir de deuil: tout
le peuple étant effrayé, & voulant s'enfuir, il les rappella,

rentir son fils de la mort qu'on vouloit lui donner, & enfin voyant qu'il ne pouvoit le sauver, il le déchire lui-même & le met en pieces. Cette histoire vous feroit horreur, si je vous la racontois dans toute son étendüë; c'est une des plus tragiques, que l'antiquité nous ait laissées.

Une fille morte, revient, habite avec un homme, & ensuite disparoît, & le tout avec des circonstances que je ne vous rapporteray pas icy. Pour peu que vous soyez curieux de les sçavoir, je vous indiquerai l'endroit (*n*) où

la, leur dit de ne rien craindre, & ensuite d'une voix grêle & basse, fit un beau discours, par lequel il leur montra, que s'ils brûloient sa femme & son fils, ils tomberoient dans des calamités extrèmes (on peut voir ce discours dans l'endroit cité ci-après.) Voyant enfin, qu'après ces remontrances, il ne pouvoit les dissuader de faire ce qu'ils avoient entrepris, il prend son enfant, le met en pieces, & le devore. Le peuple fit des huées contre lui, & lui jetta une infinité de pierres pour le chasser. Mais, sans se soucier de toutes ces insultes, il continua de manger son fils dont il laissa seulement la tète, puis disparut. Après cet effroyable prodige, on prend dessein d'envoyer consulter l'Oracle d'Apollon à Delphes; mais la tète de l'enfant s'étant mise à parler, elle leur predit en vers, toutes les calamitez qui leur devoient arriver dans la suite, & la prédiction reüssit. Phlegon. Le Loyer. p 249. &c,

(*n*) Je tiens ce que je vais dire, de Phlegon, natif de Tralles, affranchy de l'Empereur Adrien, qui ne nous montre point en quel lieu cecy arriva, d'autant que son livre est défectueux. Mais s'il y a lieu de conjecturer par les noms de Machates & de Philinnion, dont l'un est Macedonien & l'autre Thessalien, je penserois que le fait seroit avenu en une ville de Thessalie, & même à Hypate, metropolitaine de Thessalie, où, selon Apulée, de jour à autre, il arrivoit des prodiges aussi grands, que celui de Philinnion. Quoiqu'il en soit, voici l'histoire. Philinnion fille unique de Demostrate & de Charito, deceda en âge nubile, au grand regret de ses parens, qui avec le corps mort, firent enterrer les bagues, joyaux & autres atours que la fille avoit le plus aimez pendant sa vie. Quelque temps après sa mort, un jeune Gentil-homme, nommé Machates, vint loger chez son pere, qui étoit son ami. Un soir qu'il étoit dans sa chambre, Philinnion,

E 3   dont

où vous pourrez les trouver. Un Lacedemonien atta-
que courageusement un Phantôme, & fait des efforts
pour le percer de sa lance. (o) Un aspic même, ayant
été

dont il ne sçavoit pas la mort, s'apparoit à lui, lui declare
qu'elle l'aime, le caresse, & enfin l'engage à répondre à sa
passion. Machates, pour gages de son amour, donne à
Philinnion, une Coupe d'or, & se laisse tirer un anneau
de fer qu'il avoit au doigt; & Philinnion lui fait present
d'un anneau d'or, & de son collet, dont elle couvroit son
estomach, & ensuite se retire. Le lendemain elle retourne
à la même heure. Pendant qu'ils étoient ensemble, Charito envoye une vieille Servante dans la Chambre de Machates, pour voir ce qu'il y faisoit. Elle les vit tous deux, &
toute éperduë, va avertir son maître & sa maîtresse, que
Philinnion étoit avec Machates. On la traita de visionnaire;
mais comme elle s'obstinoit à assurer que ce qu'elle disoit
étoit très-vrai, Charito alla trouver son hôte, & lui parla
de ce que lui avoit appris la vieille. Il avoüa, qu'elle n'a-
voit fait aucun mensonge à cet égard, raconta toutes les
circonstances de ce qui étoit arrivé, & montra le collet &
l'anneau d'or, que la mere reconnut pour appartenir à sa
fille. Aussi-tôt la douleur de la perte qu'elle avoit faite de
sa fille la saisissant, elle jeta des cris épouventables, & enfin
fit promettre à Machates, qu'il l'avertiroit quand elle reviendroit, ce qu'il executa. Le pere & la mere la virent,
& courant à elle, pour l'embrasser; elle montrant une con-
tenance morne, & ayant le visage baissé, leur dit; Helas!
„ mon pere, & vous, ma mere, que vous faites de tort à
„ ma felicité; ne permettant pas par vôtre importune venüe
„ que je vécusse seulement trois jours avec vôtre hôte dans ma
„ maison paternelle, prenant quelque plaisir, sans vous mo-
„ lester en rien? Vous serez punis de vôtre trop-grande cu-
„ riosité; car je m'en vais au lieu qui m'est ordonné, & vous
„ me pleurerez autant que quand je fus portée en terre la pre-
„ miere fois. Mais d'une chose je puis bien vous assurer; c'est
„ que je ne suis point venüe icy, sans le vouloir des Dieux.
Après ces mots, elle tomba morte, & son corps fut mis sur
le lit exposé à la vûë de tous ceux de la maison. Enfin, on
alla ensuite visiter le Sepulcre de Philinnion, où l'on ne trouva point son corps, mais seulement l'anneau de fer & la
Coupe d'or que Machates lui avoit donnez. Machates,
penetré de honte, d'avoir couché avec un Spectre, se fit
mourir lui-même. Le Loyer p. 245. &c.

(o) Plutarque raconte, qu'un certain Laconien, passant
près

été tué par un Païsan, se representoit à lui, & le suivoit par tout. (*p*) Des Spectres qu'on appelle femmes blanches, viennent rendre des services aux hommes pour qui elles ont pris de l'affection. (*q*) On a
vû une fois dans l'air un Autel, & tout autour, des
hommes, qui paroissoient être comme tout autant de
Prêtres, prêts à s'acquitter de quelque exercice de Religion. (*r*) Rien n'est si ordinaire, que de voir des ombres, avec qui on peut manger & s'entretenir. (*s*) Un
homme étant mort, va trouver dans une Auberge, son
ami, se couche avec lui, & le glace, pour ainsi dire,
par la froideur de son corps. (*t*) L'Amant d'une Reli-
gieu-

près d'un monument, vit un Spectre qu'il s'efforça de percer de
sa lance, lui disant *quò fugis, anima bis moritura?* où fuis-
tu, ame qui dois mourir deux fois?

(*p*) Elien parle l. 11. c. 32. D'un aspic fort long, qui
ayant été tué de la bêche d'un Vigneron, se representoit
(ou son Spectre) à lui en quelque lieu qu'il fût.

(*q*) Schot a écrit ceci p 339. Delrio dit, qu'il y a une
certaine espece de Spectres qui apparoissent en femmes toutes blanches, dans les bois & dans les prairies; quelquefois
même il y en a dans les écuries, qui tiennent des chandelles de
cire allumées, dont ils laissent tomber des gouttes sur le tou-
pet & crin des Chevaux, qu'ils peignent & qu'ils tressent
fort proprement. Les femmes blanches sont aussi nommées
des Sybilles & des Fées, & l'on dit qu'il y en a une appellée
Haband, qui est comme la Reine des autres, & qui leur commande. Monde Ench, 1. 289.

(*r*) Que le Philosophe me rende raison de la place en l'air,
au milieu de laquelle, dit Jules obséquent, *de prodigiis*, il y
avoit un autel, & tout-au-tour, des hommes vêtus d'habits
blancs, sous le Consulat de Fabius, surnommé le Verru-
queux, pour une verrue qu'il avoit aux levres. Le Loyer
p. 389.

(*s*) Sur les confins de la mer glaciale, où se forme
une presqu'Isle, il y a des peuples nommez Pilapiens, qui
boivent, mangent & conversent familierement avec les ombres Olaüs Magnus, L'incr. sçau. p. 74.

(*t*) Un Italien ayant fait enterrer un de ses amis qui
étoit mort, & comme il revenoit à Rome, la nuit l'ayant
surpris, il fut contraint de s'arrêter en une Hôtellerie sur
le chemin, où il coucha. Etant seul & bien éveillé, il
lui-

gieuse, passant pendant la nuit par l'Eglise d'un Convent, pour l'aller trouver, y voit plusieurs Prêtres inconnus qui y faisoient une ceremonie funebre ; il demande pour qui ; & il apprend que c'est pour lui-même, il s'en retourne, & à peine est-il arrivé chez lui, que deux Chiens l'étranglent. (*u*)

C'est

lui sembla, que son ami mort, tout pâle & décharné, lui apparoissoit & s'approchoit de lui, qui levant la tête pour le regarder, & étant transi de peur, lui demande qui il etoit ? Le mort ne répondant rien, se dépouille, se met au lit, & commence à s'approcher du vivant, ce lui sembloit. L'autre ne sçachant de quel côté se tourner, se met sur le bord, & comme le défunt approchoit toûjours, il le repousse. Se voyant ainsi rebuté, il regarde de travers le vivant, se vêtit, se leve du lit, chausse ses souliers, & sort de la chambre, sans plus apparoître. Le vivant a rapporté, qu'ayant touché dans le lit un de ses pieds, il le trouva plus froid que glace. Alex. ab Alex. l. 2. Dier. genial. c. 9. Tiraqueau en ses Annot. sur ce Chapitre, met toutes ces visions au rang des songes. Hist. Admir. 1. 533.

On débite comme une chose assurée, qu'un Phantôme se trouve toûjours froid, quand on le touche ; Cardan & Alexandre d'Alexandrie, sont des témoins qui l'affirment ; & Cajetan en donne la raison qu'il a apprise de la propre bouche d'un Diable, lequel ayant été interrogé par une Sorciere sur ce sujet, lui répondit qu'il falloit que la chose fût ainsi, & qu'il ne pouvoit faire autrement. Le Cardinal explique les paroles du Diable en ce sens, qu'il ne veut pas communiquer au corps qu'il prend, cette chaleur moderée qui est si agréable, ou que Dieu ne le lui permet pas. Le Monde Enchanté 1. 299.

(*u*) Un Chevalier Espagnol aimoit une Religieuse & en étoit aimé. Allant une nuit la voir, il passa par l'Eglise, dont il avoit la clef, où il vit quantité de cierges allumez, & force Prêtres qui chantoient & faisoient le service pour un Trépassé autour d'un tombeau, élevé fort haut. Après avoir contemplé ces Prêtres, tous à lui inconnus, il s'approche de l'un, & lui demande pour qui on faisoit ce service ? C'est, lui répondit-il, pour un Chevalier appellé (*n*) qui étoit son nom à lui même ; un autre lui fit la même réponse. Il sort de l'Eglise, remonte à Cheval, & s'en retourne chez lui, où deux Chiens l'étranglerent. Torquemade. Hexameron. 3. Journée. Hist. Admir. 1. 548.

(*x*)

C'eſt une choſe prodigieuſe, que le nombre de morts qui apparurent à une Carmelite, appellée Sœur Françoiſe du S. Sacrement. (x) Un homme ayant heurté du pied contre une tête de mort, elle parla & ſe recommanda à ſes prieres. (y) On voit vers le Caire, dans un certain temps, des corps morts qui ſortent de terre inſenſiblement ; des gens aſſurent même en avoir apporté quelques membres. (z) Il y a des peuples qui ſont beaucoup tourmentez par les morts, s'ils ne les enterrent point. (a) On entendoit pendant la nuit dans un

(x) Il eſt parlé dans le livre intitulé, *La lumiere des vivans, par l'experience des morts*, d'un très-grand nombre de défunts apparus à la ſœur Françoiſe du très ſaint Sacrement, Religieuſe Carmelite Déchauſſée, par le Pere Albert de ſaint Jacques, Carme déchauſſé.

(y) Saint Jean Damaſcene dit, *Tract. de defunctis*, qu'un homme paſſant par un Cimetiere, heurta contre la tête d'un mort qui ſe recommanda à ſes prieres.

(z) Au Caire, dans un lieu deſtiné autrefois pour un Cimetiere, s'aſſemble ordinairement tous les ans une incroyable multitude de perſonnes, pour voir les corps morts qui y ſont enterrez, comme ſortant de leurs foſſes & Sepulchres. Cela commence le Jeudy (en Mars) & dure juſques au Samedy, que tout diſparoît. Alors on voit des corps enveloppez de leurs draps, à la façon antique ; mais on ne les voit ni debout, ni marchant, mais ſeulement les bras, ou les cuiſſes, ou autres parties du corps que l'on peut toucher, leſquelles montent de plus en plus, petit à petit. Hiſt. Admir. 1. 43.

George Cortin, Orphevre, demeurant à la Rochelle l'an 1603. aſſure avoir tenu une tête entiere avec barbe & poil, des têtes qu'on dit qui paroiſſent vers le Caire; & qu'un nommé Jean Barclé, Orphevre d'Anvers, en avoit un pied qui ne ſe corrompoit point. Il dit auſſi qu'il n'a point vû ces membres pouſſer; mais qu'ils paroiſſoint dans des trous en terre. dont on les tiroit, qu'ils pouſſent comme le bled, ſans qu'on s'en apperçoive. Medit. Hiſtor. de Camer. t. 1. c. 13.

(a) Les Pilapiens, peuples ſeptentrionaux, enterroient autrefois en leur foyer les corps de leurs parens, & à faute de ce faire, ils étoient tourmentez d'Eſprits qui leur apparoiſſoient. Le Loyer. p. 15.

un lieu , où s'étoit donné une fameuse bataille, les mêmes bruits que feroient des armées qui combattroient avec fureur. Je ne vous en dis pas une particularité fort curieuse, (*b*) parce que de l'humeur que je vous connois, je suis assuré que vous ne vous souciez pas de la sçavoir.

Les Persans ne s'étonnent pas de voir des Spectres dans les forêts ; la raison, c'est qu'ils tiennent pour certain que les ames de ceux qui ont vécu avec sagesse, y font leur séjour. (*c*) Un jeune homme se pendit, parce qu'il ne pouvoit pas épouser une fille qu'il aimoit ; Un Phantôme qui avoit pris sa figure, apparoit à cette fille, pour en joüir. (*d*) Un autre étoit toûjours suivi du Squelette d'une fille , pour qui il avoit eû une extréme passion. (*e*) Un Phantôme prenoit plaisir à ôter les lunettes du nez d'un bonhomme, & les transportoit dans un Jardin. (*f*) En Guinée, on ne cherche point parmi les vivans.

(*b*) On lit dans Pausanias (*in atticis*,) que quatre cens ans après la bataille de Marathon, on entendoit dans l'endroit où elle se donna, toutes les nuits des hannissens de Chevaux & des bruits de gens d'armes qui se combattoint. Et ce qui est admirable, c'est que ceux qui venoient exprès pour entendre ces bruits, n'en entendoient rien ; ils n'étoient entendus que par ceux qui par hazard passoient dans ce lieu.

(*c*) De la Valle raporte dans son Chapitre 17. que les Persans ont beaucoup de respect pour les plus grands arbres & les plus vieux ; parce qu'ils se persuadent que les ames des bien-heureux y font leur séjour.

(*d*) Le Monde Ench. t. 4. p. 176.

(*e*) Monsieur de Grigny, se trouva en la compagnie d'un homme qui étoit toûjours suivi du Squelette d'une fille qu'il avoit aimée.

(*f*) Comme ce pauvre Monsieur Santois prioit Dieu dans ses heures Jeudy dernier, & qu'il voulut tourner le feuillet, il sentit je ne sçai quoi faire du bruit sous sa main, & fut tout étonné, que c'étoit ce feuillet qui s'étoit déchiré de lui-même ; mais si proprement, qu'il sembloit que quelqu'un l'eût fait à dessein. D'abord ce bon vieillard eut la pensée, que c'étoit lui qui l'avoit déchiré, sans y prendre garde. Mais comme il eut tourné le second feuillet, & que la même chose fut arrivée, il commença à s'en effrayer, & sonna sa

clochet-

vivans, les voleurs des choses qui ont été dérobées ;
parce qu'on n'en accuse point d'autres , que les ames
des défunts. (*g*) Un amant étant mort , vint trouver sa maîtresse sous la forme d'une couleuvre ; l'usage qu'elle en faisoit est assez plaisant. (*h*) On lit dans
plusieurs Auteurs , qu'il y a des montagnes , où l'on
entend

clochette pour appeller ses enfans. Ils accoururent tous, &
sur ce qu'il leur conta la chose comme elle alloit, ils tâche-
rent de lui persuader, qu'il s'étoit trompé & de l'emmener
hors de là. Mais ce bon-homme ne pouvant consentir à passer pour visionnaire , il leur dit : Hè bien, mes enfans, vous
en jugerez en cas que l'esprit soit d'humeur à en déchirer un
troisiéme ; car je ne veux pas que vous me croyiez hypocon-
driaque. Là-dessus il rouvrit son livre, & voulut tourner
encore un feuillet; ce feuillet se déchira comme les autres.
Le Gendre , quoique convaincu , ne laissa pas de dire toûjours, que c'étoit son beau-pere qui le déchiroit , de peur
que le bonhomme n'en devint malade, s'il n'avoit plus de
quoy douter; & il lui alleguoit pour ses raisons, que son
erreur venoit de ce qu'il n'avoit plus le tact ni la vûë assez
bons pour discerner s'il manioit rudement ou non le feuillet. Mais le vieillard s'en dépitant, prit ses lunettes, pour
l'éprouver encore une fois, & y prendre garde de plus près ;
& à la vûë de tout le monde, ces lunettes sortirent d'elles-
mêmes de son nez, & comme si elles eussent volé, firent
toutes seules une promenade à l'entour de la chambre, puis
passerent par la fenêtre, & s'allerent arrêter dans un Parterre
de fleurs à l'entrée du Jardin, où on les retrouva avec les
trois feuillets. La fausse Clelie. l. 5.

(*g*) Dans la Guinée , on croit que les ames des Trépassez
reviennent sur la terre, qu'elles prennent dans la maison les
choses dont elles ont besoin : de sorte que , quand on a fait
quelque perte, on soupçonne aisément, qu'elles ont pris ce
qui est perdu. Le Monde Ench. 1. 704.

(*h*) Un Amant promit à sa Maîtresse, que s'il mouroit
avant elle, il reviendroit la trouver sous la figure d'une couleuvre. Il mourut le premier : & revint, dit-on, en effet sous
cette forme. La Dame prit cette couleuvre, sans qu'elle lui
fît aucun mal; elle la nourrissoit dans une boëte ; & quand
elle donnoit à manger à quelques gens, elle faisoit tremper
la tête de cette couleuvre dans leur verre. Plusieurs se dégoute-
rent si fort de cette cérémonie, qu'ils fuyoient extrêmement
ses festins. Raconté par Madame Delub.

E 6

(*i*)

entend souvent des voix extraordinaires, & où les Spectres sont fort frequens. (i) Quelques-uns assurent, qu'un Phantôme nommé Empuse, ne marchoit que sur un pied, pendant que l'autre, qui étoit d'airain, se tenoit en l'air. (k) Un certain Spectre, appellé *Gilo*, n'avoit jamais d'autre figure, que celle de femme. (l)

On sçait qu'en plusieurs endroits, il paroît un Phantôme

(i) Clement Alexandrin écrit *l.* 6. *Strom.* qu'en Perse, vers la region des Mages, se voyoit trois montagnes plantées au milieu d'une large campagne, & distantes l'une de l'autre. Quand on approchoit de la premiere montagne, on entendoit comme une voix confuse de plusieurs personnes qui se battoient; en la seconde, on entendoit un plus grand bruit; & en la trosiéme & derniere, les bruits etoient d'allegresse, comme de personnes qui se rejoüissoient. Le même Auteur dit avoir appris d'anciens Historiens, qu'en la Grande Bretagne, qui est l'Angleterre, il y a une caverne au pied d'une montagne, en laquelle, quand le vent s'entonne, on entend ce semble, un son de Cymbales & de cloches, qui carillonnent de mesure. Cardan rapporte l'apparition des Spectres & Esprits de la montagne d'Hecla & de l'Isle d'Islande, à une cause naturelle; & dit, que l'Islande est pleine de Bithume, que les habitans vivent de pommes, de racines & de pain fait de farine d'os de poisson, & ne boivent que de l'eau; parce que l'Isle est si sterile, qu'elle ne porte ni bled ni vin; que le vivre est cause que leurs esprits grossissent & que par la densité de l'air & des vapeurs qui s'y concréent par la froidure, plusieurs vaines figures se voyent errantes & vagabondes deça & de là: que la crainte, l'imagination & la débilité du cerveau de ceux du païs, conçoit tant qu'elles tombent au sens de la vüe, & alors les hommes de l'Isle pensent voir, toucher & embrasser des Spectres & images vaines d'hommes morts, qu'ils auront connus pendant leur vie. Le Loyer p. 30.

(k) Suidas dit, qu'il y a un Phantôme, appellé l'Empuse, envoyé par Proserpine aux personnes miserables, & qu'il marche sur un pied, ayant l'autre d'airain, ou fait en pied d'âne.

(l) Le Spectre de femme qui paroissoit de nuit, se nommoit *Gilo*, selon Nicephore en son Histoire Ecclesiastique.

tême quelques jours avant la mort de quelque Prince,
ou de quelque autre personne de distinction. (*m*) Que
d'exemples de défunts, revenus exprès pour montrer
le

(*m*) Cardan assure que dans la ville de Parme, il y a une
noble famille, de laquelle, quand quelqu'un doit mourir,
on voit toûjours dans la Sale de la maison une vieille femme inconnuë, assise sous la cheminée. *Curios. inoüies.*
par Gaffarel. p. 122.

On dit, que toutes les fois qu'il doit mourir quelqu'un
de la Maison de Brandebourg, un esprit s'apparoit en forme
de grande Statuë de marbre blanc, representant une femme
& court par tous les appartemens du Palais du Prince. On
dit encore, qu'un Page voulant un jour arréter cette Statuë,
& lui ayant déchargé un grand soufflet, elle l'empoigna
d'une main, & l'écrasa contre terre. *La Fausse Clelie.* 5.

Une femme blanche se fait voir en Allemagne, & en
Bohême, quand un Prince est près de mourir. *Le Monde
ench.* 4. 322.

On prétend que Melusine apparoît, quand quelqu'un de
la Maison de Lusignan doit mourir. Il y avoit de trois sortes
de Nymphes; de l'air, de la terre & des eaux. Sans doute,
nôtre Melusine tant celebrée dans nos Romans François,
ne peut être autre qu'une Nymphe de mer. Theophraste
Paracelse la derive du Grec μελωσίνη Melodie, qui est proprement de l'air, dont viennent les sons & les voix. Voila
pourquoi on feint que Melusine vole par l'air, & s'y fait entendre par des cris & des plaintes. Sa Fable, ou est un reste du
Paganisme, ou est prise des Rêveries des Rabins, qui ont
leur voix de l'oyseau, qu'ils disent être Elie, laquelle court
par l'air, & prédit les choses futures. Et pour faire passer la
fable de Melusine pour vraye, son Roman l'a fait descen-
dre de par son pere, des Rois d'Albanie, & d'une Fée,
& la marie avec Raimondin de Troisith, & de son mariage
fonde les Maisons de Lusignan, de Luxembourg, de Cypre,
de Jerusalem & de Boheme. Quant à ce que le Roman la
fait venir d'Albanie, c'est pour donner plus de couleur à la
Fable, pour la qualité de Fée, que Melusine tenoit du côté de sa mere. Les Albanois sont les Ecossois, nos anciens
confederez, dont vient le nom d'Aubain & étranger en
France. Car un temps a été, que nous n'avions autres étran-
gers habitans parmi nous, que les Ecossois, lesquels acque-
roient des biens, & mourant sans hoirs procrées de leur
chair, le Fisc vendiquoit leur biens, & cela étoit appellé
Aubainage. Et au reste, les Ecossois, Albains ou Aubains

le lieu où l'on avoit enterré leur corps. (*n*) Enfin les
Juifs & les Cabalistes ont tiré des presages de tout ce
qu'on appelle Revenans & Phantômes. (*o*)

Le pauvre Monsieur Oufle étoit alors si essoufflé ,
& avoit la bouche si seiche, qu'il n'en put pas dire davantage. On verra dans ce qui va suivre , ce qui se
passa ensuite.

ou Aubavvns , comme encore on les appelle en quelques
lieux d'Ecosse , ont esté diffamez jusqu'à present d'avoir eû
des Nymphes, ou Fées visibles ; appellées, *belles gens* , *elfes
ou fairs foles* , qui aiment les hommes, & cherchent de
converser avec eux , comme Demons *Succubes*. Le Loyer.
p. 200.

(*n*) Le Philosophe Athenodore vit en veillant , un
Phantôme , haut , noir & enchaîné dans une maison d'A-
thenes , qui lui montra un endroit de cette maison , où
étoient cinq corps morts enchaînez. Cette maison étoit inha-
bitée à cause des tintamares qu'y faisoit ce Phantôme. Plin.
2. Epist. Bodin. p. 15. Camerarius dit t. 1. li 1. c. 15. qu'il
n'y avoit qu'un corps mort.

Une femme ayant tué son mary , & l'ayant enterré , le
Spectre du deffunt apparoît à son frere , & le meine au lieu
où son corps étoit , puis disparoît. Cette histoire est plus
au long chez le Loyer. p. 346. Voyez aussi l'histoire de
deux étudians qui allerent habiter dans une maison qu'un
Spectre avoit renduë deserte. Torquemade troisiéme journée
de son Hexameron. Hist admir. t. 1. p. 543.

(*o*) Manassé Ben Israël, dit selon les Cabalistes, que
si les Esprits apparoissent à un homme seul , ils ne presa-
gent rien de bon ; si à deux personnes ensemble , rien de
mauvais ; mais qu'ils ne sont jamais apparus à trois personnes ensemble. Le Monde Ench. 1. 173.

Buxtorf dit dans son *Lexicon Talmudicum* que chez les Juifs ,
un Voile mis sur le visage , empêche que le Phantôme ne
reconnoisse celui qui a peur ; mais que , si Dieu juge , qu'il
l'ait ainsi merité par ses pechez , il lui fait tomber le masque ,
afin que l'ombre le puisse voir & le mordre. Id. 178.

CHA-

CHAPITRE XIV.

Difcours que fit Noncrede fur les apparitions, après celui de Monfieur Oufle.

Onfieur Oufle étant en quelque maniere hors d'etat de parler, tant il s'étoit échauffé la gorge par le difcours qu'il venoit de faire avec une impetuofité vehemente, dans la crainte où il étoit qu'on n'interrompît ce que fa memoire lui fuggeroit, Noncrede prit cette occafion pour parler & tâcher de ramener ce cher frere dans fon bon fens. C'étoit affurément une entreprife, où il étoit comme impoffible de réüffir; car rien n'eft plus rare que de faire revenir les gens de leur entétement, & de les engager à prendre un parti different de celui qu'ils ont abfolument réfolu de fuivre. Quoiqu'il en foit, Noncrede voulut pourtant hazarder quelques raifonnemens pour ramener ce bon-homme à la raifon. Je vais rapporter ici ce que j'ai appris de ce qu'il a dit.

Difcours de Noncrede.

Ertes, mon frere, vous venez de faire une grande dépenfe d'érudition. Je n'ai jamais douté que vous n'euffiez beaucoup lû; mais je ne croyois pas que la nature vous eût partagé d'une memoire auffi fidelle, que celle que vous venez de faire paroître. C'eft un grand avantage, quand après avoir fait beaucoup de lectures, on s'en reffouvient auffi heureufement que vous. Mais l'avantage feroit bien plus confiderable, fi le jugement regloit la memoire, c'eft-àdire, fi en fe reffouvenant de tant de chofes, on fçavoit en faire, & fi on en faifoit en effet un judecieux ufage. Je fçavois une grande partie de tout ce que vous venez de me rapporter; mais je me fuis bien donné de garde de m'en m'en entêter comme vous, de telle sorte que je les crusse toutes veritables. Je vois par vos hochemens de tête, que vous n'êtes pas d'humeur à vous rendre, quelque chose qu'on vous dise pour vous détromper. C'est la malheureuse destinée des gens prévenus ; ils ne veulent rien croire de ce qu'on leur dit de contraire à leur prévention ; ils ne daignent pas même écouter ceux qui paroissent s'éloigner de leur sentiment. Vous m'accusez de vouloir faire l'esprit fort, parce que je ne donne pas aveuglément dans votre opinion. Non, mon frere, je ne me pique point du tout de passer pour esprit fort ; je voudrois seulement vous convaincre pour une bonne fois, & vous faire reconnoître & avoüer, qu'il n'est point d'un homme d'esprit, d'un homme raisonnable, d'être d'une trop facile credulité ; particulierement sur cette matiere, où l'on a tant de sujets de douter, pour peu qu'on soit instruit de bons principes, & bien disposé à distinguer le vray d'avec le faux. Si vous voulez croire absolument tout ce qu'on dit en faveur des Phantômes, des Spectres, des Esprits qui reviennent, des apparitions étranges, dont on fait tant de contes, parce qu'il est imprimé ; pourquoi ne croyez-vous pas aussi tout ce qu'on a imprimé, pour montrer qu'il ne faut pas ajoûter foy à tant d'opinions & d'histoires, sans connoissance de cause, afin de croire avec raison & autant que la verité l'exige ? Mais pour vous, vous êtes si éloigné de prendre une si raisonnable précaution, que j'ai remarqué qu'entre les histoires & les opinions dont vous venez de faire le détail, il y en a, que les auteurs, de qui vous les avez tirées, ne reconnoissent point pour legitimes, & n'admettent point du tout pour veritables ; cependant, vous prenez l'histoire, pour la croire ; l'opinion, pour la suivre, sans vous soucier du sentiment de l'auteur qui vous la donne ; tant est vrai, que vous ne voulez croire que ce qui s'accommode avec votre prévention. Hé quoi ! mon frere, n'avez-vous de la raison que pour observer une conduite si déraisonnable ?

ble ? n'acquerez-vous des connoiſſances, que pour vous comporter ſi aveuglément ? Je vous combattrois volontiers ſur ce que vous avez dit d'abord, que les Aſtres produiſent continuellement des Spectres & des Phantômes ; mais cette opinion eſt ſi extravagante, que je la juge tout-à-fait indigne d'aucun diſcours, pour en montrer le ridicule. De plus, comme il me faudroit faire une grande diſcuſſion, pour montrer en quoi conſiſte la proprieté de ces Aſtres auſquels on attribuë tant de vertus, tant de puiſſance, & dont on fait tant de bruit, j'aime mieux prendre le parti de n'en rien dire ; car outre que le ſujet n'en merite pas la peine, c'eſt qu'il me paroît par les mines que vous faites, que vous n'êtes pas d'humeur à vous donner la patience de m'écouter longtemps.

Je me réduis ſeulement à quelques réflexions ſur tout ce que vous venez de me dire ; à celle-ci premierement ; c'eſt qu'il ne ſeroit pas facile de connoître qu'elle eſt vôtre religion ; car, ſi vous croyez tout ce que vous m'avez debité ; j'y trouve un ſi grand mêlange de je ne ſçai combien de ſortes de Religions, que l'on auroit raiſon de vous ſoupçonner de les embraſſer toutes, ou de n'en avoir point du tout.

Par exemple, ſi vous tenez toutes vos hiſtoires pour veritables, vous êtes donc perſuadé que les ames deviennent materielles, quand elles ont eû beaucoup d'attachement pour leurs corps ; vous croyez que les ames paſſent d'un corps dans un autre ; vous croyez qu'elles roulent ſous terre comme des taupes, pour s'aller unir je ne ſçay où, à des corps qu'elles ont pris en affection. Dans ces extravagantes opinions, il n'eſt pas plus fait mention de Dieu, que s'il n'y en avoit point ; auſſi ſont-elles très-indignes de ſa ſageſſe & de ſa grandeur. Il ſemble, à vous entendre dire, que ces ames diſpoſent abſolument d'elles-mêmes, ſans dépendance, comme ſi elles avoient été le principe de leur création, & qu'elles fuſſent les maîtreſſes de leur exiſtence.

Etes-vous aſſez deraiſonnable (je n'oſerois dire quelque

que chose de pis) pour vous imaginer que les ames
sont de verre, & qu'elles ont autant d'yeux qu'en avoit
Argus ? Les croyez-vous immortelles, si vous avez cette opinion ? J'abrege ; car il me faudroit un discours
entier, pour vous bien montrer, que croire qu'une
ame est de verre, la consequence est infaillible, qu'elle sera donc sujette à la mort.

Lorsque vous vous persuadez encore, comme vous
l'avez dit, qu'un homme peut quitter son ame quand
il veut, avez-vous bien examiné comment cela se peut
faire ? Je vous défie de le comprendre. Cela est incom-
prehensible ; aussi cela est-il très-faux. Il n'y a que Dieu
qui puisse unir l'ame avec le corps ; il n'y a que lui,
qui les puisse separer, pour ensuite les réünir. Essa-
yez, mon frere, assayez à envoyer vôtre ame quelque
part, de telle sorte que votre corps tombe inanimé
par terre ; mais à Dieu ne plaise, que je vous donne
serieusement un tel conseil ; car si vous l'executiez, je
vous perdrois pour toûjours ; je perdrois un frere qui
m'est très-cher ; & c'est parce qu'il m'est très-cher,
que je m'afflige tous les jours de le voir se donner en
proye à tout ce qui se presente pour le séduire.

De bonne foy, mon frere, croyez-vous la produc-
tion des ames par les batremens de cœur ? Si cela est,
Dieu n'avoit qu'à créer un petit nombre d'hommes,
pour remplir d'ames tout l'Univers. Il y a des peuples
entiers, dites-vous, qui le croyent ainsi. Et à quoi
serions-nous réduits, si nous étions obligez de nous
conformer à tant d'opinions extravagantes de je ne sçai
combien de nations, qui ne croyent que ce que de certaines gens ont voulu leur persuader, sans en être eux-
mêmes persuadez, ou qui, s'ils le pensoient ainsi,
agissoient sans raison & sans Jugement ?

Voyez où votre entêtement vous meine, puisqu'il
vous engage à croire que même les bêtes reviennent de
l'autre monde, comme si elles avoient une ame semblable à celles des hommes ! L'histoire de vôtre Aspic,
que vous avez recontée, est une preuve, que vous êtes

de

de cet avis. Et ainsi les Chats, les Chiens, les Rats, les Eléphans, les Fourmis pourront revenir pour chagriner les hommes ; ils n'auront qu'à le vouloir, aussitôt les voila partis, & arrivez. Oh ! certes, si cela étoit, j'avouë que nous ne manquerions pas de Revenans.

Quelle folle imagination ! quand vous vous appuyez encore, pour soûtenir l'existence de tous les Phantômes & de tous les Spectres, dont on vous fait des histoires ; quand vous vous appuyez, dis-je, sur ce que vous avez lû, que les ames des bienheureux logent dans les arbres, apparemment vous ne reconnoissez point d'autre paradis que les forêts. Y avez-vous bien pensé ? Je ne vous fais pas une grande remontrance à cet égard ; je vous prie seulement de rapporter vos principes de Religion, pour rentrer en raison là-dessus. Qu'il y a de fadaises qu'on rejetteroit avec indignation, si l'on ne s'écartoit point de ces principes ! Vôtre histoire de cet Amant qui avoit promis à sa Maîtresse de revenir en Couleuvre ; & qui revint en effet avec cette bizarre forme, si l'on veut vous en croire ? cette histoire, je vous l'avouë, me fait la plus grande pitié du monde. Que dis-je ? Elle me fait horreur, tant elle est contraire à ce que nôtre Religion nous apprend. Quoi ? parce qu'un étourdy aura promis à une femme qu'il aime follement, de venir après sa mort sous une figure qu'il aura imaginée, il lui sera permis en effet d'accomplir cette promesse ! Dites-moi, je vous prie, ('& ressouvenez-vous bien de cette question pour plusieurs autres histoires à peu-près semblables à celle-ci ;) dites-moi donc je vous prie, est-ce qu'après que cet homme fut sorti de ce monde, il eut la liberté d'y revenir quand & comment il voudroit ? où trouverons-nous, que Dieu s'est engagé à donner permission à ceux qui feroient ces extravagantes promesses, de les executer lorsqu'ils le jugeroient à propos pour leur satisfaction & pour celle de leurs maîtresses ? En verité, je ne puis m'empêcher de traiter d'impies, ceux qui ont une si

étrange

étrange opinion. Un godelureau dira en badinant, à
,, une femme qu'il aime éperduëment ; fi je meurs
,, avant vous, je viendrai vous trouver en poulet d'inde, par exemple (il n'eft pas plus difficile d'être meta-
morphofé en poulet d'inde qu'en couleuvre) donc auffi
tôt qu'il fera dans l'autre monde, il aura la liberté
de fe transformer en poulet d'inde, & de venir ici
faire la rouë autour de fa maîtreffe, pour continuer fes
amours ? ou s'il n'a pas cette liberté par lui-même.
Dieu fera pour lui cette metamorphofe, exprès pour
montrer aux femmes combien leurs amans font fideles
dans leurs promeffes, & les animer ainfi à compter
beaucoup fur leurs paroles ? J'appelle un tel fentiment
horreur, execration, facrilege, impieté, blafphême.
Pefez-le bien, mon frere, & vous connoîtrez combien
il eft injurieux à la fageffe du Souverain de tous les
êtres. Si vous ne perdiez point de vûë cette même divine fageffe, combien d'erreurs que vous rejetteriez avec
horreur & indignation, dont vous avez été jufqu'à prefent le joüet & la dupe !

Il eft vrai, que vous m'avez cité un grand nombre
d'hiftoires, approuvées, privilegiées, imprimées ;
mais, fauf le refpect que je veux bien reconnoître devoir à toutes ces raifons, dont vous pretendez les autorifer, je vous affure qu'entre toutes ces hiftoires, j'en
ai remarqué, qui font fi ridicules & fi contraires au bon
fens, que, quand même, pour les faire valoir, on
m'apporteroit des preuves qui me paroîtroient invin-
cibles, je ne laifferois pas d'en douter ; je croirois, ou
qu'on s'eft laiffé tromper, ou qu'on me veut tromper
moi-même. Faites bien réflexion fur cette alternative;
elle vous fera d'un bon ufage pour vous mettre en garde contre tout ce qui fe prefentera pour attirer vôtre
credulité.

Vôtre conte des lunettes tranfportées par un revenant,
dans un Jardin, eft excellent pour me faire rire mais,
n'en déplaife au livre d'où vous l'avez tiré, je n'y ajoûterai pas plus de foy, que le Chevalier qui joüe de fort
agréa-

agréables rôlles dans ce Roman. Comment me pour-
rois-je persuader, que des ames qui sont en Paradis, ou
en Enfer, ou en Purgatoire, puissent en sortir exprès, ou par leur propre puissance, ou avec la permission de Dieu, pour venir ici faire des espiegleries &
polissonneries, à la verité, très-convenables à des
Laquais, & à des Ecoliers; (*a*) mais qui ne me paroissent point du tout pouvoir être mises en pratique par
des ames, ou qui joüissent dans le ciel, de la suprê-
me felicité, ou qui étant les objets de la juste venge-
ance de Dieu, souffrent dans les prisons (*b*) où elles
sont enfermées, des tourmens inconcevables. Voila ce
qui s'appelle raisonner, mon frere, & je défie qui que
ce soit de pouvoir avec de tels raisonnemens soûtenir,
je ne sçai combien d'histoires d'apparitions mal-enten-
duës & impertinemment imaginées, dont sont rem-
plis ces livres que vous croyez infaillibles, & dont les
auteurs ne sont peut-être pas si credules que vous, à
qui ils veulent faire croire ce qu'ils débitent. Il en est
des écrits comme des conversations. Combien de gens
rapportent dans les conversations, des faits extraordinaires seulement parce qu'ils sçavent qu'ils sont très-
propres pour divertir ceux qui les écoutent! Combien
aussi d'Ecrivains qui mettent sous la presse des fables
qu'ils donnent pour des veritez; parce qu'ils sçavent
que rien ne plaît plus à une infinité de lecteurs, que
tout ce qui a un air de merveille & de prodige! Ils
cherchent bien moins à se conformer à la verité, qu'au
goût de ceux entre les mains de qui ils s'attendent de
tomber. Mais pourtant, direz vous, ce qu'ils disent
est approuvé; donc cela est veritable, Belle conclusion !

(*a*) Ces Messieurs les Esprits sont d'ordinaire fort brus-
ques, & l'on diroit qu'ils ne reviennent en ce monde, que
pour faire des tours de Laquais. Ch. D'H***
  (*b*) *Non est qui agnitus sit reversus ab inferis.* Sag.
      Facilis descensus averni,
Sed revocare gradum, superasque erumpere ad auras,
Hoc opus, hic labor est. Vigil. l. 4. Æn.

sion 1 les Fables d'Esope , l'Iliade & l'Odyssée
d'Homere , l'Eneïde de Virgile ; les Contes des
Fées , & un nombre prodigieux d'historiettes galantes & d'anecdotes nouvellement imaginées, sont imprimées : & sont imprimées avec Approbation ; donc
tout ce que ces livres disent est veritable. Je ne croi pas
que votre prévention aille à un tel excez, qu'elle admette cette consequence, pour être si vraye qu'il n'y
ait rien a y répondre.

Monsieur Ousle se leva alors, comme s'il étoit sorti
d'une extase ; & en s'écriant, comme s'il eût été fort
penetré de ce qu'il venoit d'entendre , il dit ; Ah ! mon
,, frere, vous m'avez charmé par tout ce que vous ve-
,, nez de me dire (continuez, je vous prie, & comp-
,, tez, que nous serons contens l'un de l'autre. Ensuite il s'enfonça dans un fauteüil , tourna la tête d'un
autre côté & ferma les yeux, comme s'il eût voulu éviter tout objet de distraction, afin d'écouter avec plus
d'attention ce qu'on lui alloit dire. Noncrede se persuadant qu'il étoit ébranlé, & très-disposé à lui donner une audience favorable, continua de parler ; comme on le va voir dans le quinziéme Chapitre.

CHAPITRE XV.

Suite du Discours de Noncrede sur les apparitions

PEndant que Monsieur Ousle paroissoit le plus attentif du monde, pour entendre tout ce qu'on voudroit
lui dire, Noncrede pour profiter de cette prétenduë favorable occasion , employa tout ce qu'il s'imagina
être le plus propre pour remettre son esprit de tant
de fadaises qui l'obsedoient, & continua de la sorte.

Je suis ravi, mon cher frere, de vous voir enfin commencer à reconnoître vos erreurs, assez complaisant
pour

pour vouloir du moins écouter ceux qui tâchent de vous
en retirer, & montrer assez de confiance en moi, pour
croire que je vous parle de bonne foy, & que j'en sçai
assez, pour vous faire distinguer le vrai d'avec le faux.

J'ai souvent examiné comment il se peut faire que
l'ame d'un homme qui est mort, vienne apparoître ici
aux vivans. J'avoüe de bonne foy, que je n'ai pû encore le comprendre ; & vous me feriez un grand plaisir de m'apprendre si vous l'avez mieux compris que
moi. Voila comment je raisonnois. Quand une ame
vient se montrer, comme on dit qu'il s'en montre si
souvent, comment se montre-t elle ? Qu'est ce qui produit cette figure qu'elle se donne ? car il faut absolument qu'il y ait quelque cause qui produiie cette merveilleuse operation. Il est constant, selon les histoires
qu'on fait, que ces ames qui reviennent, frappent les
yeux par leur representation ; les oreilles par les bruits
qu'elles font, par les paroles qu'elles prononcent. Dire
que c'est l'ame qui se fait entendre & qui est visible par
elle-même, c'est une erreur, puisqu'étant un pur esprit,
elle ne peut point tomber sous les sens. Il faut donc
que ce soit le corps mort qu'elle a animé autrefois, qui
apparoisse. Mais cela n'est point vrai ; car, outre que
ce qui apparoît, n'est point aussi materiel que ce corps,
c'est que ce même corps reste dans le tombeau, & qu'il
y a même peut-être plusieurs années qu'il est réduit en
pourriture. Si l'on dit que cette ame forme avec de l'air,
l'apparence de ce corps, d'où vient que lors qu'elle
étoit unie avec lui, elle n'avoit pas la même puissance,
que depuis qu'elle en est separée ? car, quelques efforts que nous fassions ici, nos ames ne produiront jamais des corps Aëriens ; du moins je ne croi pas pour
moi pouvoir jamais en venir à bout, & je doute fort que
vos historiens ayent plus de puissance que moi à cet
égard. Tout cela m'a toûjours embarassé, quand on
m'a parlé de Phantômes, de Spectres & de Revenans.
Peut-être est-ce la faute de mon ignorance ; mais je n'en
suis pas coupable ; ce n'est point une ignorance crasse,

puis-

puisque je ne refuse point du tout d'être parfaitement instruit pour m'en retirer. Et ainsi, en attendant cette instruction, je crois pouvoir en sûreté de conscience ne pas donner aveuglement ma credulité à tout ce qu'on me dit là-dessus.

J'ai aussi de la peine à croire fermement, qu'il y a des ames qui vont continuellement çà & là; cela, par punition, à ce qu'on dit, de ce qu'elles n'ont pas payé quelques dettes, ou de ce qu'elles n'ont pas accompli quelques promesses, ou de ce qu'elles ont causé quelque dommage pendant qu'elles animoint les corps qu'elles ont quittez. Car, dis-je, quelquefois en moi-même, à quoi peuvent aboutir ces démarches vagaboudes? ces dettes en sont-elles mieux payées? ces promesses en sont-elles mieux accomplies? ces torts en sont-ils mieux reparez, pendant qu'elles errent de tous côtez, commme des forcenées, qui ne sçavent où aller? De plus, d'où viennent-elles? est-ce du Paradis? certes, on s'y trouve si bien, qu'on n'est pas d'humeur à en sortir, pour venir ici se tourmenter & inquieter les autres. Est-ce de l'Enfer? quelques sorties qu'on en fasse, si tant est qu'on ait la liberté d'en faire; toutes ces sorties ne peuvent selon nos principes, apporter aucun soulagement. Est-ce du Purgatoire? qu'on me montre donc qu'il y a des revelations absolument incontestables, qui apprennent que Dieu a promis de donner, & qu'il a donné en effet cette liberté. Je fais encore cette réflexion; mais pourquoi ces ames ne seroient-elles ainsi errantes, que parce qu'elles ont fait quelque tort à leurs semblables, pendant qu'elles ont commis tant d'autres crimes qui attaquoient directement leur Dieu, comme l'orgueil, la présomption, le blasphême, les murmures contre sa providence, &c. Voila, comme vous voyez, des raisonnemens, dont on pourroit tirer de grandes consequences, si l'on vouloit prendre tout le temps necessaire, pour leur donner une juste étenduë.

Je ne puis encore me résoudre à recevoir pour veritable ce que disent certaines gens, quand ils prétendent

que

que quelquefois les Diables viennent inquieter les hommes par des apparitions ; car il me paroît que cette conduite , est très-contraire à leur malignité , puisqu'en donnant ces frayeurs , ils ne peuvent s'attendre à autre chose , qu'à exciter ceux qu'ils effrayent , à se repentir de leurs fautes passées , & à prendre la résolution de n'en plus commettre de semblables. Il me semble que les Diables ne sont pas d'humeur à avoir de si charitables intentions. Cependant il est constant, qu'il n'y a point d'athée , point de libertin , quelque déterminé qu'il soit, qui ne se trouvât disposé à changer d'opinion & de vie, s'il étoit le spectateur d'une apparition, dont il n'eût point sujet de douter.

Une autre chose me donne encore de l'embarras ; c'est, supposé qu'il y ait des apparitions , de sçavoir connoître s'il n'y a point de tromperie dans ce qui apparoît ; c'est-à-dire, bien distinguer les bons esprits d'avec les mauvais ; discerner si ces apparitions ne viennent point de l'adresse, de l'artifice & de la tromperie des hommes. (*a*) Et ainsi toûjours matiere de douter ; & par conséquent toûjours sujet de n'avoir pas une

credu-

(*a*) On peut apprendre de saint Athanase quels ont été les sentimens de son Siecle touchant les ames séparées des corps par la mort. C'est dans la 32e. de ses questions, si les ames , après leur separation, ont connoissance de ce qui se passe parmi les hommes, ainsi que les SS. Anges ont? Sur quoi il répond qu'oüi. Au moins en ce qui regarde les ames des Saints ; mais non pas en ce qui regarde celles des pecheurs ; car les tourmens continuels qu'elles endurent, les tiennent assez occupées, pour ne leur laisser pas le loisir de penser à autre chose. Sa question trente troisiéme est, quelle est l'occupation des ames qui ont délogé du corps? Réponse, l'ame séparée du corps est incapable d'operer rien de bon ou de mauvais. Néanmoins il dit un peu après, que les ames des Saints , animées par le saint Esprit , loüent Dieu & le benissent dans la terre des vivans. Il affirme dans la trente cinquiéme question, qu'après la mort, les ames ne reviennent jamais apporter des nouvelles de l'état des Trépassez. Ce qui pourroit donner lieu à beaucoup de tromperies ; parce que les malins esprits pourroient feindre

credulité trop facile. Vous voyez que je tranche fort court sur tout cecy, & que pour peu que je vouluffe m'étendre, j'aurois un beau champ pour dire bien des chofes qui vous aideroient à vous tirer de votre erreur. J'efperé, que par de ferieufes reflexions que vous ferez vous-même, vous fuppléerez à ma brie-veté. J'abrege chaque article; afin de vous donner plus de matiere pour faire de bons & de judicieux rai-fonnemens. Par exemple, en voici un fujet.

Combien d'hiftoires de prétendus Revenans, qui n'ont point d'autre réalité, que l'adreffe d'un homme qui s'en fert pour joüir plus tranquillement de fes amours? ou d'un valet pour boire plus facilement le vin de la cave de fon maître? (*b*) d'un fermier qui fe fera mis dans l'efprit de prendre toutes les mefures poffibles, pour être lui feul en poffeffion d'habiter une maifon qui lui convient, parce qu'il y fait bien fes affaires? (*c*) & qu'il fe trouve au contraire peu de gens affez adroits,

pour

qu'ils feroient les ames des morts, qui reviendroient dé-couvrir quelque chofe aux vivans.

(*b*) Encore que j'ai dit qu'és fepulcres & gibets (c'eft ainfi que parle le Loyer p. 173.) les mauvais garnemens font leurs fabbats & leur lutinerie, fi eft ce que leur auda-ce paffe bien plus outre, jufques és maifons pour buffeter le bon vin & pour joüir de leurs amours. Ils ne craindront pas de contrefaire les Efprits; auffi le vieux proverbe françois eft venu de-là, qui dit que,

Où font fillettes & bon vin,
C'eft là où hante le Lutin.

(*c*) Ardivilliers eft une Terre affez belle en Picardie, une des plus confiderables Provinces de France, aux environs de Breteüil. Il y revenoit un Efprit, & ce maître Lutin y fai-foit un bruit effroyable. Toute la nuit, c'étoit des flam-mes qui faifoient paroître le Château tout en feu. C'étoit des hurlemens épouventables, & cela n'arrivoit qu'en cer-tain temps de l'année vers la Touffaint. Perfonne n'ofoit y démeurer, que le fermier avec qui cet Efprit étoit apprivoifé. Si quelque malheureux paffant y couchoit une nuit, il étoit étrillé d'importance. Les marques en demeuroient fur fa peau plus de fix mois après. Voila pour le Château. Les

Paifans

pour découvrir ces tromperies , ou assez hardis pour
l'entreprendre , quand il paroît y avoir quelque danger.
Une autre raison m'engage encore à me défier des apparitions ; c'est que souvent , ou par un défaut de vûë,
ou par une certaine situation d'objets , on croit voir ce
qui n'est pas. Ne nous arrive-t-il pas quelquefois ,
qu'en donnant un certain mouvement à nôtre œil, les
objets

Païsans d'alentour voyoient bien davantage ; car tantôt quelqu'un avoit vû de loin une douzaine d'autres esprits en l'air
sur ce Château. Ils étoient tous de feu , & ils dansoient
un branle à la païsanne. Une autre avoit trouvé dans une
prairie je ne sçai combien de Présidens & de Conseillers en
robe rouge, mais sans doute qu'ils étoient encore tous de
feu. Là ils étoient assis & jugeoient à mort un Gentil'homme du païs , qui avoit eû la tête tranchée il y avoit bien
cent ans. Un autre avoit rencontré la nuit un Gentil'homme, parent du Président. Il se promenoit avec la femme
d'un autre Gentil-homme des environs ; on nommoit la
Dame. Vous remarquerez , s'il vous plaît , que ce parent ,
& cette Dame sont encore vivans. On ajoûtoit qu'elle s'é-
toit laissée cageoler, & qu'ensuite elle & son galant avoient
disparu. Ainsi plusieurs autres avoient vû , ou tout au
moins , oüi dire des merveilles du Château d'Ardivilliers.
Cette farce dura plus de quatre ou cinq ans , & fit grand
tort au Président qui étoit contraint de laisser sa Terre à son
fermier à très-vil prix. Mais enfin, il résolut de faire ces-
ser la lutinerie, persuadé par beaucoup de circonstances ,
qu'il y avoit de l'artifice de quelqu'un en tout cela. Il va
à sa Terre vers la Toussaint, couche dans son Château, fait
demeurer dans sa Chambre deux Gentils-hommes de ses
amis, bien résolus au premier bruit, ou à la premiere apparition, de tirer sur les esprits avec de bons pistolets. Les
Esprits qui sçavent tout, sçûrent apparemment tous ces pre-
paratifs ; pas un d'eux ne parut. Ils redouterent celui du
Président qu'ils reconnurent avoir plus de force & de subtilité qu'eux. Ils se contenterent de traîner des chaînes dans
une chambre au dessus de la sienne, au bruit desquelles la
femme & les enfans du Fermier vinrent au secours de leur
Seigneur. Ils se jettent à genoux pour l'empêcher de monter dans cet Chambre. ,, Hé ! Monseigneur, lui crioient-
,, ils , qu'est-ce que la force humaine contre des gens de
,, l'autre monde ? Monsieur de Fecaucour, avant vous, a
,, voulu tenter la même entreprise , il en est revenu avec

F 2   ,, un

objets nous paroiffent autres qu'ils ne nous fembloient,
lorfqu'il étoit fans ce mouvement? Il y en a même qui
prétendent, que de certaines reprefentations qui fe voyent dans l'air & dans les nuées, ne font que des re-
verbe-

„ un bras tout difloqué. Monfieur de Vurfelles penfoit
„ auffi faire le brave; il s'eft trouvé accablé fous des bottes
„ de foin; & le lendemain il en fut bien malade. Enfin ils
alleguerent tant de pareils exemples au Préfident, que fes
amis ne voulurent pas qu'il s'expofât à ce que l'Efprit pourroit faire pour fa défenfe; ils en prirent feuls la commiffion.
Ils monterent tous deux à cette grande & vafte chambre,
où fe faifoit le bruit; le piftolet dans une main, & la
chandelle dans l'autre. Ils ne voyent d'abord qu'une épaiffe
fumée que quelques flammes redoubloient, en s'élevant par
intervalles. Ils attendent un moment qu'elle s'éclairciffe.
L'Efprit s'entrevoit confufément au milieu. C'eft un Pan-
talon tout noir, qui fait des gambades, & qu'un autre
mélange de flammes & de fumée dérobe encore une fois
à leur vûe; il a des cornes & une longue queuë; enfin
c'eft un objet qui donne l'épouvente. L'un des deux Gentils-hommes fent un peu diminuer fon audace à cet afpect.
Il y a là quelque chofe de furnaturel, dit-il à l'autre,
retirons-nous. Mais cet autre plus hardi, ne recule pas.
„ Non, non, répondit-il, cette fumée put la poudre à
„ canon, & ce n'eft rien d'extraordinaire. L'Efprit même
„ ne fçait fon metier qu'à demi, de n'avoir pas encore
„ foufflé nos chandelles. Il avance à ces mots, pourfuit le
fpectre, le choifit pour lui lâcher un coup de piftolet, le
tire, & ne le manque pas; mais il eft tout étonné, qu'au
lieu de tomber, ce Phantôme fe retourne, & fe fixe devant
lui. C'eft alors qu'il commence lui même à avoir un peu
de frayeur. Il fe raffure toutefois, perfuadé que ce ne pouvoit être un Efprit; & voyant que le fpectre n'ofoit l'attendre, & évitoit de fe laiffer faifir, il fe réfout de l'attraper,
pour voir s'il fera palpable, ou s'il fondra entre fes mains.
L'efprit étant trop preffé, fort de la chambre, & defcend
par un petit efcalier qui étoit dans une Tour. Le Gentil-
homme defcend après lui, ne le perd point de vûe, traverfe
cours & jardins, & fait autant de tours, qu'en fait le Spectre; tant qu'enfin ce Phantôme étant parvenu à une Grange
qu'il trouva ouverte, fe jetta dedans, & s'y voyant enfermé, aima mieux difparoître, que de fe laiffer prendre. Il
fondit contre le mur même, où le Gentil-homme penfoit
l'arrêter, & le laiffa fort confus. L'ayant ainfi vû fondre,

il

verberations des chofes qui font fur la terre (*d*) Enfin tout le monde convient que nos fens font fouvent
trompeurs ; & ainfi, il eft de notre prudence de nous
en défier. Je n'ai garde de m'imaginer, comme quelques

il appella du monde, fe fit apporter dequoi enfoncer le
paly, où le Spectre fembloit s'être évanoüi ; il découvrit
que c'étoit une trape qu'on fermoit d'un verroüil, après
qu'on y étoit paffé. Il defcendit dedans, trouva le Penta-
lon & de bons matelas qui l'empêchoient de fe bleffer, &
le recevoient doucement, quand il s'y jettoit la tête la premiere. Il l'en fit fortir. Le caractere, qui rendoit l'efprit
à l'épreuve du piftolet, étoit une peau de buffle ajuftée à
tout fon corps. Le galant avoüa toutes fes foupplesses, & en
fut quitte pour payer à fon maitre les redevances de cinq
années, fur le pied de ce que la Terre étoit affermée avant
les apparitions. La fauffe Clelie. p. 253. &c.

(*d*) Ariftote dit, que ceux qui regardent obliquement &
fans s'arrêter les rayons du Soleil, croyent voir premierement les chofes qui fe prefentent à eux, claires, & puis
rouges, & après violettes, & enfuite noires & obfcures.
Le Loyer. p. 88.

Pomponace écrit, que ceux qui ont la vûë bien fubtile &
vive, voyent dans le Soleil & dans la Lune les images des
chofes inferieures.

Cardan dit l. 2. *contrad. medic.* qu'en la ville de Milan,
on crut voir aux nuées, un Ange, & que comme tout le
monde paroiffoit fort étonné, un Jurifconfulte fit remarquer, que ce fpectre n'étoit que la reprefentation qui fe faifoit dans les nuées, d'un Ange, qui étoit fur le haut du
Clocher de S. Gothard.

Quelques-uns ont crû, que toutes les figures que nous
voyons aux nuées, ne font rien autre chofe, que l'image
d'ici bas ; c'eft pourquoi ils affurent, que ces armées qu'on a
fouvent vûës en l'air, étoient les rayons des armées qui
étoient en quelque endroit de la terre. Gaffarel. p. 920.

Si Ariftote ne nous eût appris, que l'image qui fuivoit en
l'air infeparablement un certain homme qui ne s'en pouvoit
dépêtrer, étoit naturelle, n'eût-on pas dit que c'étoit un
efprit de ceux qu'on appelle familiers, ou quelque Demon
qui avoit pris la forme de cet homme ? & toutefois c'étoit
le feul effet de fa vûë foible, laquelle ne pouvant penetrer
le milieu de l'air, fes rayons faifoient une reverberation
comme dans un miroir, dans lequel il fe voyoit tant qu'il
avoit les yeux ouverts. Id. 377. Delrio. p. 274.

ques Philofophes, que l'air produit par lui-même (e)
ces voix étonnantes qui paroiffent être prononcées par
des Phantômes; mais je ferois affez difpofé à croire,
que ce qu'on appelle Spectre, eft fouvent produit par
des apparitions fort naturelles, fans que les ames,
les efprits y ayent aucune part; ce qui me donne cette
difpofition, c'eft l'experience qu'on a faite de certaines
chofes materielles, reduites en cendres, qui ont repris
leur premiere figure, quand ces cendres ont été mifes
en mouvement par une chaleur proportionée à l'épreuve
que l'on vouloit faire: plufieurs curieux affurent, qu'ils
en ont été témoins, & qu'ils ont fait cette épreuve par
eux-mêmes. (ƒ) Si cela eft ainfi, il n'eft pas neceffaire

(e) Les Epicuriens difent, que c'eft le propre de l'air,
que les voix; qu'elles s'engendrent de lui, comme de la
mer, le flux & le reflux, &c. Le Loyer p. 19.

(ƒ) Monfieur Duchêne, Sieur de la Violette, habile
Chirurgien, rapporte (*Hermeti Medicin. cap.* 23.) avoir vû
un très-habile Polonois, Medecin de Cracovie, qui confer-
voit dans des phioles, la cendre de prefque toutes les plantes, dont on peut avoir connoiffance: de forte que lorfque
quelqu'un, par curiofité, vouloit voir, par exemple, une
rofe dans ces phioles, il prenoit celle dans laquelle la cendre du rofier étoit gardée, & la mettant fur une chandelle
allumée, après qu'elle avoit un peu fenti la chaleur, on
commençoit à voir remuer la cendre; puis étant montée &
difperfée dans la phiole, on remarquoit comme une petite
nué obfcure, qui fe divifant en plufieurs parties, venoit enfin à reprefenter une rofe fi belle, fi fraiche & fi parfaite,
qu'on l'eût jugée être palpable & odorante, comme celle
qui vient du rofier.

Secret, dont on comprend, que, quoique le corps meure,
Les formes font pourtant aux cendres leur demeure.

D'icy on peut tirer cette confequence, que les ombres
des trepaffez qu'on voit fouvent paroitre aux Cimetieres,
font naturelles, étant la forme des corps enterrez en ces
lieux, ou leur figure exterieure, non pas l'ame, ni phantômes bâtis par les Demons, comme plufieurs ont crû . . . .
ces ombres ou figures des corps étant excitées & élevées,
partie par une chaleur interne, ou du corps, ou de la terre

faire de faire venir les ames de l'autre monde , pour produire des apparitions , puifque les Spectres peuvent fe
former auffi naturellement , que les exalaifons , d'où
nous viennent tant de metéores que nous n'admirons
point , parce qu'ils n'ont rien de furnaturel.

Je puis encore vous affurer , mon frere , qu'il y a
une infinité d'apparitions , qui ne font que les effets d'une
imagination gâtée , ou par les maladies , ou par une
confcience criminelle , & inquiete , ou par des frayeurs ,
ou par une melancholie noire , ou par quelque excez
de vin & d'autres débauches , ou par quelque dérangement de la cervelle ; vous devez en avoir lû plufieurs
exemples. (g) Il y a plus de gens que vous ne croyez ,

qui

re , ou bien par quelque chaleur externe , comme celle du Soleil , ou de la foule de ceux qui font encore en vie (comme
après une bataille) ou par le bruit & chaleur du canon qui
échauffe l'air. Gaffarel. p. 10. 12.

On prétend , qu'après avoir mis un moineau en cendres ,
& en avoir tiré le fel , &c. il s'eft mis en mouvement , &
s'eft arrangé de telle forte , qu'il a reprefenté le moineau.
Meffieurs de l'Academie Royale d'Angleterre , efperent parvenir à faire cette experience fur les hommes. Differt. fur l'a-
vanture arrivée à faint Maur. p. 51.

(g) Ariftote parle d'un fou qui deméuroit tout le jour
au Theatre où fe faifoient les jeux , quoiqu'il n'y eût perfonne ; & là tappoit des mains & rioit , comme fi l'on
y avoit joué une très-réjoüiffante Comedie. Le Loyer p. 98.

Phifander , Rhodien , voyant fon ombre , penfoit que
c'étoit fon ame feparée de lui. De Lancre. p. 283.

Suetone dit (*in Othone c.* 7.) que Galba , après fa mort ,
pourfuivoit Othon fon meurtrier , & le tirailloit hors du lit ,
l'épouvantoit , & lui faifoit mille maux. C'etoit apparemment fa confcience qui le tourmentoit.

On lit ce conte dans Bebelius *l.* 3. *facetiarum.* Il y avoit
à Bâle un Chaudronnier qui pour fes malefices , fut con-
damné à être pendu. Ce qui fut executé , & enfuite on le
mit au gibet patibulaire , qui n'étoit pas éloigné de la ville.
Quelques jours après cette execution , un certain homme
qui ne fçavoit rien de tout ceci , s'étoit hâté de nuit d'aller
au marché dans la ville , & fe doutant bien , que les portes n'ouvriroient de long-temps , fe repofa fous un arbre ,
près ce gibet. Quelque temps après d'autres hommes , paf-

F 4
funt

qui ont ces défauts; c'est pourquoi les sages, ceux qui ne sont pas d'humeur à se laisser conduire par l'imagination, sont persuadez qu'il y a bien des apparitions qu'ils ne sont pas obligez de croire.

Il est encore constant que l'éducation contribuë beaucoup à faire qu'on s'imagine des Spectres & des Phantômes; les nourrices, les grand-meres, les mies, en parlent

sant leur chemin qui alloient aussi au marché, & étant auprès du gibet, où étoit le pendu, lui demanderent par gausserie, s'il vouloit venir avec eux au marché; l'homme qui étoit sous l'arbre, croyant qu'on parloit à lui, & étant bien aise de trouver compagnie, dit à ces passans; attendez-moi, je m'en vais avec vous. Eux croyant que c'étoit ce pendu qui leur parloit, furent si épouventez, qu'ils prirent la fuite de toute leur force.

L'épouvente & la frayeur privent un homme de son jugement, lui troublent la cervelle, lui remplissent l'imagination de toutes sortes d'idées, en telle sorte, qu'il pense voir & ouïr ce qui n'est pas. Le Monde Ench. 4. 13.

Ceux qui ont trop bû de vin, s'imaginent voir les Montagnes marcher, les arbres choquer l'un contre l'autre, le ciel tourner, & qu'il y a, comme dit Juvenal, deux chandelles allumées sur la table, quoiqu'il n'y en ait qu'une. *Et geminis exurgit mensa Lucernis.*

Dans la ville d'Agrigente en Sicile, on voyoit une maison qu'on nommoit *Galere*, selon Timée & Athenée *l. 2. Deipn.* à cause que de jeunes gens qui étoient yvres, étant dans cette maison, & s'imaginant être dans une galere agitée de la tempête, jetterent les meubles par les fenêtres, pour la soulager.

Le Baron d'Herbestein, Ambassadeur de l'Empereur Charles V. vers Basile, Grand Duc de Moscovie, raconte qu'en la riviere qui passe à Novigrod, on entend par fois une voix qui excite des fureurs épouventables dans l'esprit des habitans. Le Loyer. p. 332.

Du temps de Lysimaque, successeur d'Alexandre, tous les Abderitains, tant hommes que femmes & petits enfans tomberent dans une telle frenesie, qu'ils ne faisoient que chanter des vers Tragiques d'Euripide; & cela, à cause de la representation d'Andromede, qui fut parfaitement executée par un fameux Comedien, appellé Archelaüs, pendant les plus ardentes chaleurs de l'Eté. Id. 93.

Thierry, Roy des Goths, s'imagina voir dans la tête d'un

parlent fi fouvent aux enfans, (b) pour les effrayer, afin de les faire taire quand ils crient, ou pour les faire rentrer dans leur devoir, quand ils s'en écartent, que ces premieres impreffions leur donnent toute la difpofition poffible, pour en recevoir de pareilles, pour peu qu'il s'en prefente dans le cours de leur vie. Et quand on connoît qu'un homme eft fort credule à cet égard, il ne manque pas de fe trouver dans fon chemin des gens qui tâchent de profiter de cette credulité, s'ils ont fujet d'efperer d'en tirer quelque profit. Quand même

d'un poiffon, la face horrible de Symmaque, Romain qu'il avoit tué, fronçant les fourcils, mordans fes levres de colere, & le regardant de travers Id. p. 116.

On lit dans Paul Jove en fes Epîtres Italiennes à Jerôme Angleria, que Pic de la Mirande croyoit que des Sorciers étoient entrés dans fa chambre par la ferrure de la porte, pour fuccer fous les doigts, le fang de fa fille dont elle étoit malade.

On lit en Roderique Sance, *hiftor. Hifpan. part.* 4. que Bierre de Caftille, Tyran cruel, s'imaginoit que la ceinture que Blanche fon époufe lui avoit donnée, étoit changée en Serpent.

Thrafylas s'imaginoit, que les Navires qui abordoient au port de Pyrée, à Athenes lui appartenoient. On le guerit de fa folie, dont il fut fort fâché. Le Loyer. 116.

Galien rapporte *de Symptomatum differentiis*, l'hiftoire de Theophîle, Medecin fon contemporain, qui pendant une fievre & une maladie, quoiqu'il connût tout le monde, étoit dans un tel delire, qu'il croyoit fermement, que des joüeurs de flutes & cornets à bouquin, occupoient un endroit de fa chambre auprès de fon lit, & qu'ils fonnoient continuellement à fes oreilles, les uns affis, les autres debout. Il crioit fans ceffe, qu'on les chaffât.

(h) Acco & Alphito, femmes monftrueufes, par le moyen defquelles les nourrices empêchoient leurs petits enfans de crier, ou de fortir. Le Loyer. 31.

Les nourrices pour faire peur à leurs enfans, leur parlent d'Acco, Alphito & Mormo. Je croi que ces noms viennent de quelques perfonnages de Tragedies ou Comedies, qui étoient horribles à voir. Delrio 290.

Mormo ou Babouë (dont eft tiré marmot) étoit un épouvantail d'enfans, dont Theocrite fait mention.

E y (i) Les

même il n'y auroit pas quelque avantage qui flattât l'interêt, il y en a qui se font un divertissement d'effrayer
par des Spectres supposez. J'en sçai plusieurs exemples
de nôtre temps ; & même on trouve dans l'antiquité,
que quelques jeunes gens entreprirent de donner de la
frayeur à un fameux Philosophe par une fausse apparition ; mais ils n'eurent pas le plaisir qu'ils se promettoient de leur artifice ; car il méprisa si fort cette mom-
merie, qu'il ne daigna pas se détourner de sa lecture,
dans le temps qu'on faisoit des efforts pour le troubler (i) Il n'y auroit pas tant d'histoires de Spectres,
si l'on imitoit sa conduite. Mais comment ne se trou-
bleroit-on pas des choses surprenantes qu'on ne comprend point, puisque l'on est même effrayé par de
certains Spectres, quoiqu'on sçache, qu'ils ne sont effroyables qu'en apparence & que la réalité n'y est point ?
Dion nous en donne une bonne preuve dans le recit
qu'il fait d'un festin qu'on peut appeller épouventable,
que Domitien donna (k) aux Senateurs & Chevaliers

(i) Les jeunes gens d'Abdere, sçachant que Democrite
s'étoit renfermé dans un Sepulchre, éloigné de la ville,
pour vaquer à la Philosophie, s'habillerent en Esprits & Demons avec des robes noires & des masques hideux, ressem-
blans à des morts, l'environnerent, & danserent en rond
autour de lui. La constance de ce Philosophe fût telle,
dit Lucien, qu'il ne détourna point les yeux de son Livre.

(k) Dion raconte cette histoire dans la vie de l'Empereur Domitien. Après la victoire des Valaches, qui sont
les Gethes anciens, Domitien, entre les témoignages de joye
pour sa victoire, fit des festins à toutes sortes de gens, tant
nobles que roturiers, & sur tout aux Senateurs & Chevaliers
Romains, qu'il regala en cette maniere. Il fit dresser tout
exprès une maison, peinte de noir dehors & dedans. Le pavé
en étoit noir, le toict, la muraille, le plancher, les lam-
bris. Dans la Salle du festin il y avoit plusieurs sieges vui-
des. Il les fit tous venir sans leur permettre d'être suivis
d'aucun de leurs domestiques. Etant entrez, il les fait as-
seoir, & mettre auprès de chacun d'eux une petite colonne
quarrée & relevée en forme de tombeau, sur laquelle étoit
leur nom écrit. Au dessus de la colonne il y avoit une
lampe

liers Romains. Je ne vous en ferai pas l'hiſtoire,
puiſque vous pouvez l'apprendre par vous-même, en
liſant cet Hiſtorien, ſi vous êtes curieux de la ſçavoir.

Noncrede garda alors quelque temps le ſilence,
pour attendre quelque réponſe de Monſieur Ouſle.
Mais il ſe trompoit fort dans cette attente; car le prétendu attentif auditeur dormit pendant tout le temps
que ſon frere parla. Il s'éveilla enfin en ſurſaut; & ſur
ce que Noncrede lui reprochoit ſon ſommeil, le bon-
„homme lui dit tranquillement; vous n'avez pas ſujet
„de vous plaindre, Monſieur mon frere, puiſque je
„vous ai tenu fidelement parole. Je vous ai promis,
„que nous ſerions contens l'un de l'autre; vous le de-
„vez être de moi, puiſque je ne vous ai pas inter-
„rompu un moment; je le ſuis de vous, puiſque
„vous m'avez ſi profondément & ſi agréablement en-
„dormi par vôtre beau diſcours, que je dormirois
„encore, ſi vous aviez continué de parler. Le pauvre
Noncrede fut d'autant plus mortifié de cette plaiſan-
terie, que, bien loin de s'y être attendu, il ne doutoit
pas au contraire, que tout ce qu'il venoit de dire n'eût
produit ſur l'eſprit de ſon frere, un effet tel qu'il le de-

F 6

man-

lampe penduë, comme aux Sepulchres. Après venoient
de jeunes pages tout nuds, noircis & barboüillez d'encre,
reſſemblans aux Manes & Idoles, faiſant pluſieurs ſauts autour des Senateurs & Chevaliers; ce qui leur donnoit de
grandes frayeurs. Après avoir ſauté, ils demeuroient aſſis à
leurs pieds, pendant qu'on faiſoit toutes choſes requiſes aux
obſeques des morts. Cela fait, on apportoit dans des plats
noirs, des mets & entre mets noirs, qu'on préſentoit devant les conviez. Tous croyoient qu'on leur alloit couper la
gorge. Il y avoit cependant un profond ſilence, & Domitien pour les entretenir, ne leur parloit que de meurtres,
de carnages & de morts. Le feſtin fini, il les faiſoit conduire chez eux par des gens inconnus; & à peine étoient-
ils arrivez qu'on les redemandoit de la part de l'Empereur.
(nouvelle frayeur) mais c'étoit pour leur donner une colonne d'argent, ou quelque vaiſſelle du buffet qu'on avoit
ſervi devant eux, & à chacun, un de ces Pages qui avoit fait
le Diable; mais bien lavé & bien habillé.

mandoit. Il sortit sur le champ ; parce qu'il étoit si
outré de chagrin & de colere, qu'il jugea à propos de
ne pas rester plus long temps, de peur que l'émotion
où il étoit, n'excitât en lui quelque emportement dont
il n'auroit peut-être pas pû être le maître.

CHAPITRE XVI.

Où l'on parle des esprits foibles, ignorans, trop credules, esclaves de la prévention, & où l'on montre combien il est facile de les tromper.

Avant que de passer outre, & de continuer de raporter ce qui arriva dans la suite à M. Oufle, à
propos des Spectres, des Phantômes, Revenans, &
de tout ce qui avoit quelque air d'apparition, je vais
employer ce Chapitre à traiter, mais succinctement,
de ceux qui, comme lui, ont l'esprit foible, ou ignorant, ou esclave de la prévention, ou d'une trop facile
credulité ; & à faire voir en même-temps avec quelle
facilité ils succombent aux pieges qu'on leur tend,
quand on a dessein de les séduire ; peut-être que ceux
des Lecteurs, qui trouveront en ceci leur portrait,
feront plus d'attention sur eux-mêmes, & se mettront
plus en garde contre les artifices, qu'on mettra en
usage pour les surprendre.

Un esprit foible est d'ordinaire craintif, peureux ;
pour peu qu'on employe de violence, il succombe ;
pour peu que l'on entreprenne sur lui, on le fait venir
où l'on veut. Il ne sçait point resister, parce qu'il faut
necessairement de la force, pour mettre en usage la
resistance. C'est pour cela que ses premieres impressions sont si tenaces, & le domptent de telle sorte,
que, comme il n'a pas assez de vigueur pour les effacer,

eer , afin d'en recevoir de fecondes , il ne peut rien croire , que ce qu'il a cru d'abord. Quand il eft une fois vaincu , il ne fe releve point il eft vaincu pour toûjours. Auffi avons-nous vû, & verrons-nous encore mieux dans la fuite , que Monfieur Oufle ayant ajoûté foi dans fes premieres lectures , à tout ce qu'il avoit lû de ce que difent les livres , pour autorifer les fuperftitions , il étoit impoffible de lui faire changer de fentiment ; il n'avoit pas même le courage d'écouter ceux qui entreprenoient de lui en infpirer un autre. Nous voyons tous les jours des exemples d'une conduite conforme à la fienne ; auffi fommes nous continuellement rebatus & affiegez de je ne fçai combien d'hiftoires fauffes , d'opinions ridicules , d'erreurs populaires , répanduës par le monde ; parce que ces hiftoires , ces opinions , ces erreurs fe font d'abord emparées d'un grand nombre d'efprits foibles , qui , par une efpece de contagion , les ont communiquées à d'autres ; de forte que tirant la force & l'étenduë de leur établiffement , de la foibleffe & du grand nombre de ceux qui les reçoivent , à peine la verité trouve-t-elle quelque place , pour fe faire connoître. Car rien n'eft plus rare , qu'un efprit veritablement fort , qu'un efprit affez ferme , pour ne fe pas laiffer emporter par la multitude : pour être inébranlable contre les égards , contre les refpects humains , contre la hardieffe & la petulance de ceux qui avancent des menfonges ; & cela , parce qu'il faut , afin d'avoir cette fermeté , poffeder affez de lumieres , pour fçavoir parfaitement diftinguer ce qui eft faux d'avec ce qui eft veritable ; & affez de conftance , pour foutenir fans plier , le vrai contre le faux. C'eft ce qu'on ne trouve point dans un efprit foible ; & c'eft la caufe pour laquelle , on ne doit point compter fur ce qu'il penfe , fur ce qu'il juge , fur ce qu'il décide. Tâchons toûjours , quand nous avons commerce avec quelqu'un , de connoître le caractere de fon efprit ; & fi nous y reconnoiffons cette foibleffe , dont je parle , ne nous rendons à ce

qu'il

qu'il dit, qu'autant que l'évidence nous prouve, que nous avons sujet de nous y rendre. C'est une précaution des plus judicieuses, pour ne nous point mettre en danger d'exposer les interêts de la verité ; danger, auquel nous nous exposerions, si nous ajoûtions facilement foy à ce que les esprits foibles nous disent. Pour bien connoître le vrai, il faut plus de connoissances, qu'ils n'en ont acquis, & plus d'attention, qu'ils ne sont capables d'en donner.

Les esprits ignorans ont encore une grande disposition, pour recevoir les erreurs & les communiquer aux autres. On n'a pour cela, comme aux esprits foibles, qu'à prendre les devans ; à parler ferme ; on n'a qu'à leur dire de grands mots qu'ils n'entendent point ; à leur donner matiere d'admiration ; à leur parler d'abord beaucoup & long-temps. Ils sont alors si étourdis de ce qu'on leur dit, & si peu capables de penser le contraire, parce que leurs connoissances sont extrêmement limitées, que n'ayant rien à répondre pour resister à ce qu'on leur suggere, ils donnent tête baissée dans ce qu'on ose leur avancer, quelqu'extravagant qu'il soit, & s'en font même honneur ; parce qu'ils se flattent de ne se rendre qu'avec connoissance de cause ; cette connoissance n'est pourtant autre chose, que le bruit qu'on a fait à leurs oreilles, & la peine qu'ils ont prise de l'écouter. Ne voyons-nous pas tous les jours bien des femmes, & même des hommes (car rendons justice ; il y a aussi beaucoup d'esprits ignorans parmi ceux-ci) ne voyons-nous pas, dis-je, tous les jours des hommes & des femmes qui ne sont point mieux persuadez des paroles d'un Predicateur, que quand il les a prononcées avec vehemence, qu'il a parlé fort haut, qu'il a fait de grands bruits, qu'il a déchiré son surplis, qu'il a donné avec ses mains de grands coups sur la chaire, & qu'il a montré un visage enflammé de colere & tout couvert de sueur ? Ah ! que cet homme-là prêche bien ! s'écrient les ignorans ; mais, s'il n'a fait autre chose que du

bruit,

bruit, les sçavans disent seulement, qu'il a prêché bien fort.

Qu'il est encore difficile de faire connoître la verité aux esprits qui sont esclaves de la prévention, à mo...s qu'ils n'ayent d'abord heureusement été prévenus en sa faveur! En vain, s'ils s'en sont écartez, leur fait-on de judicieux raisonnemens, pour les porter à la reconnoître & à la suivre; ils ne veulent jamais recevoir pour vrai, que ce dont on leur a donné les premieres impressions. Nôtre Monsieur Oufle a commencé à ajoûter foy à je ne sçai combien de fables qu'il a reçûës comme des histoires très-veritables; le voilà prévenu pour ces fables; il ne croira rien de ce qu'on lui pourra dire, pour lui montrer son erreur. Son parti est pris; & sa prévention a plus de force, pour l'y soûtenir, que la raison, pour le lui faire abandonner. La prévention est toûjours obstinée, on ne gagne avec elle, qu'autant qu'on la flatte, & qu'on ne la contredit point.

Pour les esprits trop credules, il ne me reste pas grand'chose à en dire, après avoir parlé, comme je viens de faire, des esprits foibles, des esprits ignorans, & des esprits esclaves de la prévention. Ils sont, autant que ceux-ci, susceptibles d'erreurs, propres à être trompez, & capables de tromper les autres, si ceux-ci s'en rapportent à leurs sentimens.

Disons-donc, à la vûë de tant de foiblesse, d'ignorance, de prévention & de disposition à trop de credulité, que nous remarquons dans une infinité d'esprits, qu'il n'est pas étonnant de voir tant de faussetez s'introduire dans le monde, & tant de gens les recevoir pour veritez, & prendre si chaudement leur parti. Car, s'il y a bien des gens disposez à se laisser tromper, il n'y en a pas moins de disposez à les tromper en effet. Ceux-ci n'ont qu'à vouloir; les moyens ne leur manqueront pas. Pour peu qu'ils veuillent en imaginer; pour peu qu'ils sçachent faire adroitement usage de certaines choses naturelles, mais dont les proprie-

prietez font inconnuës aux, fimples, ils arriveront facilement à leur fin ; ils feront paroître des prodiges,
fans que cependant il y ait rien de prodigieux dans
leurs démarches ; ils cauferont de l'effroy & de l'admiration, fans que cependant il y ait rien d'effroyable
ni d'admirable dans ce qu'ils auront fait. Mais heureufement pour eux, les gens à qui ils s'adreffent, s'effrayent aifément & admirent volontiers, fans fçavoir
pourquoi. Avec une pierre d'aiman, par exemple,
ou avec d'autres pierres, ou avec du fucre, ou du cuivre, ou de l'argent vif, ou d'autres chofes auffi naturelles, adroitement mifes en ufage, (*a*) on peut faire
des

(*a*) Il y a des fuborneurs du peuple, qui abufant de
la credulité & fimplicité des bonnes gens, fe mettent en grand credit par des tours de fouppleffe qui en apparence ont quelque chofe de furnaturel. Comme je
paffois par l'Ile en Flandre, je fus invité par un de mes amis
à l'accompagner chez une vieille femme qui paffoit pour une
grande devinereffe, & dont je découvris la fourberie. Cette vieille nous conduifit dans un petit Cabinet obfcur,
éclairé feulement d'une lampe ; à la lueur de laquelle, on
voyoit fur une table couverte d'une nappe, une efpéce de
petite ftatuë ou poupée, affife fur un trepié, ayant le bras
gauche étendu, tenant de la même main gauche une petite
cordelette de foye fort déliée, au bout de laquelle pendoit
une petite mouche de fer bien poli, & au-deffus il y avoit
un verre de fougere, enforte que la mouche pendoit dans
le verre, environ la hauteur de deux doigts. Et le myftere de la
vieille confiftoit à commander à la Mandragore de faire frapper la mouche contre le verre, pour rendre témoignage de ce
que l'on vouloit fçavoir. La vieille difoit, par exemple, je
,, te commande Mandragore, au nom de celui à qui tu dois
,, obéïr, que fi Monfieur un tel doit être heureux dans le
,, voyage qu'il va faire, tu faffes frapper la mouche trois fois
,, contre le verre. Et en difant les dernieres paroles, elle
approchoit fa main à une petite diftance, empoignant un
petit baton qui foûtenoit fa main, élevée à peu près à la hauteur de la mouche fufpenduë, qui ne manquoit pas de fraper les trois coups contre le Verre, quoique la vieille ne
touchàt en aucune façon, ni à la ftatuë, ni à la cordelette,
ni à la mouche ; ce qui étonnoit ceux qui ne fçavoient pas la
minauderie dont elle ufoit ; & afin de duper les gens par la
diver-

des manieres de merveilles qui pafferont chez les fimples
pour des fortileges & des enchantemens. Combien de
prodiges aux yeux des ignorans, la Gibeciere d'un
joüeur de gobelets, n'enferme-t-elle pas? Brioché n'a-
t-il pas été regardé comme un Magicien, puniffable
du plus rigoureux fupplice chez un peuple qui ne pouvoit comprendre que les mouvemens de fes marionnettes fuffent naturels? Que de Capitaines ont animé
leurs foldats au combat par des prodiges apparens
qu'ils

diverfité de fes Oracles, elle défendoit à la Mandragore de
faire fraper la mouche contre le verre, fi telle chofe devoit
ou ne devoit pas arriver. Voici en quoi confiftoit tout l'artifice de la vieille. La mouche de fer, qui étoit fufpenduë dans le verre au bout de la cordelette de foye, étant fort
legere & bien aimantée, quand la vieille vouloit qu'elle frapât contre le verre, elle mettoit à un de fes doigts une bague, dans laquelle étoit enchaffé un affez gros morceau d'excellent aiman; de maniere que la vertu magnetique de la
pierre mettoit en mouvement la mouche aimantée, & lui
faifoit frapper autant de coups qu'elle vouloit contre le verre;
& lors qu'elle vouloit que la mouche ne frapât point, elle
ôtoit de fon doigt la bague, fans qu'on s'en apperçût. Ceux
qui étoient d'intelligence avec elle, & qui lui attiroient des
pratiques, avoient foin de s'informer adroitement des affaires de ceux qu'ils lui amenoient; & ainfi on étoit facilement dupé. Le Solide Trefor du Petit Albert. p. 75. &c.
   Si vous tenez une pierre d'aiman, bien armée, par deffous une table, vous ferez aller l'aiguille d'une bouffolle,
qui fera deffus, comme vous voudrez; ce qui fera trouvé
fort étrange par plufieurs. M. l. v. 1. 322.
   Un Cupidon de fer, au Temple de Diane à Ephefe,
étoit fufpendu en l'air, fans être appuyé. Le Loyer. 61.
   Cardan parle l. 7. *de fubtil.* d'une pierre qu'avoit Albert le
Grand, marquée naturellement d'un Serpent; avec cette
vertu admirable, que fi elle étoit mife en un lieu où les
autres Serpens hantoient, elle les attiroit tous.
   Si l'on met du fuccre tant-foit peu, le beurre ne fe peut
coaguler. Bodin. 122.
   Un peu de cuivre, jetté dans une fournaife de fer, empêche que la mine de fer puiffe fondre, & la fait tourner entierement en cendres. id. ibid.
   Pour faire fauter un poulet ou quelqu'autre chofe dans un
plat, que l'on prenne de l'argent vif avec de la poudre cala-
                                          mine,

qu'ils ont adroitement ménagez! (*b*) On a vû des gens qu'on appelle Ventriloques, qui, par je ne ſçai quel moyen dont ils ſe ſervoient, pour parler du ventre, jettoient la terreur dans les eſprits, comme s'ils avoient

mite, enſuite qu'on le mette dans une phiole de verre bien bouchée, enveloppée dans quelque choſe de chaud, ou dans le corps d'un chapon, l'argent vif étant échauffé, il le fera ſauter. Les Admir. Secr. d'Alb. le Grand p. 170.

Si on veut voir ſon nom imprimé, ou écrit ſur les noyaux des pêches ou des amandes d'un pêcher ou d'un amandier, prenez un noyau d'une belle pêche, mettez-le en terre dans un temps propre à planter, & le laiſſez pendant ſix ou ſept jours, juſqu'à ce qu'il ſoit à demi ouvert. Enſuite tirez-le bien doucement, ſans rien gâter, & avec du ſinabre, éctivez ſur le noyau ce qu'il vous plaira, & quand il ſera ſec, vous le mettrez en terre, après l'avoir bien fermé & rejoint avec un filet fort fin & delié, ſans lui faire autre choſe pour le faire venir en arbre. On verra que le fruit qu'il portera, aura le même nom qu'on aura écrit ſur le noyau. On peut faire la même expérience d'une amande. Id. 172.

(*b*) Hector de Boëce raconte dans ſes Annales d'Ecoſſe, qu'un Roy Ecoſſois voyant que ſes troupes ne vouloient point combattre contre les Pictes, ſuborna des gens habillez d'écailles reluiſantes, ayant en main des bâtons de bois pourri, auſſi luiſantes, qui les excitèrent à combattre, comme s'ils avoient été des Anges; ce qui eut le ſuccez qu'il ſouhaitoit.

Ariſtomene, Capitaine des Meſſeniens, averti que ceux de Lacedemone, ſes ennemis, celebroient la fête de Caſtor & Pollux hors de la ville de Sparte, prend avec un des ſiens, les habits de ces Dieux jumaux, montez chacun ſur un Cheval blanc, ſe preſentent aux Lacedemoniens, les excitent à boire, les enyvrent; enſuite il pouſſe ſes troupes & les défait. *Polyene l. 2. Stratagemat.*

Selon Dion *l.* 25. *Hiſtor.* du temps de la guerre civile de Pompée & de Ceſar, un Capitaine du parti de Pompée, nommé Octavius, aſſiegea Salonne en Dalmatie, par mer & par terre. En cette ville étoit Gabinius du party de Ceſar, qui s'y étoit enfermé pour y tenir ferme. Les habitans ennuyez du ſiege, font un complot avec les femmes de la ville, de faire la nuit une ſortie ſur les ennemis. Les hommes étoient bien armez, & les femmes étoient échevelées, portoient de longues cappes noires, qui les couvroient depuis

avoient entendu une voix (c) qui venoit du Ciel ou des Enfers, & en obtenoient ensuite ce qu'ils vouloient. D'autres gens ont encore bien fait leurs affaires par la voix des Sarbacanes. (d) J'aurois un grand détail à donner,

depuis la tête jusqu'aux pieds, elles portoient aussi des torches ardentes en la main ; de sorte qu'avec cet appareil, elles étoient si hideuses, qu'elles ressembloient à des furies. Les ennemis croyant que c'étoit des diables en furent si épouventez, qu'ils prirent la fuite & furent défaits.

Le Capitaine Pericles, se défiant de l'issuë d'une betaille, pour rassurer les siens, fit entrer un homme dans un bois consacré à Pluton. Cet homme, dit Frontin *l. 1 Stratagemat cap.* 11. étoit haut, chaussé de grands & longs brodequins, ayant la perruque longue, vêtu de pourpre, & assis en un char, traîné de quatre Chevaux blancs ; il appelle Pericles par son nom, & lui commande de combattre, l'assurant que les Dieux donneroient la victoire aux Atheniens. Cette voix fut ouïe des ennemis, comme venant de Pluton ; & ils en eurent telle peur, qu'ils s'enfuïrent, sans combattre.

Epaminondas, Capitaine des Thebains, entre dans le Temple de la ville de Thebes, change le Bouclier qui étoit aux pieds de l'idole, & le lui met en main, comme si Pallas eut voulu combattre ; ce qui les enhardit de telle sorte, qu'ils vainquirent. Le Loyer. P. 74.

(c) Un Marchand de Lion étant un jour à la Campagne avec un valet, il entendit une voix qui lui ordonnoit de la part de Dieu, de donner une partie de ses biens aux pauvres, & de récompenser son serviteur. C'étoit ce valet qui sçavoit faire sortir de son ventre une voix qui sembloit venir de fort-loin. Id. 162. A propos de Ventriloques, on a fait cette remarque. Photius, Patriarche de Constantinople, écrit de cette maniere à Theodatus Spatharus Candidatus : Les „ Chrétiens & Theologiens ont appellé le malin esprit, „ parlant dans le ventre d'une personne, *Engastrimythe*, „ Ventriloque, ou parlant du ventre. Il merite bien d'a-„ voir l'ordure pour logis. Plusieurs Grecs le surnomment *Enteromante*, les autres *Engastrimante*, devin par les boyaux. Medit. Histor. de Camerarius. t. 3. l. 2. c. 11.

(d) Un valet, par le moyen d'une Sarbacane, engagea une veuve d'Angers à l'épouser, en le lui conseillant de la part de son mary défunct. Le Loyer. p. 164.

Le Pape Boniface VIII. du nom, fit percer la muraille qui

donner, si je voulois rapporter ici toutes les sortes de tromperies, dont on s'est servi pour seduire les simples & les ignorans. Les uns imposent au public, par des têtes qui paroissent parler & répondre aux questions qu'on leur fait. (*e*) Les autres instruisent dans une cage des oyseaux, pour ensuite les annoncer par tout comme des hommes divins, après leur avoir donné la liberté. (*f*) Celui-cy, sous une trompeuse apparence, séduit

qui répondoit au lit du Pape Celestin, & lui fit dire par une longue Sarbacane, de quitter la papauté, s'il vouloit être sauvé; ce que fit Celestin.

(*e*) Tromperie faite avec une tête de saint Jean. Quelques imposteurs avoient disposé une table quarrée, soutenuë de cinq colonnes, une à chaque coin, & une dans le milieu; celle du milieu étoit un gros tuyau de carton épais, peint en bois; la table étoit percée à l'opposite de ce tuyau, & un bassin de cuivre aussi percé, étoit mis sur le trou de la table, & dans ce bassin étoit une tête de saint Jean, de gros carton peinte au naturel, qui étoit creuse, ayant la bouche ouverte; il y avoit un porte-voix qui passoit à travers le plancher de la chambre, qui étoit au-dessous du cabinet, où tout cet attirail étoit dressé, & ce porte-voix aboutissoit au cou de cette tête, de maniere qu'une personne parlant par l'organe de ce porte-voix de la chambre d'en bas, se faisoit entendre distinctement dans le cabinet par la bouche de la tête de saint Jean. Ainsi le prétendu devin, affectant de faire quelque ceremonie superstitieuse, pour infatuer ceux qui venoient consulter cette tête, il la conjuroit au nom de saint Jean de répondre sur ce que l'on vouloit sçavoir, & proposoit la difficulté, d'une voix assez haute, pour être entendu de la chambre de dessous, par la personne qui devoit faire la réponse par le porte-voix, étant instruit, à peu-près de ce qu'il devoit dire. Le Solide Tresor du Petit Albert. 77.

(*f*) Hannon, Carthaginois & Psaphon nourrissoient des oiseaux en cage, ausquels ils apprennoient à dire que Hannon & Psaphon étoient Dieux, puis leur donnoient la liberté. Loyer. p. 175. 71. Un autre fourbe réüssit mal dans un artifice à peu-près semblable. Un imposteur à Rome, voyant un grand peuple assemblé dans le champ de Mars, monta sur un arbre de figuier sauvage & y harangua le peuple, en disant, que la fin du monde arriveroit, quand il descendroit de l'arbre, & qu'il se changeroit en Cigogne. Etant descendu & se trouvant au milieu de cette assemblée,

il

séduit une fille , & en joüit. (g) Celui-là fait disparoître la bosse d'un homme , par un mouvement de
main , & c'est parce que c'étoit une bosse artificielle
qu'il avoit lui-même preparée. (h) Combien n'a-t-on
pas vû de machines (i) surprenantes qui paroissoient
être

il laissa aller une Cigogne; mais si mal-adroitement, que
sa fourberie étant découverte , on le mena à l'Empereur
Antonin le Philosophe, qui lui pardonna. Jules Capitolin,
vie d'Antonin.

(g) L'Orateur Eschines, contemporain de Demosthenes,
écrit, *Epist.* 20. qu'un nommé Cimon, de la ville d'Athenes , ravit une fille de Troye, qui suivant la coûtume du
païs , étoit allée le jour de ses nopces, se baigner dans le
fleuve de Scamandre, & lui offrir son pucelage. Cet enlevement se fit en cette maniere. Ce Cimon se cacha derriere
un buisson, la tête couronnée de roseaux ; & après que la
fille en se baignant eut prononcé ces mots solemnels, *reçoi
Scamandre, mon pucelage,* il sortit du buisson, dit à la fille,
qui se nommoit Callirhée, qu'il étoit Scamandre , & en
joüit. Dans la suite cette fille, qui l'avoit crû veritablement
le Dieu du fleuve , le voyant un jour par hazard dans la
ruë, le montra à sa nourrice; lui disant; voilà Scamandre,
à qui j'ai donné mon pucelage. La nourrice s'écrie à ces mots
contre le fourbe ; & celui-ci voyant qu'il ne faisoit pas bon
là pour lui, s'embarqua sur le champ, & se retira.

(h) Un Magicien rabattoit une bosse, en passant la main
dessus. La bosse étoit une vessie enflée. Le Monde Ench.
t. 4. p. 79. Apulée dans son Ane d'or , dit qu'il crut avoir
tué trois hommes; mais que c'étoit trois peaux de boucs,
que l'Enchanteresse Pampila avoit fait paroître sous la figure
de trois hommes.

(i) Hieron bâtit une maisonnette, de laquelle les portes se pouvoient ouvrir en allumant du feu, & se fermer
en l'éteignant. Le Loyer. 57.

La Statuë de Slatababa, ou vieille d'or , érigée és confins hyperborées en la Tartarie septentrionale, dont parle
le Baron d'Herberstein Allemand, *de rebus Moscoviticis,* tient
un enfant en son giron, & est d'une grandeur & grosseur
énorme ; & l'on voit autour d'elle plusieurs trompettes &
autres instrumens qui s'entonnent pas les vents, & font un
bruit continuel qu'on entend de fort loin.

On pensenta à l'Empereur Charles-quint une Aigle , qui
vola quelque temps en l'air. Le Loyer. 58.

La

être des effets de magie à ceux qui n'avoient pas assez
d'habileté , pour en découvrir l'artifice ! que de bêtes
ont

La Colombe d'Archytas, Philosophe Pythagoricien, vo-
loit comme si elle eût été vivante. Id. 56.

Liutprand dit *l. 6. rerum in Europ. gestar.* qu'à Constantinople , joignant le Palais Imperial , il y avoit un lieu de
plaisance nommé Magnaure , où l'on voyoit une salle belle
& magnifique ; & ce fut là que l'Empereur Constantin
reçût Liutprand , comme Ambassadeur , en cette maniere.
L'Empereur étoit assis sur un trône assez spacieux, aux
côtez duquel étoient deux Lions de bronze doré. Devant le
Trône il y avoit une arbre aussi de bronze doré , dont les
branches étoient couvertes d'oiseaux de même métal. Quand
je commençai , dit Liutprand , à m'approcher du Trône ,
les oiseaux de l'arbre chanterent , les Lions rugirent. Ce
qui m'étonna le plus, fut que m'étant prosterné à genoux,
& m'inclinant fort bas, pour faire une profonde reverence
à l'Empereur , je vis en un moment, qu'il n'étoit plus où
je l'avois laissé , & que son trône s'étoit élevé jusqu'au plancher de la salle.

Le tombeau de marbre d'Heleine , Reine des Adiabenites
ou de Botan , qui se voyoit à Jerusalem , ne se pouvoit ouvrir & fermer qu'à certains jours de l'année. Que si en un
autre temps, dit Pausanias *in arcadicis*, on essayoit de l'ouvrir , on eût plutôt tout rompu.

Anthemius , Architecte & Ingenieur de l'Empereur Justi-
nien , dont Agathias fait mention en son Histoire l. 4. ayant
perdu un procez contre un de ses voisins, nommé Zenon ,
pour se venger de lui , dispose un jour dans quelques endroits de sa maison , plusieurs grandes chaudieres plaines
d'eau, qu'il bouche fort exactement par dessus ; & par des
trous, par lesquels l'eau bouillante devoit s'évaporer, il met
de longs tuyaux de cuir bouilli , larges à l'endroit qu'ils
étoient cousus & attachez aux couvercles, & allant petit-à-pe-
tit, en étrecissant par le haut en forme de trompettes. Le
plus étroit de ces tuyaux repondoit aux poutres & soliveaux
du plancher de la chambre où étoient les chaudieres. Il y
met le feu dessous, & comme l'eau des chaudieres boüilloit à
gros boüillons, les vapeurs épaisses & la fumée montoient
en haut par les tuyaux, & ne pouvant avoir leur issuë libre, parce que les tuyaux étoient étroits par le bout, faisoient
branler les poutres & soliveaux, non seulement de la chambre, mais de toute la maison d'Anthemius & celle de son voi-
sin Zenon, qui pensoit que c'étoit un tremblement de terre,
de

ont paſſé pour être Sorcieres, parce qu'elles étoient ad-
mira-

de forte qu'il l'abandonna, dans la crainte d'y perir.

Un Orphevre de Paris fit une galere d'argent, qui ſe mouvoit d'elle-même ſur une table, les forçats ramant dedans.
Quand elle étoit au bout de la table, elle tournoit court de
l'autre côté; ce qu'elle faiſoit cinq ou ſix fois. Le Loyer.
p. 58.

Dans le beau lieu de plaiſance de Tivoli auprès de Rome,
ſe voyoient grand nombre d'ouvrages Hydrauliques, que tout
le monde admiroit. On entendoit des orgues qui ſonnoient
d'elles-mêmes; une infinité d'oiſeaux artificiels, qui chantoient; une choüette qui tantôt ſe montroit, tantôt détour-
noit ſa tête; quand elle ſe montroit, les oiſeaux ſe taiſoient
& diſparoiſſoient; & quand elle ne paroiſſoit plus, ils recommençoient leurs chants. On y voyoit auſſi Hercule, tirant des fleches contre un dragon, entortillé autour d'un arbre, & le dragon ſiffloit. Une figure d'homme ſonnoit de
la trompette. Id. 59.

Nabis, Tyran de Lacedemone, avoit une machine ſurpre-
nante. Cette machine étoit la figure d'une femme parée de
riches habits, qui ſe mouvoit d'elle-même. Nabis l'avoit
fait faire à la reſſemblance de ſa femme Apega, ſelon Po-
lybe. Quand il avoit beſoin d'argent, il faiſoit venir les plus
riches de Sparte dans ſon Palais, & leur apportoit pluſieurs
raiſons pour les engager à lui en donner; s'ils refuſoient de
„ lui accorder ce qu'il demandoit, il leur diſoit; apparem-
„ ment, c'eſt que je vous deduis de ſi mauvaiſe grace les
„ néceſſitez où je ſuis de vôtre ſecours, que je ne puis rien
„ gagner ſur vous; mais j'eſpere, que vous ne refuſerés pas
„ de même une belle dame qui vous en priera. Il alloit
enſuite à la figure qui étoit aſſiſe ſur une chaiſe, l'appellant
ſa femme, puis la levoit, en la prenant par la main, peu-
à-peu l'approchoit de ceux qu'il avoit fait venir, & les faiſoit
embraſſer par la Statuë, qui ayant au dedans de ſes mam-
melles, bras, coudes & mains, des pointes de fer, cachées
fort artificiellement, lâchoit toutes ces pointes en embraſſant
ces hommes, & leur faiſoit ſouffrir de ſi grandes douleurs,
qu'ils étoient contraints d'accorder ce que le Tyran leur demandoit. Id. 58.

La Statuë de Memnon, qui ſe voyoit en Egypte, ſaluoit
tous les matins l'aube du jour, par un ſon, dit Pauſanias *in
atticis*. Caliſtrate ajoûte, qu'elle reſonnoit deux fois le jour;
ſçavoir, au ſoleil levant, d'un ſon plein d'allegreſſe, & au
ſoleil couchant, d'un ſon plaintif. Le Roy Cambyſe étant
en Egypte, commanda que cette Statuë fût fenduë par la
moi-

mirablement bien inſtruites! (*k*) & que de gens, qui, parce qu'ils étoient extrêmement ſouples & agiles,

ont

moitié; cependant on ne put découvrir l'artifice. Le Loyer dit p. 57. avoir lû dans quelques vieux commentaires, qu'avant que d'être fenduë, elle ſaluoit le ſoleil, en l'appellant Roy Soleil; & qu'après qu'elle fut fenduë, elle ne le ſalua plus que par le nom du Soleil.

(*k*) On regardoit comme un Sorcier un Elephant à cauſe qu'il cherchoit par ordre de ſon maître, une choſe qu'il faiſoit ſemblant de croire qu'on lui avoit volée, & que parmi une foule de monde, cet animal la trouvoit dans la poche de celui qui l'avoit. Le maître ou quelqu'un des ſiens, met furtivement cette choſe dans la poche d'un autre, puis, par un ſigne, auquel il a accoûtumé l'Elephant, la lui fait découvrir. Le Monde Ench. 4. 79.

Un Impoſteur nommé Alexandre, qui vivoit du temps de l'Empereur Adrien, ſe ſervoit d'un ſerpent de Macedoine, aiſé à apprivoiſer, qu'il diſoit être le Dieu Eſculape, & par ſon moyen fit parfaitement bien ſes affaires; de ſorte qu'après ſa mort, on lui fit des ſacrifices. Le Loyer. 71.

Tite-Live, Valere-Maxime, Plutarque, Appian, Alexandrin diſent que le Capitaine Sertorius ne pouvant plus retenir les Portugais dans ſon obéiſſance, ſe ſervit d'une Biche qu'il diſoit lui être venuë de Diane, & que cet animal lui reveloit tout.

A demie lieuë du Caire, dans une grande Bourgade, ſe trouva un Bâteleur qui avoit un Ane merveilleuſement inſtruit. Il le faiſoit danſer, & enſuite il lui diſoit que le grand Souldan vouloit faire un grand bâtiment, & qu'il avoit réſolu d'employer tous les Anes du Caire, pour porter la chaux, le mortier & la pierre. A l'heure même, l'Ane ſe laiſſoit tomber par terre, ſur le ventre, roidiſſoit les jambes, & fermoit les yeux, comme s'il eût été mort. Cependant le Bâteleur ſe plaignoit de la mort de ſon Ane, & prioit les aſſiſtans de lui donner quelque argent pour en acheter un autre. Après avoir recüeilli quelques pieces de monnoye, „Ah! diſoit-il, il n'eſt pas mort, mais il a fait ſemblant de l'ê-„tre, parce qu'il ſçait que je n'ai pas le moien de le nourrir. Leve toi, ajoûtoit-il. Il n'en faiſoit rien, quelques coups qu'on lui donnât; ce que voyant ſan maître, il parloit ainſi à la „compagnie. Je vous donne avis, Meſſieurs, que le Soul-„dan a fait crier à ſon de trompe, que le peuple eût à ſe „trouver demain hors la ville du Caire, pour y voir les plus „belles magnificences du monde. Il veut que les plus bel-

„les

ont eû la même reputation, (*l*) que ces bêtes qui montroient tant de sçavoir faire! On a vû un Prince qui imaginoit l'apparition d'une Déesse, pour avoir un prétexte de demander aux femmes, & d'obtenir leurs bagues & joyaux. (*m*)

Il resulte de tout ceci, que les gens idiots, simples, foibles, ignorans, esclaves de la prévention, trop credules, sont très-souvent dupez par d'autres gens, subtils, adroits, fourbes, artificieux, habiles, ou hypocrites.

Je finirois ici volontiers ce Chapitre, si le mot d'hypocrite ne me retenoit, pour y faire une petite addition. J'ai de la peine à m'empêcher de dire ce que je pense à cet égard sur les hypocrites, & sur ce que l'experience m'en a appris. Oüi, je le dis, je l'assure, je le proteste; les hypocrites ont plus d'habileté

„ les Dames & Demoiselles montent sur les Anes. A ces paroles, l'Ane se levoit, dressant la tête & les oreilles en signe de joye. „ Il est bien vrai, disoit encore le Bâteleur, que le „ Capitaine de mon quartier m'a prié de lui prêter mon Ane „ pour sa femme, qui est une vieille roupieuse, édentée & „ laide. L'Ane baissoit aussi-tôt les oreilles & commençoit à clocher, comme s'il eût été boiteux & estropié; & le Maître lui disoit alors, „ quoy! tu aimes donc les belles & jeunes „ femmes? l'Ane inclinant la tête, sembloit vouloir dire qu'oüi. „ Or sus, poursuivoit le Bâteleur; il y a ici plusieurs bel- „ les & jeunes femmes; montre-moi celle qui te plairoit le „ plus. Lors l'Ane se mêloit parmi le peuple, prenoit entre les femmes, celle qui étoit la plus belle, la plus apparente & la mieux habillée, & la touchoit de la tête. Jean Leon Africain.

(*l*) Un homme faisoit percer de coups d'épée, un pannier, dans lequel il s'étoit mis, & par son agileté & sa souplesse, évitoit si bien les coups, qu'il en sortoit sans blessure. Le Monde Ench. 4. 75.

(*m*) Le vieux Denys, Tyran de Sicile, pour tirer de l'argent de ceux de Syracuse, leur fit accroire, dit Aristote *l. 2. œconomicor.* que la Déesse Cerès luy étoit apparuë, & lui avoit ordonné de dire aux femmes Syracusaines, qu'elles apportassent dans son Temple, tous leurs joyaux & toutes leurs dorures. Elles obéïrent, & lui ensuite prit tout, disant, que c'étoit la Déesse qui le lui prêtoit.

pour imaginer des fourberies & pour les faire réüssir, que les autres fourbes les plus intriguans qui ne mettent pas l'hypocrifie en ufage. Un fameux devot qui a eû l'adresse de prévenir les esprits en faveur de tout ce qu'il dit, fait plus de chemin fur eux en un jour, que les plus artificieux qui ne fe ferviroient pas de l'apparence de la devotion, n'en pourroient faire en un an. Un hypocrite eftimé, écouté, imperieux, tourne comme il veut, ceux qui l'eftiment, qui l'écoutent, qui fe foumettent à fon empire. Il leur fait croire tout ce qu'il veut. S'ils refiftent, il n'a qu'à faire venir à fon fecours des revelations, des apparitions. Les bonnes femmes (& les bons-hommes aufli ; car il n'y en a que trop qu'on peut appeller bons, en comparaifon des mauvais aufquels ils fe confient aveuglément,) gobent fans réflexion, tout ce que ces trompeurs leur difent ; parce que, par les minauderies de pieté les plus étudiées, ils les féduifent de telle forte, qu'il ne leur eft pas poffible de penetrer leur interieur, pour connoître combien ils font fcelerats. Je n'ai vû que trop d'exemples de ce que je dis ; & je fuis fi penetré d'indignation contre ces fourbes, qui font ufage de vertus apparentes, pour mieux commettre des crimes réels, que je ferois un livre entier de ce feul Chapitre, fi je rapportois tout ce qui me vient dans l'efprit là-deffus. Mais comme je reconnois de bonne foy, qu'il ne s'agit pas dans l'Hiftoire que je donne, de faire celle des fourberies des hypocrites, je rentre dans mon deffein, qui demande que je continuë de faire paroître Monfieur Oufle fur la Scène.

CHAPITRE XVII.

Adreſſes, intrigues & fourberies de Ruzine
& de Mornand, pour ſe divertir & pour
profiter de la facilité de Monſieur Oufle à
croire tout ce qu'on lui dit des Spectres,
Phantômes, Revenans, & generalement
de toutes les ſortes d'apparitions.

LE Lecteur ſe reſſouviendra, s'il lui plaît, que
j'ai dit dans le douziéme Chapitre, que Mornand étoit témoin de la converſation qui ſe faiſoit entre
Monſieur Oufle & ſon frere Noncrede, ſur les Spectres,
les Phantômes & autres apparitions, & que cet adroit
valet ſe promettoit alors de faire uſage de ce qu'il venoit d'entendre ; ce que je ferai voir dans la ſuite. C'eſt
cet uſage dont j'ai promis de parler, qui ſera la matiere de ce Chapitre.

Comme on ne peut pas être plus prévenu en faveur
de toutes ſortes de ſuperſtitions, que l'étoit Monſieur
Oufle, rien n'étoit plus facile, que de lui en faire accroire à cet égard. Mornand, dont le caractere d'eſprit
étoit des plus ruſez, qui connoiſſoit parfaitement le foible de ſon maître, & qui venoit tout fraîchement d'être
inſtruit de ſa grande diſpoſition à être la dupe de tout
ce qu'on appelle Revenans, en imagina de pluſieurs ſortes ; les unes, pour en tirer quelque profit ; les autres,
pour s'en faire un divertiſſement. Il commença par dire
à ſon maître, qu'il revenoit des Eſprits dans ſa chambre, qui y faiſoient des bruits & des ravages épouventables. Il lui proteſta même qu'il en avoit pourſuivi
un, l'épée à la main, juſqu'au grenier, & que lorſqu'il étoit prêt à le percer, il étoit ſorti par la fê-
nêtre, changé en oiſeau. Un autre lui avoit donné deux
grands ſoufflets avec une main ſi froide ; que, pen-

dant

dant plus de trois heures il s'imaginoit avoir une glace
sur le visage. Ayant cassé par étourderie, une porce-
laine de conséquence que son maître estimoit, parce
qu'elle étoit des plus parfaites, & qu'elle lui avoit coû-
té beaucoup d'argent, il lui fit accroire que c'étoit un
de ces malicieux Lutins qui avoit causé ce dommage.
Et sur ce qu'un jour il ne s'étoit pas acquité d'une com-
mission dont on l'avoit chargé, parce qu'il s'étoit levé
fort tard, il assura qu'il n'avoit point dormi pendant la
nuit, à cause qu'on lui tiroit continuellement sa cou-
verture, à mesure qu'il la tiroit pour se recouvrir: de
sorte que cet importun manege ayant duré jusqu'au
commencement du jour, il n'avoit commencé à dormir que quand le Soleil s'étoit levé. Comme il y avoit
long-temps qu'il souhaitoit une autre chambre, que
celle qu'il habitoit, par des raisons de délicatesse qui
ne convenoient point du tout à sa profession, il appella à son secours des recits de ces prétendus Revenans, &
obtint ainsi facilement la permission de changer de demeure: car le bon-homme ne doutoit d'aucune de ces
ridicules & impertinentes histoires. Il croyoit même, pour aider à se tromper, avoir entendu de certains bruits extraordinaires dans le temps que ce ru-
sé valet assuroit qu'elles étoient arrivées. Celui-ci eut
encore l'impudence de lui dire, qu'une nuit s'étant
reveillé en sursaut, par un effroyable rêve qu'il venoit de faire, où il s'imaginoit que le feu étoit à
la maison, & qu'on l'alloit égorger, la peur que
lui donna cet effroy, causa en lui des battemens de
cœur si violens, qu'ils paroissoient en dehors: que ces
battemens durerent plus d'une demie heure; qu'alors il
vit dans sa chambre un si grand nombre de petites figures differentes & étranges, qu'il en étoit obsedé de
tous côtez; qu'il s'avisa d'ouvrir ses fenêtres pour prendre l'air: qu'à peine furent-elles ouvertes, que toutes ces
figures sortirent, paroissant comme autant de petits
Spectres; qu'il les suivit quelque temps de vûë, &
qu'enfin elles disparurent à ses yeux. Monsieur Oufle

ouvroit

ouvroit de toutes ſes forces les oreilles, pour ne pas perdre un mot de ce recit, tant il y trouvoit dequoi appuyer
l'extravagance de ces imaginations. „ Ne t'étonne
„ point du tout de ce prodige, mon cher Mornand,
„ lui dit-il; ces Phantômes n'étoient que des produc-
„ tions de ce grand nombre de battemens de cœur que
„ la peur de ton ſonge t'avoit cauſez. Autant de fois
„ que tu reſpirois, autant d'ames ſortoient de tes poul-
„ mons. Mornand qui le voyoit venu juſtement où il
l'attendoit (car il avoit fait ce conte exprès, pour le
confirmer dans l'opinion où il étoit, qu'un homme
produit autant d'ames errantes & vagabondes, que ſon
cœur bat de fois, comme il avoit marqué dans ſa tirade en être perſuadé,) lui répondit, qu'il ne doutoit
point que cela ne fût ; „ car, ajoûta-t-il, je me reſſou-
„ viens à preſent, qu'autant de fois que quelque peur
„ ou quelque joye m'augmente ces battemens, pen-
„ dant que je ſuis renfermé dans quelque lieu étroit,
„ je vois ou j'entends toûjours quelque choſe que je
„ n'ai pas accoûtumé de voir ni d'entendre. Je ſens
„ même quelques petits chatoüillemens ſur les mains
„ & ſur le viſage. Sans doute, que ce ſont de ces
„ ames dont vous me parlez, que viennent ces bruits
„ & ces mouvemens. Mais, Monſieur, ajoûta-t-il,
„ avec une ſimplicité & une credulité affectée; comme
„ je fus long-temps ſans ouvrir mes fenêtres, appa-
„ remment j'aſpirai pluſieurs de ces ames que j'avois
„ produites. Ce qui me le fait croire, c'eſt que je reſ-
„ ſens en moi de certains tremouſſemens, de certaines
„ agitations, que je ne puis m'empêcher d'attribuer à
„ ces ames. Certainement ce ſont elles qui m'agitent,
„ & qui me troublent ainſi. Il s'agit donc à preſent
„ de les faire ſortir; car l'état où je me trouve, m'in-
„ quiéte fort, parce que j'en crains de fâcheuſes con-
„ ſequences. Que me conſeillez-vous de faire, Mon-
„ ſieur, pour me délivrer de ces importunes hôteſſes ?
La queſtion étoit très-embarraſſante pour Monſieur Ouſle ; & aſſurément je croi, que pour y bien répon-

dre, de plus habiles que lui, n'auroient pas été moins embarrassez. Cependant comme il ne voulut pas demeurer court sur un sujet qui étoit tant de son goût, il s'efforça d'en sortir à son honneur. Pour s'en tirer, il crut donc ne pouvoir point lui donner de meilleur conseil, que de lui ordonner d'aller boire beaucoup de vin, afin de se procurer un long & profond sommeil ; & de laisser ses fenêtres ouvertes pendant qu'il dormiroit, l'assurant que ses respirations seroient autant de vehicules, pour faire sortir ces *amelettes*, & les pousser hors de son corps & de sa chambre. La demande & la réponse s'accordoient, comme on voit parfaitement bien, car elles étoient aussi impertinentes l'une que l'autre. Le matois parut reconnoître cet expedient pour le plus convenable qu'on pouvoit imaginer. En effet il lui convenoit fort, puisque, pour le mettre en pratique, il obtint de son maître trois bouteilles du plus excellent vin de sa cave, & toute la journée pour ne faire autre chose que boire & dormir. Pendant qu'il étoit plongé dans le sommeil, le bon-homme alloit de temps en temps dans sa chambre, pour y voir sortir quelques-unes de ces petites ames, de l'estomach vineux de cet heureux valet. Il prenoit pour ces ames, tous les atomes qui paroissoient aux rayons du Soleil, & les chassoit charitablement dehors avec son chapeau.

J'avouë de bonne foy, que ce n'est qu'avec beaucoup de peine, que je fais le recit d'une telle extravagance ; mais enfin, comme les loix de l'histoire demandent que je dise naturellement & sans fard ce que je sçai, il me semble que je ne dois pas taire une telle circonstance, quelque ridicule qu'elle soit, puisque même elle contribuë à prouver le caractere que j'ai dabord donné de Monsieur Oufle, quand j'ai déclaré qu'il s'étoit tellement abandonné à toutes sortes de visions & de superstitions, qu'on pouvoit à cet égard lui donner telles impressions qu'on vouloit, pourvû qu'elles s'accommodassent avec sa folle prévention.

tion. De plus, ce recit pourra peut-être produire quelque utilité, en difposant ceux qui fe fentent portez aux fuperftitions, à les avoir en horreur, quand ils verront par l'exemple de notre malheureux vifionnaire, à quelles folies elles peuvent réduire, quand on s'en laiffe prévenir. Quelques-uns s'imagineront peut-être, que ce n'eft qu'un conte fait à plaifir. Pour ne point avoir cet imagination, je les prie feulement d'examiner la conduite des fuperftitieux, des gens qui croyent legerement tout ce qu'on leur dit de furprenant & d'extraordinaire, qui gobbent fottement, comme autant de veritez inconteftables, je ne fçai combien de fables qu'on trouve dans de certains livres, faits pour abufer de la credulité des foibles, & je me flatte que l'hiftoire que je viens de rapporter, ne leur paroîtra pas impoffible.

Voila donc Monfieur Oufle entierement perfuadé, que Mornand ne doute point qu'il ne revienne des Efprits, & que ce même Mornand le croit d'autant plus volontiers, qu'il affure en être tourmenté en plufieurs differentes manieres. Celui-ci n'a à prefent qu'à tabler fur la credulité de fon maître, pour le duper & pour s'en divertir. C'eft auffi à quoi il ne manquera pas, comme nous l'allons voir.

De tout ce que dit Monfieur Oufle dans cette longue Tirade que j'ai rapportée, ce qui fit le plus d'impreffion fur fon valet, c'eft quand il entendit prononcer cette admirable opinion; ,,qu'en Guinée, on ne ,,cherche point parmi les vivans, les voleurs des cho- ,,fes qui ont été dérobées, parce qu'on n'en accufe ,,point d'autres que les ames des défunts. Il jugea alors que fon maître tenant pour conftant, que les ames pouvoient venir ici faire des vols & des brigandages, il n'y auroit pas grande difficulté à les rendre criminelles, & refponfables des larcins qu'on lui feroit. On va, fans doute, croire qu'il prit réfolution de voler fon maître, & ainfi on ne manquera pas de conclure, que c'étoit un fripon, digne des plus rigoureux

châti-

châtimens que la justice exerce contre les voleurs domestiques. Il est vrai que la sotte opinion de son maître l'induisit en tentation de le voler ; mais le vol qu'il projetta de faire, ne lui parut pas si criminel, qu'il ne s'imaginât avoir une ressource pour le pallier & le rendre moins odieux. Je m'explique. Voici donc comment ce hardi projet fut entrepris, conduit & exécuté.

Quand dans le premier Chapitre de cette Histoire, j'ai parlé de Ruzine, fille cadette de Monsieur Oufle, ,, j'ai fait remarquer, qu'elle s'accommodoit comme ,, Camelle, sa sœur aînée, au goût de son pere & de ,, sa mere ; mais que, ce que celle-ci faisoit avec sim-,, plicité, celle-là le faisoit par artifice, que c'étoit une ,, *fine mouche*, qui alloit toujours à ses fins, & qu'on ,, peut dire, qu'elle joüoit en quelque maniere toute ,, la famille. Et ainsi Ruzine & Mornand étoient, à peu-près, du même carractere, c'est-à-dire, rusez, adroits & artificieux. Aussi s'accommodoient-ils parfaitement ensemble. Ils se faisoient une confidence reciproque de toutes leurs intrigues ; l'un n'entreprenoit rien, sans avoir consulté l'autre, & tous deux s'entr'aidoient pour faire réüssir leurs desseins. Mornand ne manqua pas d'apprendre à Ruzine le détail de la grande conference dont j'ai parlé, & ce qui s'étoit passé entre lui & Monsieur Oufle, au sujet des ames produites par les battemens de cœur. Il n'oublia pas aussi de lui faire faire une serieuse attention sur la persuasion où étoit le bon-homme, que les morts viennent ici dérober les vivans. Ils prirent donc entr'eux résolution de faire en sorte que cette bizarre persuasion leur fût de quelque utilité. Ruzine, comme la plupart des enfans, ne se faisoit aucun scrupule de tromper son pere, pour son propre profit, se persuadant, que ce qui appartient à l'un, appartient aussi à l'autre ; & Mornand, comme un valet, dont la morale étoit fort relâchée, quand il s'agissoit d'accommoder ses affaires aux dépens de celles de son maître, ne le faisoit aussi

aucun

aucun scrupule d'entrer pour sa part dans la tromperie
qu'on agitoit ; parce que par un raisonnement fondé
sur de très-mauvais principes , il voulut bien conclure,
qu'on n'étoit point voleur d'un pere , lorsqu'on étoit
complice avec un de ses enfans.

Dans le temps donc qu'ils déliberoient de quelle maniere ils pratiqueroient de si belles maximes , Monsieur
Oufle reçut un remboursement d'argent fort considerable ; les mémoires qu'on m'a donnez sur ce remboursement , ont entr'eux quelque difference. Il y en a un
qui le fait consister en vingt-mille écus ; un autre veut
qu'il ne fut que de cinquante-mille francs , & un troisiéme le réduit à quarante. Quoiqu'il en soit , tous
trois conviennent , qu'entre les especes qui composoient
ce remboursement , il y avoit un sac de mille Loüis ,
renfermé dans le tiroir d'un Bureau. Ruzine avoit vû
recevoir cette somme , & placer ce charmant sac dans
ce tiroir , & le reste dans un coffre fort. Ce fut donc
contre ce sac qu'ils tendirent leurs batteries , qu'ils re-
solurent de mettre en usage les Spectres & les Phantômes pour l'enlever impunément , & que , pour réüssir dans ce projet , sans crainte d'être le moins du monde soupçonnez d'avoir fait ce hardy coup , ils concer-
terent ensemble de conduire si bien toutes leurs démarches , qu'elles prouvassent invinciblement à M. Oufle,
que c'étoit l'ame de quelque défunt qui avoit commis
ce larcin.

Mais , avant que d'en venir là , ils jugerent à propos d'escarmoucher , je veux dire , de préluder par quelques apparitions qui le convainquissent que les Spectres
lui en vouloient , & qu'ils avoient quelque dessein contre lui. Pour cela , Ruzine prit soin de faire faire une
clef semblable à celle de son Cabinet qui étoit le lieu où
il restoit le plus long-temps , car il n'alloit dans sa chambre à coucher que pour y dormir. Souvent même il
passoit toute la nuit dans ce Cabinet sur un canapé mis
exprès pour se reposer. Avec le secours de cette clef ,
il leur fut facile de lui en faire bien accroire en matie-

re de Revenans. Entre plusieurs tours qu'ils lui jouè-
rent & qui sont venus à ma connoissance, je n'en rapporterai que quelques-uns, afin de venir au plutôt à
celui qui étoit le plus important, & auquel tendoient
tous les autres, c'est-à-dire, au succez de l'assaut qu'on
avoit projetté de donner au sac de mille Louis.

Un soir que Monsieur Ousle lisoit tranquillement dans
son cabinet, les verroux de la porte se fermèrent d'eux-
mêmes, avec un bruit qui l'effraya si fort, qu'il fut
long-temps sans oser les aller ouvrir. C'étoit un stra-
tagème de Ruzine qui par le moyen de sa fausse clef,
étant entrée dans ce cabinet pendant que son pere étoit
en ville, avoit passé à chacun de ces verroux un fil,
avec lequel étant dehors elle pouvoit facilement les fermer, puis retirer le même fil afin que rien ne fit connoître cette tromperie. Si l'on approfondissoit quantité de contes qui se font des Spectres & des Esprits,
on apprendroit qu'ils n'ont point de plus solide fondement, que celui de ces verroux qui paroissoient s'être
fermez d'eux-mêmes; mais comme il y a peu de gens
qui soient d'humeur à approfondir ces contes, & que
même la plupart se font un plaisir de les croire; les
recits de telles fadaises ne cesseront pas encore si-tôt.

Monsieur Ousle fut dans une agitation extrême, à
la vûë de cette surprenante avanture; il crut même voir
quantité de choses extraordinaires, que pourtant il ne
voyoit point du tout.

Le lendemain quand il entra dans ce cabinet, un
autre Spectacle se presenta à lui, qui l'épouventa encore plus que les verroux n'avoient fait. Tous ceux de
ses livres qui traitent de Spectres & de Phantômes,
étoient par terre, bien rangez & ouverts chacun dans
un endroit où l'on rapportoit quelque histoire fameuse
de Revenants; les verroux se fermèrent alors encore
d'eux-mêmes, ou plutôt, par le même artifice dont
Ruzine s'étoit déja servie; & ainsi, il s'attendoit, que
toutes les ames de ses parens & de ses amis défunts alloient fondre sur lui & le tourmenter là leur aise. Il
n'ar-

n'arriva pourtant rien de ce qu'il craignoit ; car les artifices de Ruzine & de Mornand ne pouvoient pas aller jusques-là.

Une autre fois en entrant, il vit des chaises marcher, des tableaux se mouvoir, & tout cela par le moyen de quelques fil que Ruzine & Mornand remuoient en dehors & retiroient ensuite.

Ils s'aviserent encore de tracer sur une très-grande feüille de papier, les figures les plus magiques & les plus bizarres du livre de la Philosophie occulte d'Agrippa, de la Clavicule de Salomon & du Grimoire, avec la prétenduë signature du Diable, mise à la fin de ce dernier pour faire peur aux simples ; puis ils placerent ces figures de telle sorte, que ce fut le premier objet qui se presenta à sa vûë aussi-tôt qu'il fut entré. Autre nouvelle frayeur pour lui, qui le jetta dans de terribles embarras. Chose admirable ! c'est que, bien loin de craindre d'habiter dans ce cabinet ; au contraire il sentoit je ne sçai quel plaisir de s'y trouver ; il est aisé d'en deviner la raison ; c'est que sa prévention y trouvoit son compte.

Ruzine resolut de hazarder l'execution d'un dessein bien plus hardy ; afin de disposer ce pauvre homme à n'accuser que les ames de tout ce qui arriveroit ; ce qui étoit la fin & le terme de toutes leurs fourberies. Elle entreprit de prendre elle-même la figure d'un Revenant, de se cacher en cet état dans un coin de son cabinet pendant qu'il n'y seroit pas, & ensuite de se conduire selon qu'il se conduiroit lui-même à son égard. Mornand trouva d'abord, qu'il y avoit beaucoup de temerité dans cette entreprise. Mais elle le rassura, en lui disant que le pis qui en pouvoit arriver, c'est que son pere la reconnût ; que s'il la reconnoissoit en effet sous ce déguisement, elle s'en feroit un merite auprès de lui, en l'assurant qu'elle n'auroit pris ce dessein, qu'afin que le desabusant de ce qu'il croyoit touchant les apparitions, il ne fût plus exposé à toutes ces frayeurs qui troubloient son repos & qui pou-

G 6 *voient*

oient enfin avoir des fuites dangereufes pour lui & par
confequent pour toute fa famille. Cette reflexion fut goû-
rée de Mornand & trouvée fort judicieufe & fort raifonnable. C'eft pourquoi il contribua de toute fon adreffe
pour faire réüffir cette entreprife. Le fuccez en fut tel
qu'ils pouvoient fouhaiter ; car Monfieur Oufle fut fi
faifi de frayeur & d'épouvante quand il vit ce prétendu
Spectre, qu'il prit la fuite de toute fa force. L'Abbé
Doudou même, qui étant à une fenêtre, vit paffer fa
foeur ainfi *phantomifée*, lors qu'elle s'en alloit d'un au-
côté pour s'échaper & n'être pas prife fur le fait, fut
fi glacé de crainte, qu'il en tomba évanoüi. Mais il
eft bon de faire remarquer (chofe admirable de voir
une intrigue fi bien concertée par une jeune fille & par
un valet !) que le premier mouvement que fit le prétendu efprit, avant que de fe tremouffer par des fauts & des
gambades, ce fut de prendre, à la vûë de Monfieur
Oufle, une montre qui étoit fur une table, & cela afin-
que ne la trouvant plus, il jugeât que ce Spectre étoit
du nombre de ceux qui viennent de l'autre monde exprès
pour voler. On ne peut pas affurement conduire plus
adroitement une intrigue, & prendre mieux fes précautions pour la faire bien réüffir. Auffi celui contre
qui elle étoit imaginée, y donnâr il fans aucune re-
fiftance, & fans qu'il lui vint dans l'efprit la moindre
penfée de s'en défier. Mais le pauvre homme n'avoit
pas befoin qu'on mît tant d'adreffes en ufage pour le
duper ; fa fotte prévention fuppléoit pour cela à ce qui
pouvoit manquer d'habileté dans ceux qui entreprenoient
de fe divertir ou de faire leurs affaires à fes dépens.
C'eft à quoi fe doivent attendre les gens qui lui reffem-
blent. Pourvû qu'on fçache employer à propos des
mommeries, on tire d'eux tout ce qu'on veut ; on les
fait tomber dans les panneaux qu'on leur tend, on leur
fait croire les chofes les plus incroyables, & après s'ê-
tre diverti de leur credulité, fouvent on en fait l'hiftoire aux autres, pour donner le même plaifir. Voilà
la deftinée ordinaire des foibles, des fimples, des ig
norans

norans & des sots. Ceux qui les flattent, qui les entretien-
nent dans leur foibleſſe, dans leur ſimplicité, dans leur
ignorance, dans leur ſottiſe, ne manquent jamais de leur
rendre juſtice dans le monde, c'eſt-à-dire, de les y faire
connoître tels qu'ils ſont. Il eſt vrai que Ruzine & Mornand ſe donnerent bien de garde de montrer le ridicule de
Monſieur Oufle, parce qu'ils auroient revelé leurs fourberies, & que cette revelation auroit pû tirer à de funeſ-
tes conſequences pour eux; mais ſans la crainte de ces conſequences, ils auroient ſans doute fait comme les autres.

Venons enfin au denouëment de ces intrigues. La
veille du jour qu'il ſe devoit faire, Ruſine trouva moyen de donner en preſence de ſon pere, des mouvemens au bureau où logeoit le ſac de mille Louis, ce
ſac, dis-je, qui étoit le principal mobile de tous les
ſtratagémes dont je viens de parler. Ce fut encore
avec de petites cordelettes adroitement ajuſtées & qu'elle retira enſuite par dehors, que ce bureau ſe promc-
na de là ſorte. Notre viſionnaire le ſuivoit en l'admi-
rant, & ſembloit même être apprivoiſé avec les prodiges. Il paroiſſoit par la fermeté avec laquelle il conſideroit le ſpectacle de cette marche, qu'il y trouvoit
du plaiſir, parce qu'il ſervoit à le confirmer dans l'o-
pinion où il étoit, que les Eſprits, les ames qui reviennent, font tous les jours mille choſes ſurprenan-
tes, que les incredules ne rejetteroient pas comme des
fables, s'ils voyoient ce qu'il voyoit alors. Le pauvre
homme étoit bien éloigné de s'imaginer, qu'on ne
promenoit ainſi ſon bureau, qu'afin de faire faire dans
peu bien du chemin à ſon ſac de mille Louis.

En effet le jour ſuivant, on mit quelque temps après
qu'il fut ſorti tout en deſordre dans ſon cabinet; on y
répandit quantité de feüilles de papier, remplies de
caractéres, auſquels il ne comprenoit rien, & auſquels
ceux qui les avoient écrits ne comprenoient pas plus
que lui; tous ſes livres étoient diſperſez en differens
endroits; les chaiſes étoient renverſées les unes ſur les
autres; un miroir ſe trouva caſſé en mille pieces; les

fenê-

fenêtres qu'il avoit laissées fermées, se trouverent toutes ouvertes ; les tiroirs du bureau étoient aussi ouverts
(car Ruzine en avoit aussi fait faire une fausse clef) le
sac de mille Louis avoit disparu, pour faire place à
plusieurs charbons ; il étoit parti avec Ruzine & Mornand, non-pas par la fenêtre, mais par la porte, qu'ils
ouvroient & fermoient quand il leur plaisoit, puisqu'ils en avoient la clef. De quelle surprise, de quelle
terreur, de quel effroy. Monsieur Oufle ne fût-il pas
saisi, quand entrant dans son cabinet, il vid ce funes-
te dérangement, & ses Louis d'or changez en charbons ! alors rappellant dans son esprit tout ce qui s'é-
toit passé depuis quelques jours, il ne douta point que
ce ne fût quelque brigande d'ame de deffunt, qui eût
fait ce vol & tout ce ravage. Les deux véritables voleurs étoient en sûreté ; car bien loin de les soupçonner, il alla aussi-tôt trouver Mornand, & lui apprit
son désastre ; mais dans la narration de tout ce qu'il
venoit de voir, il appuya particulierement sur la preuve authentique qu'il avoit, par cette avanture, de l'e-
xistence des Revenans & des dommages qu'ils causent.
Mornand qui étoit tout preparé à ce reçit, fit de son
mieux le surpris, l'affligé & le credule. Ah ! disoit
,, Monsieur Oufle, où est à present Monsieur mon
,, frere ? que je voudrois bien qu'il fût ici pour lui don-
,, ner une démonstration sensible & palpable de ce que
,, je lui ai dit tant de fois, & qu'il n'a jamais voulu
,, croire ! Le valet qui ne jugeoit pas à propos que
Noncrede fût instruit de l'enlevement des mille Louis,
parce qu'il avoit sujet de craindre que comme cet homme sage & prudent, ne seroit pas d'humeur à l'attribuer aux ames des morts, il ne trouvât peut-être moyen
de découvrir enfin quelles ames des vivans avoient
fait ce coup, conseilla à son maître de ne point parler de cette avanture, lui remontrant que, quelque
chose qu'il pût dire, on n'y ajoûteroit point de foy ;
& que de plus, la perte d'une somme aussi considé-
rable affligeroit extrémement sa famille ; de sorte que

cette

cette affliction, jointe avec l'incredulité, exciteroit plus que jamais à le traiter de ridicule & de visionnaire. Monfieur Oufle se rendit à cette remontrance ; mais cependant il songea, comme nous l'allons voir, à trouver quelques expediens pour ne courir plus le même danger, & se mettre en garde contre les Spectres, les Phantômes & les Revenans.

CHAPITRE XVIII.

Où l'on apprend ce que fit Monfieur Oufle pour se delivrer des prétendus Spectres, Phantômes & Revenans qui le tourmentoient.

Monfieur Oufle, fort sensible à la perte qu'il venoit de faire, n'entendoit point du tout raillerie à cet egard. Ce n'étoit pas qu'il fût avare ; on ne l'en a jamais accusé ; au contraire, il faisoit noblement toutes choses, sans s'inquieter pour la dépense. Mais enfin ici il étoit constant selon lui, que les gens de l'autre monde étoient venus lui dérober une somme d'argent considerable ; & il lui étoit fort naturel de conclure, qu'il en pourroit venir d'autres pour attaquer son coffre-fort. Cette réflexion qu'il fit aussi bien que je la fais à present, l'engagea à prendre des précautions pour n'être plus attrapé par ces Eprits brigans.

Helas ! le pauvre homme n'avoit point d'autres mesures ni d'autres précautions à prendre, que de n'être pas d'une si facile credulité. Il n'avoit qu'à se mettre pour une bonne fois dans l'esprit, que les ames qui sont heureuses ou malheureuses, ne sont pas capables de joüer de tels tours ; les premieres, parce qu'elles ne seroient jamais assez extravagantes pour l'entreprendre ; les secondes, parce qu'elles n'en auroient ni le pouvoir ni la liberté. S'il avoit été assez docile pour écouter

ter

ter & goûter les raisons qui pouvoient le defabufer, il
auroit enfin deviné les auteurs de la fupercherie qu'on
venoit de lui faire, ou du moins il l'auroit plutôt attri-
buée à la fourberie des ames des vivans que des morts.
Mais il étoit incapable de fe rendre à ces raifons ; parce
que fa prévention, produite & entretenuë par les lectures qu'il avoit faites & qu'il faifoit tous les jours,
fans fe mettre en peine de bien diftinguer le vrai d'a-
vec le faux, l'avoit rendu fi fuperftitieux, que rien ne
lui paroiffoit être judicieux, de bon fens, raifonnable,
que ce qui étoit favorable aux fuperftitions. Cela eft fi
vrai, que pour fe guerir du mal qu'il craignoit des
Revenans (crainte qu'on peut avec juftice appeller fu-
perftitieufe,) il ne chercha que des remedes ou pre-
fervatifs fuperftitieux. Voici comment.

Le lendemain du vol de fes mille Louis, il fe leva de
grand matin, pour confulter tous fes livres, afin d'y
apprendre ce qu'il devoit faire pour n'être plus tourmenté par les Spectres & les Phantômes. Il ne fut pas
heureux dans ce qu'il lut d'abord ; car il trouva ce
qu'il ne cherchoit point, je veux dire, l'art de faire
paroître des Spectres effroyables, par le moyen de la tête d'un homme, changée par la pourriture, en mouches & enfuite en dragons. (a) Il rejetta cette impertinente pratique, non-pas qu'il la crût impertinente ;
mais parce que bien loin de fouhaiter de voir des Spectres, il en étoit fi las & fi dégoûté, qu'il ne demandoit autre chofe, que leur fuite de fa maifon, & fans
aucun retour. Il eut donc recours à des lectures plus

accom-

(a) Les anciens difent que le derriere de la tête eft la
premiere & la principale partie de la tête ; qu'il s'en forme
des vers peu de temps après la mort d'un homme ; qui après
fept jours fe changent en mouches, & après quatorze jours,
ils deviennent des dragons, dont la morfure fait mourir fur
le champ. Si on en prend un, & qu'on le faffe cuire avec
de l'huile d'olive, que l'on en faffe une chandelle, dont la
meche fera d'un drap mortuaire, & que l'on mettra dans
une lampe d'airain, on verra un Spectre horrible. Les Admir. Scr. d'Alb. le Grand. l. 2. p. 162.

accommodées à son intention. Il trouva enfin ce qu'il cherchoit ; car en fait de superstitieuses pratiques, on ne manque point du tout d'instructions sur le *pour* & le *contre* ; & comme c'étoit seulement sur le contre les revenans qu'il vouloit s'instruire, il ne prit que ce qui convenoit à son dessein. Il trouva donc, qu'il n'auroit plus rien à craindre à cet égard, s'il se munissoit de gâteaux pétris avec du miel ; (*b*) ou s'il mettoit du pourpié sur son lit ; (*c*) s'il portoit un diamant au bras gauche & de telle sorte qu'il touchât la chair ; (*d*) ou la pierre Chrysolite enchassée dans de l'or ; (*e*) ou s'il plaçoit à l'entrée de sa chambre un clou attaché d'une biere ou de quelque tombeau ; (*f*) ou enfin s'il portoit à sa main de l'ortie avec une autre herbe qu'on appelle mille feüilles. (*g*).

Comme la perte qu'il venoit de faire lui tenoit fort au cœur, particulierement à cause que d'autres plus considerables pouvoient la suivre, il crut que pour ne plus s'y exposer il ne pouvoit prendre trop de précaution,

(*b*) On donnoit des fouasses pétries avec du miel à ceux qui entroient dans la caverne de Trophonius, afin qu'ils ne reçussent aucune incommodité des Phantômes qui leur apparoîtroient. Le Loyer. p. 326.

(*c*) Balbinus dit, que si l'on met du pourpié sur son lit, on ne verra, ni on n'aura point de vision pendant la nuit. Les Admi. Secr. d'Albert le Gr. l. 2. c. 14.

(*d*) Le diamant, lié au bras gauche, de sorte qu'il touche la chair, empêche les craintes nocturnes. Cardan de la subtilité l. 7.

(*e*) Pour chasser les Phantômes & délivrer de la folie, qu'on prenne la pierre Chrysolite, & après l'avoir mise dans de l'or, qu'on la porte sur soi. Les Admir. Secr. d'Albert le Grand. l. 2. p. 100.

(*f*) Selon Pline l. 34. ch. 15. les anciens croyoient qu'un clou arraché d'un Sepulchre & mis sur le seüil de la porte de la chambre où l'on couchoit, chassoit les Phantômes & visions qui font peur la nuit. Des Spectres par le Loyer p. 326.

(*g*) *Herbam urticam tenens in manu cum mille folio, securus est ab omni metu & ab omni phantasmate.* Tritum Magicum. p. 160.

tion ; c'est pourquoi pendant toute la journée il se donna tant de mouvemens, que le soir il fut muni de toutes ces armes deffensives, & ainsi se crut en seureté contre les attaques des ames de l'autre monde les plus
hardies & les plus entreprenantes.

Il se coucha ensuite avec confiance dans son Cabinet
& se leva le matin très content, parce que rien n'avoit
troublé la tranquillité de son sommeil. Il ne lui en falloit pas davantage pour le convaincre entierement que
toutes ses superstitieuses pratiques produisoient im-
manquablement l'effet qu'elles promettoient. Cependant il est constant que s'il n'avoit point été troublé
par aucun Phantôme, c'est que ni ceux de l'autre monde, ni ceux de celui-ci ne songeoient point du tout à le
tourmenter ; ceux de l'autre monde ont bien d'autres
affaires que de venir ici faire des cabrioles & des gambades, renverser des meubles, souffleter des joües,
rouler dans des greniers, frapper sur des murs & contre des portes, remuer des chaises, souffler des chandelles, & faire je ne sçai combien d'autres espiegleries
que croyent les bonnes femmes, qu'elles font croire
aux petits enfans, & que ceux ci étant devenus plus
âgés ne laissent pas de croire & de faire croire aussi à
d'autres. Quand aux Phantômes & Revenans de ce
monde-ci qui l'avoient si souvent inquieté, je veux dire Ruzine & Mornand, ils étoient d'autant plus dis-
posés à le laisser tranquile, qu'ils ne demandoient qu'à
joüir tranquillement eux-mêmes de son sac de mille
Louis, qu'ils avoient partagé entr'eux avec aussi peu de
scrupule, que si la justice avoit autorisé ce partage.
Ruzine en eut plus de la moitié pour sa part, Mornand y consentant volontiers pour la seureté de sa conscience, à cause que c'étoit la fille de celui qu'il avoit
volé ; comme si le surplus de cette moitié eût été une
restitution qui le rendoit legitime possesseur de ce qui
lui restoit. Changeons à présent la décoration du
Theatre de notre histoire, parce que Monsieur Oufle
va representer des rôles differens de ceux que nous
avons

avons vûs ; je les appelle differens, caufe qu'ils ont rapport à d'autres fujets ; ils font pourtant femblables en une chofe, c'eft qu'il y paroîtra toûjours un fuperftitieux extravagant.

CHAPITRE XIX.

Reflexions Criticomiques envoyées à Monfieur Oufle par fon genie ; ou ftratagéme dont on fe fervit pour le diffuader de ce qu'il croyoit, fur la puiffance que les Aftrologues Judiciaires attribuent aux aftres.

DIRE que Monfieur Oufle ajoûtoit foy à tous ceux qui faifoient profeffion de l'Aftrologie Judiciaire, n'eft pas une chofe furprenante & incroyable pour deux raifons ; la premiere, parce que c'étoit, comme on a vû, l'homme du monde qui donnoit le plus dans les fuperftitions ; la feconde, c'eft que nous voyons tous les jours bien des gens, qui n'étant pas fi vifionnaires que lui, ont cependant autant d'entêtement qu'il en avoit pour tout ce qui appartient à l'Aftrologie Judiciaire, que j'appellerois d'abord volontiers pure forfanterie, fi je n'avois une efpece de refpect pour certains Grands hommes qui ont pris plaifir à faire grande dépenfe d'érudition & de travail, afin de la faire valoir. Si je l'appellois ainfi d'abord forfanterie fans donner des preuves d'un nom fi défobligeant, ils paroîtroient fans doute m'en fçavoir mauvais gré ; je dis qu'ils paroîtroient, car leur habileté & leur bon fens me font des garants qu'ils fe diroient à eux-mêmes que j'aurois raifon de parler de la forte : J'ofe ajouter que dans leurs écrits, ils fe font efforcez plus pour montrer beaucoup d'efprit, que pour parler felon la verité ; c'eft ainfi que

je.

Je le pense, mais ce n'est pas ainsi que Monsieur Oufle le pensoit. Il ajoûtoit tant de foy aux Astrologues
Judiciaires, que leurs prédictions étoient pour lui, ou
des commandemens ausquels il obéissoit sans résistan-
ce, ou des deffenses qui l'empêchoient d'agir, quelques raisons qu'il eût de faire ce qu'elles lui deffen-
doient. Il avoit donné des sommes considerables pour
faire tirer son horoscope & ceux de sa femme & de tous
ses enfans, (car aux Genethliaques l'argent est une influence beaucoup plus prétieuse que celles des Astres,
qu'ils répandent à pleines mains sur qui il leur plaît.)
Entre tous les Horoscopes de sa famille, il y en eut
deux qui y causerent du trouble & du desordre, & qui
donnerent occasion à ce que l'on va lire dans la suite.
Ces deux Horoscopes étoient celui de Camele & de Ruzine. L'un assuroit que la premiere seroit mariée à un
puissant Seigneur; & l'autre, que la seconde seroit Religieuse; celle-là cependant paroissoit être & étoit en effet fort éloignée de l'engagement que son étoile lui promettoit; mais celle-ci marquoit sans façon, qu'elle ne
seroit pas fâchée d'être mariée & d'être enfin femme &
maîtresse à son tour; sa mere le souhaitoit du moins
autant qu'elle, parce que, comme elle l'aimoit d'une ten-
dresse differente de celle qu'elle avoit pour ses autres enfans, elle ne desiroit rien tant que de la voir bien établie,
c'est-à-dire, unie avec un homme qu'elle aimât, de qui
elle fût aimée, & qui par ses biens & par sa profession,
pût la rendre aussi heureuse, qu'elle le pouvoit esperer &
prétendre; il y en avoit un, qui ayant toutes ces condi-
tions la recherchoit depuis long-temps avec toutes les in-
stances possibles, sans avoir pû être écouté de Monsieur
Oufle; & cela à cause de la désobligeante prédiction de
l'Horoscope; raisonnant comme ont accoûtumé de faire
ceux qui donnent dans ces ridicules visions; il prétendoit que si elle s'établissoit malgré les Astres, elle seroit pendant le reste de sa vie accablée par leurs plus malignes influences. Madame Oufle, qui comme une
femme fort judicieuse, ou du moins beaucoup plus que
ne

ne l'étoit son mari, croyoit que les Astres ne se mêlent point du tout de notre vocation, ou que s'ils s'en
vouloient mêler, ils ne sont pas assez raisonnables pour
que nous soyons obligez de prendre leurs conseils &
d'executer leurs ordres, confera un jour avec Ruzine &
son prétendant sur tout ce qui se passoit à cet égard ; ce
prétendant que j'appellerai Belor, étoit un homme d'un
esprit fort agréable & fort enjoüé, & qui s'étoit long-
temps appliqué à l'étude des Sciences necessaires & curieuses. Dans sa plus grande jeunesse, je veux dire,
vers la fin de ses études scholastiques, il s'étoit fait une
serieuse occupation de l'Astrologie Judiciaire ; il avoit
même été souvent la dupe de ceux qui s'en font une profession lucrative ; mais dans la suite l'âge ayant muri son
jugement, & étant par conséquent plus capable de distinguer le mensonge de la verité, il connut si bien le faux
& le ridicule de cette science, ou plutôt de cette charlatannerie, qu'il faisoit une guerre continuelle aux Astrologues par ses discours & par ses écrits. Entr'autres ouvrages
qu'il avoit composés sur cette matiere, il y en avoit un qui
portoit ce titre. *Reflexions Criticomiques sur la puissance &*
les effets qu'on attribuë aux Planettes, aux signes Celestes,
aux Cometes, aux Eclypses ; sur la temerité ridicule des
Horoscopes ; sur les prédictions hazardées des Almanachs ;
sur les prétenduës vertus des Talismans, & generalement
sur toutes les chimeres & impertinences de l'Astrologie Ju-
diciaire. Il s'étoit attaché particulierement à traiter ces
sujets d'une maniere également forte, plaisante & co-
mique ; parce que, disoit-il, cette sorte d'Astrologie
ne merite pas qu'on la traite serieusement, tant elle est
visionnaire, chimerique & impertinente ; il parla de
cet ouvrage à Madame Oufle & à sa fille dans la con-
versation qu'il eut avec elles sur la raison *horoscopique,*
que Monsieur Oufle aportoit pour ne lui point accorder
Ruzine en mariage. Aprés qu'il leur eut fait le détail de tout ce que contenoient ces Réflexions, ils con-
vinrent tous trois, qu'on pourroit peut-être s'en servir
utilement, si on les faisoit lire au bon-homme : Ma-

dame

dame Oufle cependant, qui connoifloit parfaitement
le caractere d'efprit de fon mary, jugea que la lecture
ne s'en feroit pas, fi on ne trouvoit quelque moyen myfterieux pour l'engager à la faire, & qu'ainfi il falloit mettre en ufage le merveilleux, le prodigieux, l'extraordinaire, pour lui faire tenir cet ouvrage; car, ajoûta-elle,
il y a plus lieu d'efperer de cette conduite ce que nous
fouhaitons; que de l'ouvrage même, quelque excellent
qu'il foit: Ce fentiment fut approuvé & l'on fongea à
le mettre en execution. Pour cela on convint, felon le
confeil de Ruzine, de fe fervir du fecours de Mornand; car comme on a vû ci-devant, elle étoit bien
inftruite de ce qu'il fçavoit faire: il fut donc appellé &
entra dans le fecret. Voici quel fut enfin le projet; on
décida qu'il falloit que Belor retouchât fes Reflexions
de telle forte, qu'elles paruffent avoir été faites exprès
pour Monfieur Oufle, qu'enfuite après les avoir fait
décrire de la maniere la plus lifible, on en feroit un
paquet extraordinairement conftruit avec cette adreffe,
A Monfieur Oufle de la part de fon genie: qu'un foir
pendant que Monfieur feroit dans fon Cabinet, en conference avec l'Abbé Doudou, ce qui arrivoit fort fouvent, Mornand jetteroit par le haut de la chimée quelque feu artificiel; & enfuite ce paquet, & le tout avec
beaucoup de précaution, & le plus adroitement qu'on
pourroit. Ces mefures ayant été prifes, furent quelque temps après executées fi heureufement, que le
bon homme & fon fils donnerent entierement dans le
piege. Il feroit inutile de tomber ici dans le détail de
l'execution de ce ftratagême, il fuffit de dire que quand
le paquet tomba, le pere & le fils furent également
troublés, effrayés, & émerveillez; après s'être remis
de ce trouble & de cet effroy, ils amafferent ce merveilleux paquet, la fufcription qu'ils y lûrent les charma;
auffi étoit-elle veritablement charmante pour eux; car ils
n'ignoroient rien de ce qu'on a dit des genies; ils n'ignoroient pas, dis-je, qu'on a écrit que ce font des a-

mes

mes feparées de leurs corps. (*a*) Des êtres entre les
Dieux & les hommes. (*b*) Des créatures qui rem
pliffent cet efpace infini qui est entre Dieu & nous. (*c*)
Que chacun à le fien. (*d*) Que les Villes, les Provinces, & les Peuples, &c. en ont de particuliers;
(*e*) qu'on les a cru des Dieux; (*f*) que pour connoître

(*a*) Selon Apulée, l'ame feparée du corps s'apelle genie. Le Monde Ench. t. 1. p. 23.

(*b*) Ceux-là ont rendu un grand fervice à la Philofophie
qui ont établi des créatures mortelles entre les Dieux &
l'homme, aufquels on peut raporter tout ce qui furpaffe la
foibleffe humaine, & qui n'approche pas de la grandeur divine. Gabalis p. 70. 71.

(*c*) On est embaraffé de cet efpace infini qui est entre
Dieu & le hommes, & on le remplit de genies & de Démons. Hift. des Oracles par Monfieur de Fontenelle p. 74.

[*d*] Plutarque dit dans la vie de Marc-Antoine, qu'il y
eut un Magicien d'Egypte qui avertit Antoine Triumvir,
que fon genie étoit vaincu par celui d'Octavius Cæfar, &
qu'Antoine intimidé par cet avertiffement fe retira en Egypte vers Cleopatre. Des fpectres par le Loyer p. 468.

(*e*) Les Villes & les Provinces avoient leurs genies, juf
qu'aux rivieres & fontaines, le genie & le Dieu des foyers.
des maifons, dit Arnobe. *l. 4. adverf. gent.* fe nommoit Læ-
teranus. Les Dieux Conferentes, comme raporte Arnobe
l. 5. adverf. gent. étoient paillards & lafcifs & aparoiffoient
en forme de M. V. & fe mêloient avec les femmes & les
filles comme incubes. Les Romains tiennent qu'il y en eut
un qui engroffa en la maifon de Tanaquil femme de Tar-
quin, une Efclave nommée Ocrifia, & engendra en elle
Servius Tullius qui fut depuis Roy des Romains. Des Spectres par le Loyer p. 75.

Selon Paufanias les Eléens virent leur genie fous la figure
d'un enfant nud, qui étoit à la tête de l'armée, pour com
batre les Arcades leurs ennemis, lequel immédiatement
après qu'ils eurent remporté la victoire, fe changea en Serpent, que l'on vit fe glifler dans une caverne, où en re-
connoiffance de ce bienfait fignalé; les Eléens lui érigerent
un Temple, & le mirent au rang des Dieux qu'ils ado-
roient. L'Incred. Scau. p. 75.

(*f*) Les genies étoient estimés Dieux, en la tutelle def
quels tout homme demeure depuis qu'il est né; c'est la de-
finition que donne Cenforin des genies, *de die natali;* c'est

tre son genie , il faut naître dans un certain temps :
(*g*) Enfin ils sçavoient parfaitement ce qu'on a dit de
celui de Socrate, (*h*) dont l'antiquité a tant fait de
bruit, & qu'on s'est avisé encore de renouveller dans
notre temps. Ils ouvrirent donc ce paquet, mais avec
une espece de respect, à cause de la maniere extraordinaire

pourquoi les Prêtres de la Toscane les appeloient Consen-
tes ou Complices, parce que dit Arnobe *l. 3. adverf. gent.*
ils naissoient & mouroient avec nous. Des Spectres par le
Loyer. p. 201.

(*g*) C'est une remarque de quelques personnes assez superstitieuses, dans le Jesuite Thyræus *di apparit. Spirit. c. 14.
n. 346.* que tous les enfans qui naissent aux jours des qua-
tre-temps, aportent pour l'ordinaire avec eux leurs coëffes ou
membranes, & peuvent bien plus facilement que les autres
venir à la connoissance & familiarité des genies qui sont
destinés pour leur conduite ; duquel privilege ceux-là se peuvent aussi vanter suivant Ptolomée, *quadrip. l. 4. c. 13. tex-
tu 18.* qui ont la Lune pour dame de leurs actions conjointe avec le signe du Sagittaire ou celui des poissons dans le
Theme de leur naissance. *Naudé. Apol. p. 220.*

(*h*) Apulée vouloit que le genie de Socrate fût un Dieu ;
Lactance & Tertullien, que ce fût un Diable ; Platon disoit
qu'il étoit invisible ; Apulée qu'il pouvoit être visible ; Plutarque, que c'étoit un éternuëment à la gauche ou à la
droite partie, selon lequel Socrate présageoit un bon ou un
mauvais évenement de la chose entreprise ; Maxime de Tyr,
que ce n'étoit qu'un remords de conscience contre la promp-
titude & violence de son naturel, qui ne s'entendoit ni ne
se voyoit point, par qui Socrate étoit retenu & empêché de
faire quelque chose mauvaise ; Pomponatius, que c'étoit l'astre qui dominoit en sa nativité ; & Montagne enfin, étoit
d'avis que c'étoit une certaine impulsion de volonté qui se
presentoit à lui, sans le conseil de son discours. Pour moi,
je croi que l'on pouroit dire assés veritablement que ce demon familier de Socrate qui lui étoit, *in rebus incertis pro-
spectator, dubiis præmonitor, periculosis viator*, n'étoit autre
que la bonne regle de sa vie, la sage conduite de ses actions,
l'experience qu'il avoit des choses, & le resultat de toutes
ses vertus qui formerent en lui cette prudence, laquelle peut-
être, à bon droit, nommée le lustre & l'assaisonnement de
toutes les actions, l'œil qui tout voit, tout conduit, & ordonne, & pour dire en un mot, l'art de la vie comme la
Medecine est l'art de la santé. *Naudé, Apol. pag. 226. 227.*

dinaire avec laquelle il leur avoit été rendu & du prétendu genie qui l'avoit envoyé, ils lurent avec attention ce qu'il contenoit ; je parlerai de l'effet de cette
lecture après que j'aurai rapporté cet écrit : Le voici.

REFLEXIONS
CRITI-COMIQUES

Sur la puiffance & les effets qu'on arttribuë
aux Planetes, aux fignes Celeftes, aux Co-
metes, vux Eclypfes ; fur la temerité ridi-
cule des Horofcopes ; fur les prédictions ha-
fardées des Almanachs ; fur les vertus pré-
tenduës des Talifmans, & generalement fur
toutes les chimeres & les impertinences de
l'Aftrologie judiciaire.

OUfle, je fuis ton genie, ta conduite m'a été confiée, j'en dois rendre compte, & ainfi je me trouve dans l'obligation de te tirer des erreurs où tu te pré-
cipites, & où tu t'abîmes de plus en plus par ta crédulité, & par la facilité avec laquelle tu donnes dans
tous les pieges qu'on te tend. Entre ces erreurs, j'en
choifis particulierement une aujourd'hui, je veux dire,
l'Aftrologie Judiciaire que tu prens pour regle de toutes
tes demarches, & de celles des perfonnes qui compo-
fent ta famille. Les Genies des Aftrologues Judiciaires
me narguent tous les jours, te voyant entêté de tant de
fadaifes & recevoir ferieufement tant de ridiculités que
ceux dont ils ont la conduite, te font gober comme il
leur plaît. Enfin tes fottifes rejailliffent fur moi, & me
font paffer moi-même pour un fot ; je ne m'accomo-

de point du tout d'une telle réputation ; les inſultes de
cette nature me ſont inſupportables, puiſqu'elles donnent lieu de croire que je neglige entierement de
m'acquitter de l'emploi qu'on m'a donné à ton égard ;
tu as été aſſez ſimple pour eſtimer cette prétenduë ſcience, & moi je vais te montrer que tu ne dois avoir que
du mépris pour les inſtructions qu'elle te donne, &
pour les promeſſes qu'elle te fait. Ne t'attends donc
point du tout qu'à ton exemple, je la traite ſerieuſe-
ment, & comme une choſe bien importante ; elle ne
le merite pas ; tout ce qu'elle dit eſt ſi chimerique &
ſi viſionnaire, que le plus qu'on lui puiſſe accorder,
c'eſt de s'en divertir ; on n'a qu'à la faire parler, (ce
qui m'arrivera ſouvent dans cet écrit) pour prouver
que ce qu'elle dit eſt veritablement riſible : Au reſte,
je t'aſſure, foy de Genie, que je ne ferai aucune réflexion qui ne ſoit fondée ſur des regles, des principes,
des maximes, des hiſtoires qui ſe trouvent dans des
Auteurs qui te ſont connus, & ainſi tu ſeras en pays
de connoiſſance. A meſure que tu liras, tu te reſſou-
viendras en pluſieurs endroits d'avoir lû ce qui ſe pre-
ſentera à tes yeux ; car tu ne manques pas de memoire ; tu en as déja donné des preuves inconteſtables ; il
feroit à ſouhaitter que tu euſſes autant de jugement ; je
te parle fort librement, comme tu vois, c'eſt ainſi
qu'en doit uſer un maître envers ſon diſciple ; tu ſerois ſans doute bien plus raiſonnable, ſi comme moi
l'on te diſoit tes verités, ſans ménager ta délicateſſe &
flatter ta prévention. Souffre donc, ſans te plaindre,
mes remontrances, j'en ſouffre bien plus tous les jours
à cauſe de toi, de je ne ſçai combien de petits Genies
donnés pour la conduite des faiſeurs d'Horoſcopes,
qui me raillent continuellement ſur ce que tu penſes,
ſur ce que tu dis, & ſur ce que tu fais. Il faut voir la
joye qu'ils ont quand ils apprennent des autres, ou
qu'ils connoiſſent par eux-mémes, que tu as donné
dans le panneau d'un Aſtrologue ; ils en font en ma
préſence des gorges chaudes qui me déſolent, & enfin
je

je fuis fi las de ce manege, que je veux abfolument y mettre ordre. Pour cela, je vais te montrer le ridicule de ta credulité en te faifant voir combien eft ridicule ce qui paffe dans ton efprit pour être vrai & raifonnable ; profites-en, finon tu t'en repentiras ; je ne t'en dis à prefent pas davantage. Je viens au fait.

PREMIERE REFLEXION.

Il y a dans le ciel fept planétes, & dans une partie du ciel qu'on apelle Zodiaque, qui eft une efpece de ceinture celefte, ou fi l'on veut une maniere de baudrier, felon fa fituation, par rapport aux deux poles du monde, douze fignes ; ces Planetes & ces fignes font là placés exprès pour nous, difent les Aftrologues Judiciaires, ils y ont des occupations importantes à notre égard, ils font continuellement attentifs à nous envoyer des influences pour nous tourmenter, ou nous faire plaifir. Nous n'avons aucun membre que ces corps celeftes ne gouvernent comme il leur plaît, il femble que nous ayions à chaque partie de notre corps des fils attachés, que ces Aftres tirent ou lâchent à leur phantaifie, felon le mouvement ou le repos qu'ils veulent nous donner. Le Soleil gouverne la tête, la Lune le bras droit, Venus le bras gauche, Jupiter l'eftomach, Mars les tefticules, Mercure le pied droit, Saturne le pied gauche. Ou Mars gouverne la tête, Venus le bras droit, Jupiter le bras gauche, le Soleil l'eftomac, la Lune les tefticules, Mercure le pied droit, & Saturne le pied gauche ; quant aux fignes, le Bellier gouverne la tête, le Taureau le col, les Gemaux les bras & les épaules, l'Ecrevifle la poitrine & le cœur, le Lion l'orifice de l'eftomach, la Vierge le ventre, la Balance les reins & les feffes, le Scorpion les parties honteufes, le Sagittaire les cuiffes, le Capricorne les genoux, le Verfeau les jambes, les Poiffons les pieds ; voici quelque petite difference, car ces Meffieurs ne s'accordent pas :

toûjours & en tout ; chacun veut y mettre du fien ;
les Aftrologues font préfider le Belier à la tête, le
Taureau au col & au gofier, les Gemeaux aux épaules, aux bras & aux mains, l'Ecreviffe à la poitrine
& au poulmon , le Lion au diaphragme, à l'eftomach & au ventre ; la Vierge au cœur & aux hypo-
condres, la Balance aux vertebres & aux reins, le
Scorpion à la veffie, le Sagittaire aux cuiffes, le Capricorne aux genoux , le Verfeau aux jarets, & les
Poiffons aux pieds. Il ne faut pas pourtant s'aller imaginer que les Aftrologues donnent de tels emplois à
ces corps celeftes fans faire quelque raifonnement pour
appuyer ce qu'ils difent ; rapportons de bonne foy quelques uns de ces raifonnemens, & enfuite nous raifon-
nerons à notre tour. Les Aftrologues ont affigné à
chaque Planete une domination fur chaque partie du
corps ; ils établiffent cet empire fur une certaine fympathie qu'ils difent avoir avec les Aftres. Ils affurent
que le cœur a fon raport au Soleil , d'autant que comme il eft la fource de la chaleur vitale, auffi cet Aftre
vivifiant répand fes rayons fur toutes les parties du
monde. Ils veulent que la Lune préfide au cerveau,
& que par une vertu fecrete, elle l'affujettiffe à croître
& à décroître. Le foye qui eft la partie où fe façon-
ne le fang, regarde Jupiter comme fon Aftre domi-
nant, lequel par fa vive couleur fait affez connoître
l'empire qu'il a fur les Sanguins. Les reins font fous
la domination de Venus qui eft une planete de fecon-
dité, comme la ratte qui eft le receptacle de l'humeur
atrabilaire & melancholique, eft fujette aux impreffions
de Mars , qui eft colerique & fougueux ; enfin ils difent que le poumon, qui continuellement afpire & ref-
pire l'air dont fe forme la voix , à fon raport à Mercure, Planete venteufe, qui femble être meffager du
Ciel , par fes allées & par fes venuës, comme s'il
étoit occupé à porter les ordres de fon maître. Peut-
on faire un plus pitoyable raifonnement , & n'eft-ce
pas une chofe furprenante , mais plutôt prodigieufe ,
qu'il

qu'il fe trouve des gens qui fe Laiffent feduire par de
telles rêveries ? Tout ce que je viens de raporter eft
fort Phyfique, cette belle invention feroit imparfaite,
s'il ne s'y mêloit point du moral, on y a pourvû, en
voici un échantillon ; le Bellier fait les lafcifs & les
gourmands ; le Taureau les temeraires, & les feditieux ;
les Gemeaux les curieux & les avares ; l'Ecreviffe les
inconftans, le Lion les coleriques, la Vierge les cha-
ftes, la Balance les juftes, le Scorpion les railleurs &
les traîtres, le Sagittaire les orgueilleux, le Capicor-
ne les vaillans, le Verfeau les moderés, & les Poiffons les infidèles. Si une Comete reffemble à une
flute, Muficiens, prenés garde à vous ; les Aftrologues vous avertiffent que c'eft à vous qu'elle en veut ;
fi elle eft dans les parties honteufes d'un figne, impudiques, vous avez tout à craindre ; fi fa fituation
eft telle, qu'elle faffe avec les Etoiles un triangle ou
un quarré, c'eft aux fciences & à l'efprit qu'elles s'a-
dreffe ; que de poifons elle va répandre, fi elle eft
placée dans la tête du Serpentaire Boreal ou Auftral !
Donnez-vous bien de garde de prendre medecine lorfque la Lune eft dans le figne du Taureau, parce que,
dit un Aftrologue d'un ton d'Oracle, comme cet animal eft un de ceux qui ruminent, il tirera vôtre medecine du fond de votre eftomach en haut, pour vous
la faire vomir & rejetter jufqu'à la derniere goutte. Si
vous cüeillés la chicorée à l'heure de Mars, elle fera
beaucoup meilleure pour guerir les inflammations du
foye, que fi elle étoit cüeillie dans un autre temps ; en
voici l'admirable raifon ; il eft certain que c'eft Jupiter
qui enflamme le foye. Il eft encore conftant que Mars
eft l'ennemi irreconciliable de Jupiter, & ainfi concluës
que vous fervant d'une chicorée que Mars protege,
Jupiter ne pourra empêcher le remede que vous en at-
tendez ; que faites-vous mon ami ? vous bâtiffez votre
maifon dans le quatriéme degré du Scorpion ! Ce Scorpion celefte en va produire une infinité de terreftres,
qui la défoleront pendant tout le temps qu'elle fubfi-

H 4 ftera.

stera ; mais pourquoi Monsieur l'Astrologue, n'en produit-il point pour les autres ouvrages qu'on fait dans le même temps? Oh pourquoi! pourquoi? c'est qu'il ne lui plaît pas. Vous êtes né sous le Capricorne pendant qu'il avoit la couronne à l'Orient? bon presage! dépensés, ne craignés rien, la pauvreté ne vous accablera pas; le Capricorne se servira de cette couronne pour vous en mettre une sur la tête, vous serez Roy, cela étant, que nous allons avoir de Rois, s'il naît beaucoup d'enfans sous la situation de ce signe! car je croi que l'Astrologue ne dira pas qu'il n'y en a que quelques-uns que cet Astre veut bien gratifier de cette charmante influence. Vous aimez, dites-vous, tant la musique, que vous voudriés que tous les enfans que vous aurés y excellassent? L'Astrologie Judiciaire vous en va donner le moyen; prenez si bien vos mesures, qu'ils puissent naître sous la constellation de la lyre d'Orphée; leurs corps resonneront comme un luth & un clavessin. Vous seriez un bon chasseur, si vous ériez né sous Orion; & vous pescheur heureux, si le Verseau avoit dominé sur votre naissance. Puisque vous êtes begue, & vous muet, je devine le temps de votre naissance, vous êtes sorti du sein de vos meres, lorsque Saturne & Mercure étoient opposites en un signe brutal.

Je ne finirois point, si je me laissois emporter par tout ce que ma mémoire me fournit sur leurs prédictions & leurs promesses, pour en faire le détail. Ce que je viens de dire suffit pour juger du reste, car tout ce que je tais n'est pas mieux fondé, ni plus raisonnable. Que j'aurois un beau champ de plaisanterie, si je voulois examiner piece à piece ce que je viens de dire! prens toy-même ce soin, mon bon Oufle, mon cher disciple, je te le laisse pour tes heures de récreation. Tâche de concevoir comment, par exemple, une influence de la Balance va choisir les fesses d'un enfant, pour les bien gouverner, & ensuite les vertebres & les reins d'un autre, pour la

même

même fonction ; comment Mercure & Saturne conviennent ensemble pour s'emparer de ses pieds, l'un du droit, l'autre du gauche, de telle sorte, qu'ils ne se méprennent point, & qu'ils ne trouvent pas mauvais que les Poissons entrent avec eux dans les mêmes soins. Pourquoi l'écrevisse fait les hommes inconstans, elle dont les mouvemens sont si pesants & si tardifs. Parcours de cette maniere toutes les autres visions. En attendant que tu te donnes ce plaisir, voici ce que j'ai à te dire en general sur cette matiere ; il te pourra beaucoup servir à te donner à toi-même le divertissement que je te conseille de prendre.

II. Il est constant que ces figures que l'on donne aux signes Celestes, ne subsistent que dans l'esprit de ceux qui se les imaginent de la sorte. C'est un pur caprice, par exemple, qui a fait representer un certain signe sous la figure d'une femme ; car il ne tient asseurement pas plus de la figure humaine, que d'une autre. Quand même il seroit vrai qu'il tiendroit de la figure humaine, avons-nous les yeux assez bons, avec l'aide même des plus excellens Telescopes, pour discerner que c'est à une femme qu'il ressemble & non pas à un homme ? Et si nous pouvons porter notre discernement jusques-là, pourrions-nous connoître que c'est la figure d'une fille, plutôt que celle d'une femme ? Et enfin, quand même nous pourrions faire toutes ces subtiles distinctions, & connoître clairement qu'un certain nombre d'Etoiles sont tellement situées, qu'elles forment une figure de fille, s'ensuivroit-il qu'elles communiqueroient à un corps éloigné peut-être de trente millions de lieües, une influence contraire à la multiplication du genre Humain ? Tu connois sans doute, que c'est du signe de la Vierge que je veux parler. Voilà, mon ami, de quelle maniere tu devrois raisonner, car c'est pour toi que je fais ces raisonnemens ; c'est pour t'exciter à en faire de semblables. Pour moi je n'en ai pas besoin, car nous autres Genies, nous connoissons les choses telles qu'elles sont, parce qu'étant

dégar

dégagez de la matiere , nous les allons examiner de
près & ainsi sçavons parfaitement ce qu'elles sont & ce
qu'elles peuvent faire. Si tu m'en voulois croire sur ma
parole, je ne t'en ferois point tant de raisonnemens,
je te dirois seulement, que l'Astrologie Judiciaire est
une science purement chimerique. Continuons.

III. Quoi donc! parce qu'une Comere nous paroîtra répondre à certaines étoiles, qu'il a plû aux anciens
d'appeller le signe de la Vierge, pour s'accommoder aux
fictions poëtiques qui portoient que la justice, ou l'As-
trea l. o , degoûtée du monde aussi corrompu que
le nôtre, s'en étoit allée au ciel , les femmes seront
steriles , ou ne trouveront point de mari! peut-on
esperer des réalitez de prédictions fondées sur de telles chimeres? Il y a une constellation dans le ciel qu'il
a plû à quelques personnes de nommer Balance, &
qui ressemble cependant à une Balance comme à un
moulin à vent; la Balance est le symbole de la justice; donc ceux qui naîtront sous cette constellation seront justes & équitables. Il y a trois autres signes
dans le Zodiaque qu'on nomme l'un Bellier, l'autre
Taureau, l'autre Capricorne, & qu'on eût pû aussi
bien appeller Elephant, Crocodile & Rhinoceros; le
Bellier, le Taureau & le Capricorne sont des animaux
qui ruminent; donc ceux qui prennent medecine lorsque la Lune est sous ces constellations sont en danger de la revomir. Ne feroit-on pas mieux de dire,
le Bellier, le Taureau, & le Capricorne ne sont que des
imaginations; donc le vomissement de la medecine ne
sera qu'imaginaire.

IV. Voyons comment il se peut faire, que les Astres rendent les hommes guerriers, ou impudiques, ou
orgueilleux , ou sages & prudens; comment ils rendent heureuses ou malheureuses les entreprises des
hommes ; comment ils obligent une fille de prendre
le party de se renfermer dans un Couvent; un homme de se faire Magistrat ; un autre d'aller courir les
mers ; enfin de quelle maniere ils s'y prennent pour

donne

donner au monde ces grands mouvemens que nous y
remarquons. Les Astres ne sçauroient exciter toutes
les passions qui diversifient les évenemens, à moins
qu'on ne donne de la connoissance à tous les corpuscules qu'ils répandent dans l'air. Pour te le faire
mieux comprendre, je choisis dans l'antiquité la guerre de Troye, dont on a tant parlé, & dont on parle
encore tous les jours; cet évenement est assez confiderable pour que les corps celestes s'en soient mêlez,
puisque, selon les Astrologues, ils s'occupent tous les
jours d'une infinité de bagatelles qui ne meritent pas
la peine d'en parler. Supposons donc qu'un Astre a
formé toutes les passions qui ont produit la guerre de
Troye, il faut supposer aussi que quelques-uns de ces
atomes, de ces corpuscules ont été chargés de la com-
mission d'aller d'abord rendre Pâris amoureux d'Helene, & Helene amoureuse de Pâris; que d'autres atô-
mes ont pris pour leur part le soin d'animer le bon-
homme Menelaüs contre Pâris & contre tous ceux
qui lui appartenoient, & de lui persuader, quoiqu'il
n'en fût rien, que sa chere femme s'ennuyoit extrêmement depuis qu'elle ne le voyoit plus, & qu'elle
avoit une cruauté inexorable pour son amant ravisseur;
car sans cette persuasion, il y a apparence qu'il n'auroit pas daigné mettre en combustion toute la Grece
pour la ravoir. Ce n'est pas tout, il y a bien d'autres commissions à remplir, & par consequent il faut
encore bien d'autres corpuscules; il en faut pour representer à Agamemnon, qu'il ne doit pas souffrir cette
tache dans sa famille; il en faut pour le flatter de l'esperance du commandement general; il en faut un
nombre innombrable pour aller par tous les Bourgs,
Villes & Villages de la Grece; & y faire prendre les
armes à tous ceux qui sont capables de les porter; il
en faut pour la Cour de Priam, afin d'y faire résoudre qu'on n'y rendra point Helene, quelques grands
que soient les efforts de ceux qui la demandent; je ne
veux pas pousser plus loin ce dénombrement crainte de

H 6   t'effrayer;

t'effrayer ; car tu pourrois t'aller imaginer que les Etoiles étant obligées de faire une si grande dépense de corpuscules qu'elles tirent de leur propre substance, elles pourroient enfin s'épuiser, se détruire elles-mêmes, & par conséquent disparoître, & ainsi du Soleil, de la Lune, & de tous les autres Astres ; ce qui nous embarrasseroit extrêmement. N'as tu pas envie de rire, en considerant tout ce manege de corpuscules ? Croi-moi, ne te retien pas, si cette envie te prend ; car il le merite bien.

V. Quelques anciens ont dit, (car que ne dit-on pas ?) que les belles pierres que nous appellons précieuses, étoient des larmes coagulées qui tombent des Etoiles qui sont les yeux des Cieux ; c'est pourquoi les Astrologues assurent que chaque Planete a sa pierre favorite. En effet, n'est-il pas naturel d'aimer cherement ses yeux ? La pierre d'Aigle, disent-ils, ou œthites, & la hyacinte, sont de nature solaire ; l'Emeraude est lunaire ; l'Ayman est propre à Mars aussi-bien que l'Ametyste ; la Topase & le Porphire conviennent à Mercure ; le Berile est propre à Jupiter ; la Cornaline convient à Venus ; la Calcedome & le Jaspe conviennent à Saturne. Et ainsi en même-temps que le Soleil donne ordre à quelques-uns de ses rayons de ranger la tête d'un homme, il en darde d'autres pour construire la pierre d'Hiacinte ; pendant que Mercure, Venus & les autres Planetes s'occupent chacune en particulier sur d'autres pierres. Que d'ouvrages differens pour ces corps celestes ! travailler à établir la fortune des hommes ou à la détruire : leur donner des desseins & les moyens de les executer ; les rendre bons ou méchans ; rétablir leur santé ou les accabler de maladies ; épier le moment auquel on plante les arbres pour les faire ou feconds ou steriles ; roder toûjours autour d'une pierre ou d'un métail pour les conserver & les fournir de vertus & de proprietés. Franchement, voilà bien de l'ouvrage pour des corps separés par des espaces immenses des sujets sur lesquels ils

travail-

travaillent ! Comment un vent violent ou des nuages épais, ne détournent ou ne retiennent-ils pas en chemin les influences qu'ils envoyent ? Je voudrois bien que les Aſtrologues nous expliquaſſent ce qu'ils font pour leur donner paſſage, malgré les obſtacles qui s'y peuvent oppoſer.

VI. Selon Philon, les Aſtres ſont animés & ſe meuvent en rond par leur propre intelligence. Benmaimon dit que tous les Aſtres & orbes Celeſtes ont une ame, qu'ils ont de la connoiſſance, de l'intelligence & une vie durable, connoiſſant celui par la parole duquel l'Univers a été fait ; que chacune de ces créatures ſelon ſon excellence & ſa dignité loüe & glorifie ſon auteur, à l'exemple des Anges ; & que comme elles connoiſſent Dieu, elles comprennent auſſi ce qu'elles ſont elles-mêmes, comme font les Anges qui ſont au-deſſus d'elles ; mais que leur connoiſſance eſt au deſſous de celle des Anges ; & au deſſus de celle des hommes ; enfin on leur donne de la vûë & de la raiſon. Donner du ſens, de la vûë, de la raiſon aux Aſtres ; prétendre qu'ils ſont capables de commettre des crimes, & de pratiquer des vertus ; cette opinion paroît ridicule, & certes on a ſujet de lui donner ce nom ; mais je ne crois pas que les Aſtrologues Judiciaires oſent dire qu'ils y trouvent de la ridiculité, puiſqu'ils doivent eux-mêmes croire les Aſtres raiſonnables, pour leur attribuer tant d'opérations, dont ils ne pourroient pas s'acquiter ſans avoir quelque raiſon ; cette exactitude à s'attacher par leurs influences à une pierre plutôt qu'à une autre pierre, à un membre plutôt qu'à un autre membre, à un certain arbre preferablement à tous les autres, ce diſcernement pour en faire le choix, cette regularité à influer en temps & lieu, pour faire faire de certaines actions, pour détourner de certains dangers, pour produire de certains évenemens, tout cela, encore une fois ſent beaucoup la raiſon.

VII. Entre pluſieurs découvertes que Pythagore

H 7   avoit

avoit faites, l'antiquité a admiré particulierement cette musique zeleste que lui seul entendoit ; on s'en est raporté à lui, car le moyen d'y aller voir ! Il disoit qu'il trouvoit dans la distance qui est entre les Astres, les tons de la musique ; qu'entre le ciel de la Lune & de la Terre, il y a un ton ; un demi ton de la Lune jusqu'à Mercure ; un demi ton de Mercure à Venus ; de Venus au Soleil, une fois & demie autant que de Venus à Mercure ; du Soleil au cercle de Mars, un ton ; de Mars à Jupiter, un demi ton ; de Jupiter à Saturne, un demi ton, & de Saturne au Zodiaque, une fois & demie autant que de Jupiter à Saturne ; & ainsi, en joignant cette harmonie, voila les sept tons de la musique : faut-il s'étonner après cela, s'il se trouve dans les Astres des influences pour produire des Musiciens, puisque tous les Cieux ensemble composent une musique ? Peut-être que si nous avions d'allez bons yeux, & si nous connoissions parfaitement les Cieux tels qu'ils sont, nous y remarquerions ce qu'ils nous envoyent ici, je veux dire des guerres, des famines, de la joye, de la tristesse, des vices & des vertus ; tu vas dire que je plaisante beaucoup ; j'avoüe de bonne foy que je ne suis pas d'humeur comme toi, à prendre sur un ton serieux les mysteres de l'Astrologie dont je parle. Fai bien attention sur ce qu'elle dit, & tu reconnoîtras que les consequences que j'en tire, ne sont pas si ridicules que tu le peux penser.

VIII. Que de bizarres opinions on a eües sur les Eclypses ! les Atheniens, dit Plutarque dans la vie de Periclés, brûloient anciennement tous vifs ceux qui disoient que l'Eclypse se faisoit par les interpositions de l'ombre du corps de la Terre ou du corps de la Lune ; selon le même auteur, dans la vie de Nicias, dans le quatriéme siecle de la fondation de Rome, on n'osoit encore s'ouvrir qu'à ses meilleurs amis, & en prenant bien ses précautions, de la cause des Eclypses de Lune, qu'Anaxagoras avoit enseignée depuis peu. C'étoit une opinion fort generale parmi les Payens, que les Eclyp-

ses

ſes de Lune procedoient de la vertu magique de certaines paroles par leſquelles on arrachoit la Lune du ciel ; &
on l'attiroit vers la terre pour la contraindre de jetter
l'écume ſur les herbes , qui enſuite devenoient plus
propres aux ſortileges des enchanteurs. Lucain dit l. 6.

> *Et patitur cantu tantos depreſſa labores,*
> *Donec ſuppoſitas propior deſpumet in herbas.*

Aglaonice fille d'Agetor qui étoit une femme ſçavante
en Aſtrologie ; faiſoit accroire au peuple qu'elle arrachoit la Lune du Ciel par des charmes & des enchantemens, Plutarque au traité des Oracles qui ont ceſſé
No. 10. Un Poëte dit que les Brachmanes Sorciers,
attiroient la Lune & la faiſoient tomber ſur la terre ſous
la figure d'un jeune Taureau.

Ceci eſt bien de ton goût ; car je ſçai que tu crois
tout ce qu'on te dit des Sorciers & Magiciens. Pour
délivrer donc la Lune de ſon tourment, & pour éluder
la force du charme, il falloit, dit-on, empêcher qu'elle n'en oüît les paroles ; dequoi on venoit à bout en faiſant un bruit horrible. Les Perſes pratiquoient encore cette ridicule ceremonie , au raport de Pietro de la
Valle ; elle eſt auſſi en uſage , ſelon Tavernier, dans
le Royaume de Tonquin , où l'on s'imagine que la
Lune ſe bat alors contre un Dragon, Virgile dit Ecl. 8.

> *Carmina vel cælo poſſunt deducere lunam.*

Et Horace parlant l. 5. od. 5. d'une fameuſe Sorciere
d'Ariminum, dit que par ſes enchantemens elle faiſoit
deſcendre du Ciel la Lune & les Aſtres.

> *Quæ Sydera incantata voce Theſſala*
> *Lunamque cælo deripit.*

Plutarque parlant d'une Eclypſe de Lune , nous apprend qu'en cette occaſion les Romains ſonnoient des
inſtru-

inſtrumens d'airain, & élevoient au Ciel de groſſes torches allumées, s'imaginant que par ce moyen la Lune
étoit beaucoup ſoulagée,

Cum fruſtra reſonant æra auxiliaria lunæ.

dit Ovide l. 4. Metam. Et Juvenal parlant dans ſa Sa-
tyre 9. d'une femme babillarde, dit, qu'elle eſt capable de faire aſſez de bruit pour ſecourir la Lune dans
ſon travail,

Una laboranti poterit ſuccurrere luna

Au Pérou quand le Soleil s'éclypſoit, ceux du pays
diſoient qu'il étoit fâché contre eux pour quelque faute qu'ils avoient commiſe, puiſque ſon aſpect en étoit
tout troublé, comme le viſage d'un homme qui eſt en
colere; & là-deſſus ils prognoſtiquoient à la maniere
des Aſtrologues, qu'il leur arriveroit bien-tôt quelque
grand malheur: ils faiſoient la même prédiction dans
l'Eclypſe de la Lune; ils la croyoient malade, quand
elle paroiſſoit noire, & ils comptoient qu'elle mourroit infailliblement, ſi elle achevoit de s'obſcurcir;
qu'alors elle tomberoit du Ciel, qu'ils periroient tous,
& que la fin du monde arriveroit; ils en avoient une
telle frayeur, qu'auſſi-tôt qu'elle commençoit à s'éclyp-
ſer, ils faiſoient un bruit terrible avec des trompettes,
des cornets, des atabales & des tambours; ils atta-
choient outre cela des chiens, & ils leur donnoient de
grands coups pour les faire aboyer, dans l'eſperance
que la Lune, qu'ils croyoient avoir de l'affection pour
ces animaux à cauſe de quelque ſervice ſignalé qu'elle
en avoit reçû autrefois, auroit pitié de leurs cris, &
qu'elle s'éveilleroit de l'aſſoupiſſement que ſa maladie
lui cauſoit. D'ailleurs, pendant qu'elle étoit ainſi malade, ils excitoient les enfans & les jeunes garçons à
l'invoquer, les larmes aux yeux, à faire de grands
cris, & à la prier de ne ſe point laiſſer mourir, de

peur

peur que fa mort ne fût caufe de leur perte univerfel-
le: les hommes & les femmes répondoient confufément
à ces cris, & faifoient un bruit fi étrange, qu'il n'eft
pas poffible de s'en imaginer un pareil. Les Talapoins
Siamois enfeignent, que quand la Lune s'éclypfe, c'eft
un Dragon qui la dévore, & que quand elle paroît
après fon Eclypfe, c'eft le même Dragon qui la rejette. Hérrera dit t. 3. l. 13. c. 13. que les Infulaires de
Ternate aux Moluques, pleurent aux Eclypfes du Soleil & de la Lune, fur la créance qu'on leur a donnée,
qu'elles doivent caufer la mort du Roi ou de quelque
Grand. Voilà bien des imaginations erronées fur la
nature des Eclypfes, ou fi tu veux fur la maniere avec
laquelle elles fe font.

IX. Voici quelques exemples de gens qui ont bien
fçu profiter de ces erreurs ; car tous les jours il fe trouve des efprits adroits qui tournent à leur profit la foibleffe des fimples. Si tu voulois faire bien attention
fur tout ce qui t'eft arrivé, tu conviendrois que tu as
fouvent été la duppe dans des occafions femblables. Les
legions de Pannonie s'étant mutinées contre Drufus fils
de Tibere, & une Eclypfe étant furvenuë alors, auffi
à propos, que fi elle avoit été mandée, il en prit occafion pour les ranger à leur devoir. Chriftophle Colombe avança bien fes affaires chez les Indiens du
nouveau monde, en leur prédifant une Eclypfe de Lune ; c'eft ainfi qu'on en fait accroire aux ignorans.

X. Voila affez parler des erreurs fur la nature des
Eclypfes, difons à prefent quelque chofe des préfages
qu'on leur attribuë ; cela fera terminé en peu de mots,
& ce peu de mots fignifieront beaucoup & devront contenter l'efprit, pour peu qu'il foit raifonnable. Comme tu donnes beaucoup dans ces prédictions Aftrono-
miques, c'eft à toi que j'adreffe la parole. Dy-moi,
mon bon Oufle, as-tu raifon de t'imaginer que Dieu
ait choifi pour les fignes de fes châtimens ou de fes
récompenfes (mais j'ai lieu de les appeller plutôt fignes de châtimens pour m'accomoder à l'opinion vulgaire,

gaire , car c'eſt ainſi qu'on le penſe ordinairement ,
pour ne pas dire toûjours) des Eclypſes qui arrivent
des quatre & cinq fois l'année , & qui le plus ſouvent
ne viennent à la connoiſſance de perſonne ? Quoi! ſi
tu voulois avertir tes enfans d'une punition , te ſervi-
rois-tu d'un moyen qui arriveroit regulierement dans
un certain temps , & dont tu ne ſerois pas aſſuré qu'ils
en pourroient avoir connoiſſance , pour leur donner cet
avertiſſement ? Qui t'a dit que les Eclypſes marquent
que ce Souverain de tous les êtres eſt indigné contre
les hommes , & qu'il les envoye pour leur donner avis
qu'il va inceſſamment les punir de leur crimes ? Etu-
die les revolutions celeſtes , & tu apprendras que quand
même nous ne pécherions point , les Eclypſes vien-
droient comme elles viennent.

X I. Ces Eclypſes ſont une obſcurité ; donc tous les
hommes du pays obſcurci deviendront malades. Quelle conſequence ! eſt-ce qu'il n'y a pas des gens qui ſans
alterer leur ſanté demeurent les jours entiers dans des
lieux beaucoup plus obſcurs , que les tenebres de la plus
grande Eclypſe ? Les alimens ne ſont-il pas plus neceſſaires à la vie que le Soleil , puiſque vers les Poles , il
y a des nations qui paſſent commodement pluſieurs
mois de ſuite , ſans que le Soleil s'éleve ſur leur hori-
ſon ? Y a-t-il rien de plus extravagant que de s'imaginer que la malignité prétenduë des tenebres d'une Eclypſe , va parmi un nombre prodigieux d'hommes , choi-
ſir juſtement le Roi pour le tourmenter par quelque maladie , ou pour lui faire perdre ſa Couronne ? car comme tu le ſçais , ſelon les dictions des Aſtrologues , les
Eclypſes en veulent d'ordinaire aux Grands. N'eſt-ce
point à cauſe que ces Aſtrologues étant d'ordinaire dans
la petiteſſe , en veulent eux-mêmes beaucoup à la Grandeur ?

X I I. Je ne veux point quitter la Lune ſans parler ,
(cependant en peu de mots) de quelques effets qu'on
lui attribuë fauſſement. On entend continuellement
dire que la Lune fait croître & décroître la moüelle &

la

la cervelle des animaux , & les œufs des Ecreviſſes ;
qu'elle ronge les pierres ; qu'elle regle le froid & le
chaud ; les pluyes & les orages , & tout cela , ſans
avoir d'autre fondement que de certains préjugez dont
on ne ſe met point en peine de bien examiner la verité.
Il y en a cependant qui ont pris cette peine pendant
20 & 30 années de ſuite , & qui ont trouvé que ces
préjugez ſont auſſi faux qu'ils ſont generalement reçus
& établis. La ſuite de mes Réflexions , auſſi-bien
que ce que tu en as deja lû , t'en convaincra. Tu
connoîtras encore par pluſieurs raiſonnemens qu'elles contiennent , combien il eſt ridicule de croire
qu'elle augmente les biens de ceux qui changent de
logis pour aller dans un nouveau , & que quand les
maris lui font l'honneur de l'appeler & de la nommer
dans le genre maſculin , elle les rend entierement les
maîtres de leurs femmes ; Demonom. de Bodin. p.
116. Ces penſées certainement ſont des viſions des plus
boufonnes.

XIII. C'eſt encore une prétention bien étrange ,
que de s'aller perſuader que l'on peut faire lire dans la
Lune à une perſonne très-éloignée ce qu'on lui veut
apprendre. On a pourtant aſſuré qu'on y avoit réüſſi ;
en voici deux hiſtoires ou plutôt deux contes. On dit
que Pythagore faiſoit boüillir des féves , & les expo-
ſoit quelques nuits à la Lune , juſqu'à ce que par un
grand reſſort de magie , elles vinſſent à ſe convertir en
ſang ; qu'avec ce ſang , il écrivoit ſur un miroir ven-
tru ce qu'il jugeoit à propos , & qu'oppoſant ces Lettres à la face de la Lune , quand elle étoit pleine , on
voyoit dans le rond de cet Aſtre tout ce qu'il avoit écrit
ſur la glace de ſon miroir. Aporta veut faire croire
dans ſon livre de la magie naturelle, que François I. faiſant la guerre à Charles-quint , un Magicien faiſoit connoître aux Pariſiens ce qui ſe paſſoit à Milan , en écri-
vant ſur un miroir ce qu'il vouloit qu'ils appriſſent , &
l'expoſant à la Lune , de ſorte qu'on liſoit dans cet Aſtre ce que le miroir portoit par écrit. Voilà un beau
secret

secret perdu, ou bien negligé, car on ne le voit point mettre en ufage ; n'eft-ce point que les maîtres des Poftes s'y oppofent ? mais non, c'eft plutôt parce que tout le monde pourroit lire dans la Lune ce qu'on voudroit ne faire fçavoir qu'à un feul ; & ainfi la politique & l'amour n'y trouveroient pas leur compte.

XIV. Je ne plaifanterai pas dans cet article-ci ; car je vais gemir, pour ainfi dire ; puifque je me propofe de parler de l'impudence qu'ont eû les Aftrologues de fe faire des chofes les plus facrées, les plus faintes, les plus dignes de refpect, & de veneration, des objets ferieux de leurs charlatanneries. Selon eux non feulement tous les Empires, mais même toutes les Religions trouvent leur deftinée dans les Aftres. Saturne, difent-ils, eft auteur de la Loy Judaïque, d'où vient le nom du Sabath des Juifs au Samedy ; & comme les influences de cette Planete font malignes, c'eft à caufe d'elles, que les Juifs font fi mal-traitez des autres peuples, & fujets à tant de miferes ; & ainfi à leur dire, ce fera fur les influences de Saturne qu'auront été fondées les predictions de leurs malheurs. Ils font la Religion Chrétienne fille du Soleil, prétendant que c'eft à caufe de cette filiation que les Chrétiens ont mis leur Dimanche au jour dominé par cette Planete, & que les Cardinaux portent le rouge, qui eft une couleur toute folaire. Le faux Berofe a écrit que Noé bâtit l'Arche qui le fauva, parce qu'il avoit apris par l'obfervation des Aftres, qu'un déluge univerfel alloit noyer toute la terre & tous ceux qui y demeuroient. Donc felon eux, ce ne fut point Dieu qui l'en avertit pour le conferver felon les decrets de fa providence, comme les livres facrez le témoignent. Leurs regles veulent abfolument que fi les Gemeaux afcendans avec Saturne dans le figne du Verfeau, rempliffent la neuviéme maifon, il foit impoffible qu'il n'en naiffe un Prophete ; voilà donc l'efprit prophetique dépendant de la naiffance & non pas d'un choix particulier de Dieu. Un fameux Juif entêté de cette impertinente doctrine, ofa affurer que le Meffie

n'étoit

n'étoit pas né, & prédire qu'il naîtroit dans l'année mille quatre cens soixante quatre, & cela, disoit-il, parce que cette année auroit la même face du Ciel qui se trouva lorsque Moïse tira d'Egypte le peuple d'Israël. Ce Juif supposoit que le Messie n'étoit pas venu, mais en voici qui le reconnoissent pour venu, & qui veulent que les Astres l'ayent fait aussi saint qu'il étoit. Quelle impieté! Mars, dit un de ces visionnaires, bien placé dans la neuviéme maison du Ciel, donne le pouvoir de chasser les démons du corps des possedez; pouvoir que le Messie avoit. Cela étant, selon ces sçavans Chimeriques, c'est à la constellation de Mars que le fils de Dieu incarné doit la puissance qu'il fit paroître sur les mauvais esprits; ils prétendent y avoir aussi trouvé ses vertus; ils assurent qu'ils ont connu visiblement son genre de mort dans une mauvaise position de Mars. Peut on pousser plus loin la temerité? disons mieux, peut-on montrer un plus grand excez d'impieté & d'impudence? cet excez me paroît si odieux, que je n'ose pas en nommer les Auteurs. Après cela, je ne ne m'étonne plus quand d'autres disent que le Messie a racheté non seulement les hommes, mais encore les Astres, en ce que ceux-ci ont peché aussi-bien que ceux-là; que ceux qui prieront Dieu lorsque la Lune est conjointe à Jupiter dans le Lion ou dans le tête du Dragon, sont asseurez d'obtenir tout ce qu'ils demanderont; quelle extravagance! Ces prieres s'adressent aux Astres ou à Dieu; si elles s'adressent aux Astres, est ce qu'ils les peuvent entendre & y répondre? si c'est à Dieu, est-ce que Dieu étoit sourd avant cette conjonction? Est-ce qu'il a témoigné qu'il ne veut point recevoir de prieres sans elle? est-ce qu'elle le peut contraindre d'accorder ce qu'on lui demande? Pour toute réponse à ces questions, c'est de dire, qu'elles sont si déraisonnables, qu'elles ne meritent pas qu'on leur réponde, on ne devroit pas même les écouter. On devroit, dit un autre, aux élections des Papes invoquer Mercure; enfin d'autres font esperer à tous ceux qui naîtront, ayant

Saturne

Saturne dans la maison du Lion , que leur ame ira
droit en Paradis après leur morr. Il y en a qui ont
voulu faire croire qu'ils avoient vû dans les Astres que
la Religion Chrétienne ne dureroit que l'année mille quatre cens soixante. On fit pour la Princesse Marguerite,
sœur de Henry II. en 1564. un discours Astrologique
qui donnoit l'Horoscope de l'Eglise Romaine, & en
prédisoit la ruine, & celle du Saint Siege, & de l'Empire d'Allemagne , par des consequences tirées des mêmes aspects & des mêmes influences des Astres , qui
avoient dominé à la destruction des anciennes Mo-
narchies & Republiques. Un certain Arnauld Espagnol,
tenoit la venuë de l'Ante-Christ indubitable pour l'an
1345. Tu conviens sans doute que ces trois dernieres
prédictions se sont trouvées fausses: Avoüe donc qu'il
faut conclure qu'on ne doit point se fier à ces sortes de
gens sur tout le reste.

XV. Tu te dis apparemment souvent à toi-même
pour te fortifier dans ton erreur , que des Princes &
des Peuples entiers ont eu tant de confiance en l'Astrologie Judiciaire , qu'ils la prenoient pour regler leurs
plus importantes démarches. Cela est vrai , je l'avoüe,
je le sçai aussi-bien que toi. Je sçai , par exemple , que
les Perses se fioient tellement aux prédictions des Mages qui étoient leurs Astrologues, qu'ayant été assurés
par eux que la veuve d'un de leurs Rois étoit grosse
d'un fils, ils ne firent aucune difficulté de couronner le
ventre de cette Reine, & de proclamer Roi son em-
brion. Caracalla avoit les Genethliaques ou Horoscopes de tous les Grands de son Etat, sur quoi il jugeoit de leur bonne ou mauvaise volonté en son endroit, élevant les uns, & abaissant les autres, & en
faisant même mourir plusieurs sur ce malheureux fondement. Toutes les grandes affaires du Royaume de
la Chine se décident particulierement sur des observations astronomiques, le Roi n'y faisant rien sans consulter son thême natal, que lui dressent ceux du Col-
lege Royal , à qui il est seulement permis d'étudier
dans

dans le Livre du Ciel. La plupart des Afiatiques font tellement infatuez de l'Aftrologie Judiciaire , qu'ils confultent les Aftrologues dans toutes leurs entreprifes, & ainfi dans ce pays-là que le métier en eft bon ! Autrefois à la Cour de France , c'eft-à-dire, du temps de Catherine de Medicis, les Dames n'ofoient rien entreprendre fans avoir confulté les Aftrologues qu'ils appelloient leurs Barons, nom affurément qu'ils ne meritoient pas , celui de fourbes leur convenoit bien mieux. Le Roy Louis XI. croyant que la prédiction qu'un Aftrologue avoit faite à une Dame qu'il aimoit, avoit été caufe de fa mort, il le fit venir avec deffein de le faire jetter par la fenêtre ; c'étoit déja là une grande foibleffe d'attribuer la mort de cette femme à une chofe fi frivole ; mais voici une autre foibleffe qui prit à ce Prince, qui étoit d'ailleurs extrêmement rufé. Quand ce devin celefte fut en fa prefence , il lui ,, dit, Toi qui prétends être né un fi habile homme, ,, apprens-moi quel fera ton fort ? Le drôle qui fe doutoit du deffein du Roi, & qui connoiffoit fon foible, ,, lui répondit : Ah Sire ! je prévois que je mourrai ,, trois jours avant vôtre Majefté ; il le crut , & fe donna bien de garde de le faire mourir.

XVI. Mais que de gens auffi qui fe font moquez de ces Aftrologues pour lefquels d'autres ont tant de créance ! Une Dame , (cette petite hiftoire que je vais raconter eft d'autant plus eftimable , qu'il s'en trouve très-peu de femblables , car la plupart des femmes donnent extrêmement dans ces niaiferies) Une Dame, dis-je , fit venir un fameux Aftrologue , & le pria d'employer l'adreffe de fon art pour deviner ce qui lui faifoit peine dans l'efprit ; l'Aftrologue dreffa la figure ou plutôt la chimere de fon horofcope, & fit un long difcours fur chaque maifon celefte, fur les differentes pofitions des Planetes, & des fignes du Zodiaque, & fur leurs pouvoirs, leurs vertus & leurs proprietez ; le détail de tout ce verbiage étant fini , la Dame lui donne une piece de quinze fols , l'Aftrologue qui ne

man-

manquoit pas d'esprit, non plus que de fourberie, voyant qu'elle lui donnoit si peu de chose, consulte encore la figure Genethliaque ; puis après avoir fait semblant de la considerer avec beaucoup d'attention, ,, il lui dit, Ha! Madame, je viens de découvrir en-,, core dans vôtre Horoscope quelque chose qui vous ,, regarde, & qui me paroît très-vrai ; c'est que j'y ai ,, vû que vous n'étiez point du tout riche ; c'étoit, comme tu vois, la figure de la piece de quinze sols qui l'avoit si bien instruit. ,, Elle lui répondit, vous ,, avez rencontré très-juste, cela est vrai, je ne suis ,, point riche ; il considere encore pour la troisiéme fois son thême, car il vouloit encore tirer quelqu'au-tre piece. ,, Madame, lui ajoûta-t-il d'un ton de suf-,, fisance divinatrice, n'avez-vous rien perdu ? j'ai per-,, du, lui dit-elle, l'argent que je vous ai donné. Thomas Morus Grand Chancelier d'Angleterre, hom-me d'un profond jugement, railla fort agréablement un Astrologue qui se vantoit de lire dans les Astres toutes les choses à venir, & qui cependant n'y voyoit point l'infidelité de sa femme.

Astra tibi aethereo pandunt sese omnia vati,
   Omnibus & quae sint fata futura monent.
Omnibus ast uxor quòd se tua publicat, inde
   Astra licet videas omnia, nulla docent.

,, Vous vous amusez à regarder les Cieux, sans fai-,, re réflexion sur ce qui est à vos pieds, dit une bon-ne femme à un Astrologue, qui se laissa tomber dans un fossé, pendant qu'il levoit le nez en haut pour con-templer les Astres. Guillaume Duc de Mantoüe, ayant dans son Ecurie une Cavale pleine, fit exactement ob-server le moment auquel elle mettroit bas, & elle fit un Mulet ; il envoya aussi-tôt aux plus celebres Astro'o-gues d'Italie, pour se divertir d'eux & pour s'en mo-quer, l'heure de la naissance de cette bête, les priant de lui apprendre qu'elle seroit la fortune d'un bâtard

né

né dans son Palais ; il prit soin sur tout qu'il ne sçussent pas que c'étoit d'un Mulet qu'il vouloit parler ; Messieurs les Interpretes firent de leur mieux pour flatter ce Prince , ne doutant point que ce batard ne fût son ouvrage ; les uns dirent qu'il seroit General d'armée , d'autres en firent un Evêque ; quelques-uns l'éleverent au Cardinalat ; il y en eut même un qui en fit un Pape. Cassius ayant été défait par les Parthes , qui avoient des fleches pour armes principales , (ce que je te prie de bien remarquer ,) il s'enfuit le plus promptement qu'il put dans la ville de Carnas ; & sur ce qu'il n'y vouloit pas séjourner beaucoup , de peur d'y être poursuivi & assiegé , un Astrologue qu'il avoit à sa suite , lui donna un conseil en lui parlant ainsi. ,, Croyez-moi , Seigneur , ne partez point de cette Ville ,, jusqu'à ce que la Lune soit dans le signe du Scorpion. Mais Cassius se moquant de lui , lui répondit en ces ,, termes ; vous vous moquez de moi avec vôtre con- ,, seil ; certes ce n'est point ce signe que je crains , c'est ,, seulement celui du Sagitaire. Puisque vous sçavez ,, par vos connoissances astronomiques , disoit un rail- ,, leur à un Astrologue , la destinée de ce prunier , ap- ,, prenez-moi donc , je vous prie , quand il portera ,, du fruit , si on lui rompra mal à propos quelque ,, branche , combien il portera de prunes , & par qui ,, ces prunes seront mangées. Si vous voulez deviner ,, sans vous tromper , disoit autrefois un certain Mar- ,, tianus , dites justement le contraire de ce que disent ,, les Astrologues. Il ne se passoit point d'années ni de mois où les Astrologues n'annonçassent la terrible menace de la mort d'Henry le Grand. ,, Ils diront vrai en- ,, fin , dit un jour ce Prince , & le Public se souvien- ,, dra mieux de la seule fois où leur prédiction aura ,, été veritable , que de tant d'autres où ils ont prédit ,, faux. Un Astrologue ayant averti un Prince de mettre ordre à ses affaires , parce qu'il prétendoit avoir connu dans les Astres qu'il devoit mourir dans trois jours ; ce Prince qui n'ajoûtoit point du tout de foi à ces rê- veries ,

veries, lui demanda s'il avoit connu de quelle mort il devoit mourir lui même ? ,, C'eſt d'une fiévre chaude, ,, lui répondit-il, voilà mon genre de mort ; hé bien, ,, lui repliqua le Prince, pour te faire connoître la va- ,, nité de ta ſcience, tu ſeras pendu tout-à-l'heure. Comme on s'étoit déja ſaiſi de ce malheureux Aſtro- logue pour le conduire au Supplice, il fut, comme tu le dois croire, terriblement émû & effrayé ; cependant il ſongea à ſe ſervir de ſon eſprit pour ſe tirer d'affai- ,, re ; Voyez Monſeigneur, dit-il au Prince, ſi ma ,, prédiction n'eſt pas veritable, Tâtez-moi le poulx, ,, & vous ſentirez ſi je n'ai pas la fiévre. Cette ſubtilité lui ſauva la vie, & le Prince en rit plus de trois jours après, malgré la prédiction. Seneque ſe moque plai- ſamment, (*in ludo de morte Claudii* ,) de l'Aſtrologie Judiciaire, quand il introduit Mercure qui prie les Par- ques de ſouffrir enfin que les Aſtrologues ayent pû di- re une fois la verité, après avoir fauſſement condam- né à la mort Claudius, autant de fois qu'il s'étoit écou- lé, non-ſeulement d'années, mais de mois depuis qu'on l'avoit élevé à l'Empire. Rien n'eſt plus ſujet à l'erreur que les prédictions des Aſtrologues ; tu l'as déja vû, & tu le verras encore dans la ſuite. Les preſſentimens des bêtes ſont plus ſeurs que toutes leurs ſpeculations divinatrices, c'eſt ce qu'on explique agreablement dans l'hiſtoriette ſuivante.

Certain Roy juſqu'à la folie
Aima jadis l'Aſtrologie ;
Toûjours marchoit à ſes côtez
Un Docteur à longues lunettes,
Et de ce conteur de ſornettes
En aveugle il ſuivoit toutes les volontés.
Sur ſes projets divers, ſur ſes peines ſecrettes
Les Aſtres étoient conſultez,
C'étoit un foible ridicule ;
Mais les Rois ſont friands d'apprendre le futur.
Un hazard détrompa le Prince trop credule.

Un

Un jour que le Soleil plus brillant & plus pur
Invitoit le Monarque à s'ébattre à la chasse,
Il sort, le Pedant suit, le Ciel devient obscur ;
  L'air s'épaissit, l'orage les menace
Le Monarque tremblant consulte son Docteur.
  Alors d'un ton de Pedagogue ;
  Calmez vôtre souci, Seigneur,
Je promets du beau temps, répondit l'Astrologue.
  Sur la parole du menteur,
On s'avance, on s'exerce aux travaux de Diane,
La meute étoit aux Champs, lorsqu'il parut un Ane ;
Un Pitaut le suivoit ; bon homme par ta foy
  Pleuvra-t'il ? demanda le Roy,
  Sire, j'aurons de l'iau sans doute,
  Dit le Manant, sans se troubler ;
J'apperçois du baudet les oreilles trembler,
C'est un présage seur ; le Monarque l'écoute,
  Et se sçait bon gré d'avoir mis
Et le Docteur & l'Ane en compromis.
L'Astrologue en pâlit ; cependant la tempête
  Commence à fondre sur leur tête.
Le Prince bien moüillé, chassa de son Palais
Des doctes Charlatans la gent porte-Soutanne ;
  Et jura ses Dieux que jamais
Il ne consulteroit d'autre Docteur qu'un Ane.

Ciceron se moque *l. 2. de divin.* d'un Tarutius Firmanus, Grand Disciple des Chaldéens, qui dressa une nativité de la ville de Rome, & en fit l'Horoscope. Seneque dit noct. attic. *l. 14. c. 1. Patere etiam aliquando Mathematicos vera dicere & tot sagittas cum emittant, unam tangere, aberrantibus aliis.* En effet, de même qu'entre une infinité de fleches, tirées au hazard, il ne faut pas s'étonner si une va fraper le but ; aussi entre tant de prédictions que font les Astrologues, il peut bien arriver, mais sans consequence, qu'il s'en trouve quelqu'une de veritable. Finissons cet article, voila comme tu vois bien des gens qui se

I 2

mo-

moquent de l'Astrologie Judiciaire ; croy moi , augmentons en le nombre, c'est le plus raisonnable parti que nous puissions prendre : ce qui me reste à dire , t'en convaincra entierement.

XVII. Je l'ai déja dit ; on ne se ressouvient que des prédictions veritables des Astrologues ; mais pour leurs bevûës, & leurs mensonges, on ne se met point du tout en peine d'en conserver la memoire ; personne ne tient registre de leurs mécomptes , dit un esprit fort, & qui pense d'ordinaire fort juste; c'est Montagne. Si l'on ne s'attache point à recüeillir ce qu'ils disent de faux , n'est-ce point parce que leurs faussetez sont ordinaires & infinies ? Si l'on conserve si exactement le ressouvenir de leurs prédictions quand elles réüssissent , n'est-ce point parce qu'elles sont rares & prodigieuses? C'est ainsi que répondit un certain Diagoras qui fut surnommé l'athée. Quelqu'un lui montrant un jour dans un Temple de Samothrace , plusieurs tableaux donnés par ceux qui avoient été assez heureux pour échaper des naufrages, & prétendant lui prouver par-là combien les faux Dieux prenoient soin des hommes qui avoient recours à leur protection, il ré-
,, pondit , mais n'y auroit-il pas un bien plus grand
,, nombre de tableaux de ceux qui ont peri , s'ils
,, avoient pû en envoyer dans vôtre temple ?

XVIII. Tu sçais apparemment la plupart des prédictions veritables énoncées par les Astrologues ; car comme tu crois fortement tout ce que te dit l'Astrologie Judiciaire , & que tu ne peux donner aucun raisonnement valable pour prouver que tu crois raisonnablement , sans doute tu as du moins quelque faits pour autoriser ta créance ; hé bien , je vais en rapporter aussi pour la détruire, & ainsi tu seras obligé d'avoir recours à la raison , si tu veux absolument croire, & moi je te prouverai ensuite par raison, que tu croiras fort mal-à-propos. Zica , Roy des Arabes à qui les plus celebres Astrologues de son Siecle avoient promis une longue vie , pour persecuter les Chretiens ,

mou-

mourut l'année même de cette prédiction. Henri II. à qui Cardan & Gauric avoient prédit une vieilleſſe heureuſe, fut tué miſerablement dans un Tournoy à la fleur de ſon âge. L'Aſtrologue de Jean Galéas Duc de Milan fut aſſaſſiné dans le moment même qu'il diſoit que ſa vie devoit être longue & heureuſe. Un Duc de Savoye ayant appris par un autre Charlatan de la même profeſſion, que bien-tôt il n'y auroit point de Roy en France, entreprit dans cette eſperance la guerre contre les François; la prédiction ſe trouva vraye; car le Roy ſortit de France pour l'aller mettre à la raiſon, & ce n'étoit pas là ce que le bon Duc entendoit, apparemment n'étoit-ce pas là auſſi ce que l'Aſtrologue vouloit dire. L'hiſtoire rapporte pluſieurs prédictions qu'ils ont hardiment prononcées pour marquer la fin du monde, & la ſuite des temps en a fait voir parfaitement la fauſſeté. Il y en eut même un de ceux-ci, qui pendant qu'il aſſuroit que le monde finiroit dans une certaine année, dreſſoit en même-temps des Ephemerides pour vingt-trois années par delà le terme qu'il lui avoit plû de donner à la conſiſtence des cieux & de la terre. Des Sçavans d'une autre eſpece ont crû qu'à cauſe que Dieu avoit créé le monde en ſix jours, & s'étoit repoſé le ſeptiéme, le monde ne dureroit que ſix mille ans; d'autres, que depuis la mort de Jéſus-Chriſt, il y auroit encore autant d'années juſqu'à la fin du monde, qu'il y a de verſets dans le Pſautier de David. Ariſtarque avoit aſſuré que le monde ne devoit durer que deux mille quatre cens quatre-vingt-quatre ans. Daretes Dirrachinus 5552. Herodote & Linus 10800. Dion 13984. Orphée 120000. Caſſandre 1800000. Il y eut un certain Stoflerus & quelques autres qui annoncerent un deluge effroyable pour l'année 1524. & malheureuſement pour l'Aſtrologie Judiciaire, cette année fut ſi ſeche, que pendant tout le mois de Fevrier, auquel cette inondation devoit arriver, on ne vit pas un ſeul nuage au Ciel. Charles-quint, François I. & Henri VIII.

I 3   tous

tous trois de même âge, furent menacés de mort violente par les plus habiles Astrologues de leur Siecle,
cependant leur mort ne fut que fort naturelle. Ciceron dit *l. 2. de divin.* que les trois plus Grands hommes de sa Republique, c'est-à-dire, Pompée, Crassus, & César avoient été assurés par plusieurs Chaldéens, qu'ils mourroient chez eux comblés de gloire,
de biens & d'années ; toutes-fois ils perirent malheureusement. On promit à Metius Pomposianus, qu'assurément il seroit Empereur, il ne le fut pourtant
point ; mais seulement Consul, Vespasien lui ayant
donné le Consulat, quoiqu'on tâchât de le rendre sus-
pect à ce Prince, à cause de la prédiction. Les Astrologues avoient prédit au Duc de Viseü, qu'il seroit
Roi de Portugal ; flatté de cette promesse, il entra
dans une conspiration contre le Roi Jean, & par une
confiance excessive, malgré toutes les raisons qu'il
avoit de se défier de ce Prince, il obéit à l'ordre qu'il
avoit reçu de lui aller parler, & en fut poignardé.
Les Partisans de l'Astrologie Judiciaire ont prétendu
faire beaucoup valoir pour leur entêtement, la prédiction faite sur Vitellius : ils disent que les Astrologues
ayant sçu que Vitellius leur ordonnoit de sortir de l'I-
talie dans un certain jour, firent afficher de nuit un
papier, par lequel ils lui ordonnoit de mourir à un
certain jour prefix, qui fut effectivement le jour de sa
mort : On ne peut nier que Xiphilin l'abbreviateur de
Dion Cassius, ne dise cela, & qu'il n'ajoûte ces mots,
tant ils connurent avec exactitude ce qui devoit arriver !
Zonaras a raconté la même histoire, mais ils n'ont
raporté qu'un fait glosé & falsifié. Suetone nous apprend que Vitellius faisoit mourir sans forme ni figure de procès, tous les Astrologues qu'on lui déferoit,
étant irrité de ce qu'aussi tôt après la publication de
l'Edit, par lequel il ordonnoit à ces gens-là de sortir de
Rome & de l'Italie, pour le plus tard le premier d'Octobre, il avoit paru une affiche, par laquelle ils lui
ordonnoient de sortir du monde ce même jour-là. Si

leur

leur prédiction eût été vraye , il seroit mort le premier d'Octobre ; mais il est certain qu'il fut tué vers
la fin du mois de Decembre. Dion Cassius est blâ-
mable d'avoir suivi des traditions populaires preferablement aux historiens, qui avoient marqué des dattes
extrêmement propres à réfuter le merveilleux qu'on
avoit fourré dans cette avanture, comme on a fait en
cent autres occasions, dont les Astrologues ont bien sçu
profiter. Autre histoire sur l'habileté d'un Astrologue
& dont ses confreres ont beaucoup tâché de se préva-
loir. Un homme d'érudition & fort ennemi de ces
forfanteries l'a ainsi traitée ; c'est par elle que je finirai
cette réflexion : Voici comment Tacite raporte le fait
du Mathematicien Trasulle, qui a fait tant d'impression sur de certains esprits. Tibere, dit-il, étant de
loisir dans Rhodes, voulut satisfaire sa curiosité touchant l'Astrologie Judiciaire. Pour cet effet desirant
éprouver la suffisance de ceux qui en faisoient profession, il se servit d'un lieu de sa maison fort haut élevé sur des rochers, exposés à la mer, & où l'on ne
pouvoit monter que par des précipices qui donnoient
de l'apprehension ; c'est en cet endroit qu'il faisoit venir ceux qui se mêloient de prédire l'avenir, & ils y
étoient conduits par un de ses Afranchis, en qui il se
fioit, homme aussi puissant de corps, qu'ignorant de
l'esprit ; que si Tibere reconnoissoit que celui à qui il
avoit fait ses propositions n'étoit qu'un fourbe, &
qu'il ne lui avoit répondu que trompeusement, comme c'est l'ordinaire de telles personnes, son conducteur
ne manquoit pas, ayant reçu le signal, de le précipi-
ter dans la mer, au retour, de peur qu'il n'allât reveler ce dont il avoit été interrogé. Trasule donc fort
sçavant en la science des Chaldéens , ayant été mené
comme les autres dans ce lieu écarté , asseura Tibere
qu'il seroit Empereur & lui revela beaucoup de choses
qui regardoient le futur ; sur cela, Tibere lui va demander s'il sçavoit bien aussi ses propres destinées,
& qu'il regardât sur son thême ce qui lui devoit arri-

ver.

ver. Trasulle le dresse sur l'heure, s'étonne ensuite, palit, & plus il considere l'heure presente sur sa nativité, plus il témoigne de terreur, jusqu'à s'écrier qu'il étoit menacé par les Astres du dernier instant de sa vie. Tibere ravi d'aise & d'admiration, le rassure en l'embrassant, & le tint depuis pour un Oracle, le mettant au nombre de ses plus intimes amis.

Or sans parler de ce que tout ce discours sent son conte fait à plaisir, n'y ayant guere d'apparence que beaucoup d'hommes pussent être ainsi jettés dans la mer, sans que cela fût sçu & reprimé par la justice qui en eût au moins informé Auguste. Je dis que quand le fait seroit veritable, il ne faudroit pas trouver fort étrange que Trasule qui avoit consideré l'assiette du lieu où il étoit, & les mauvais pas par où il falloit retourner, entrât en quelque soupçon sur la demande de Tibere; il n'y a guere de personnes si grossieres qu'elles soient, à qui il n'en fût arrivé autant; l'air du visage de Tibere, celui du conducteur & peut-être quelque signal donné en même-temps, mirent sans doute le pauvre Mathematicien en crainte pour sa vie; c'est ce qui lui fit joüer le jeu qui réüssit, feignant d'apercevoir dans le Ciel le peril où il étoit, & dont il se tira par la dexterité de son esprit; car y a-t-il rien d'ailleurs de plus impertinent, que de croire qu'un homme puisse selon la narration de Tacite, dresser son Horoscope en un instant, faire ses Jugemens, & reconnoître si au juste ce dont il étoit menacé sur l'heure? s'il avoit travaillé autrefois à sa nativité & vrai-semblablement tout à loisir, il devoit avoir prevû tout ce qui se presentoit alors: que si c'étoit la premiere fois, comme il faut le présupposer de necessité, pour ne se point étonner de son étonnement; en ce cas là, il ne reste nulle apparence qu'il ait pû faire si subitement les operations necessaires pour entrer en une connoissance si précise du hasard, qu'il couroit. On pourroit faire beaucoup d'autres conjectures contre la vrai-semblance de cette histoire que je te laisserai faire à toi-même. J'observerai seulement,

que

que Dion Caſſius tout credule qu'il eſt , s'empêche
bien d'en parler dans ſon cinquante-cinquiéme Livre,
comme a fait Tacite , & que dans ſon cinquante-ſep-
tiéme, il reconnoît que Tibere fit enfin mourir cet Aſtrologue, ayant reconnu, (à ce qu'il croyoit) que toute
ſa ſcience étoit fondée ſur la magie ; ce qui montre aſſez le peu d'état qu'on doit faire de ſemblables relations. J'ajoûterai à cela que Traſulle avoit aſſuré Tibere qu'il vivroit dix ans plus qu'il ne fit , quoique
Dion l'attribuë à fineſſe plutôt qu'à mécompte.

XIX. Conſidere, je te prie, à preſent avec moi,
ſi tu as veritablement ſujet de te fier à un Horoſcope. Je
vais faire parler des gens qui ont épuiſé cette matiere,
je parlerai avec eux, mais de telle ſorte que je ne gâ-
terai rien dans ce qu'ils diſent. As-tu bien examiné s'il
eſt très-certain que les Aſtres roulent ſur la tête des
hommes exprès pour leur utilité ? ſi tu en étois bien
aſſeuré, il y auroit dans cette certitude quelque petite
choſe qui paroîtroit favorable pour l'Aſtrologie Judiciaire ; je dis, qui paroîtroit, car elle ne feroit point du-
tout une preuve pour t'engager à croire abſolument tout
ce que diſent les Aſtrologues ; mais que cela ne nous
arrête pas. Entrons en matiere. Un Horoſcope dit qu'à
cauſe qu'un enfant eſt né dans le temps qu'un Aſtre étoit
dans une certaine ſituation, cet enfant fera telles & telles actions, aura un tel établiſſement. C'eſt tout ce qu'on
pourroit dire ſi cet Aſtre ſeul contribuoit à tout ce que
fera l'enfant. Mais eſt-ce que les coutumes , la nour-
riture, les commandemens, l'exemple, la honte, la
crainte, l'amour, l'éducation, la liberté de l'eſprit ſont
comptées pour rien ? Tout cela n'eſt-il pas capable de
produire plus d'effet, que je ne ſçai quelles influences
qui tombent, dit-on, ſur ſon corps, & qui ont tant de
chemin à faire, avant que d'y tomber ? quelle apparence y a-t-il d'attribuer ſeulement au Ciel les évenemens de la vie des hommes, s'il n'eſt pas ſeul la cauſe de leur être ? Ariſtote a prononcé que le Soleil &
l'homme en produiſent un autre, & nous admettons en-

core beaucoup d'autres causes subalternes en cela, outre la premiere qui est Dieu. Pourquoi donc n'y auroit-
il que le Ciel qui soit cause de tout ce qui arrive aux
hommes? Et s'il y a plusieurs autres causes qui coope-
rent avec lui en ce qui est de leur bonne ou mauvaise
fortune, comment se pourroit-il faire que la seule connoissance des Astres donnât celle que disent les Judiciaires? Il faudroit pour nous le faire croire, qu'ils nous
montrassent comment ils possedent un art qui leur fait
comprendre les choses singulieres quoi qu'infinies, &
les contingentes quoi qu'incertaines : Celui dont ils se
mêlent n'ayant rien de tel, & les influences des cieux
ne pouvant bien souvent pas tant sur les hommes que
les loix, la Philosophie ou la moindre inspiration divine, sans parler de leur libre arbitre, ils sont ridicules en ce qu'ils promettent, & les autres trop simples
de les croire.

XX. Bardesanos, Syrien, très-habile Chaldéen,
parle ainsi aux Astrologues Judiciaires dans Eusebe l.
6. ch. 18. de præpar. Vous divisez le monde en sept
Climats dominez par chaque Planete ; mais sous chaque Climat combien de nations? sous chaque nation
combien de Provinces? sous chaque Province combien
de villes differentes en Loix, en Dieux, & en Religion? aux Indes sous un même climat, les uns mangent les hommes, les autres s'abstiennent de toute
chair, les uns adorent les Idoles, les autres n'en reconnoissent aucune. Les Magiciens qui sortent de Perse, en quelque lieu qu'on les transporte, sont inces-
tueux selon leur coutume, & les Juifs répandus par
tout le monde, sous quelque climat qu'on les loge, ne
changent ni de Religion ni de maniere de vivre. Enfin un peuple part d'un climat & va donner de nouveaux Dieux & de nouvelles Loix à l'autre, sans que
le climat où il va lui apporte aucun empêchement ;
les forêts, les montagnes & les rivieres rendent plutôt
les Loix differentes, que les climats & les signes. Les
coutumes & les victoires réduisent les Loix en une, en
dépit

d'épit des climats de Saturne, de Jupiter & des autres
Planetes. D'où vient qu'aux Provinces où autrefois
Venus & Mercure étoient adorez, ces Aftres étant en
même lieu, cependant les Dieux en font abolis &
chaffez ? Et comment la Loy Judaïque dureroit-elle
encore fous tous les climats, quoiqu'elle foit bannie
du fien propre ?

XXI. Les Aftrologues, pour mieux duper les gens,
veulent faire croire que les cieux font un livre où Dieu
écrit l'hiftoire du monde. Plotin & Origene ont donné dans ce panneau ; jufques-là, qu'Origene voulant
confirmer fon fentiment par quelque chofe de bien
fort, fe couvre de l'autorité d'un livre apocriphe, attribué au Patriarche Jofeph, où l'on fait dire au Patriarche Jacob, s'adreffant à fes enfans, qu'il avoit lû
dans les Cieux tout ce qui leur arriveroit & à leur pofterité. *Legi in tabulis cœli quæcumque contingent vobis*
& filiis veftris. Porphire affure que lorfqu'il étoit dans
la réfolution de fe tuer, Plotin lut fon intention dans
les Aftres, & l'en détourna. Y eut-il jamais une pareille rêverie ? Je fçai bien que les Rabins fe font imaginez que le Ciel étoit plein de caractéres ; mais outre qu'on n'a jamais pû convenir s'ils étoient Hebraï-
ques, Egyptiens, ou Arabiques, qu'on me nomme
quelque auteur d'efprit raffis, qui fe foit vanté d'entendre cette écriture. A la verité Poftel a écrit hardiment, qu'il avoit lû là-haut en caractéres d'Efdras,
quoique confufément, tout ce que contient la nature.
Il fuffit de répondre que ce font des vifions de Poftel
& des Rabins, qui fe font repûs de viandes fi creu-
fes, que leur cervelle ne s'en eft pas mieux portée,
c'eft ce qu'on peut penfer de plus favorable pour eux ;
car s'ils ne font pas vifionnaires, il faut donc conclure
qu'ils font trompeurs de profeffion ; qu'ils ont pris
plaifir à en impofer au public, & à fe divertir de la
credulité des foibles. Les Grecs ni les Latins, dans
la plus grande licence de leur Poëfie, n'ont rien dit
de fi extravagant ; & quand ils ont interpreté la Lyre

d'Orphée, du Ciel des étoiles fixes, qui avoient les sept Planetes comme sept cordes, dont les divers mouvemens rendoient cette agreable melodie que les Philosophes, & principalement les Pithagoriciens ont fait profession d'entendre; ils n'ont rien avancé qui ne pût être favorablement interpreté, si l'on considere l'ordre reglé des revolutions de ces corps celestes. Je demanderois volontiers à ceux qui se fondent sur ce badinage, pour qui est fait ce bel a b c des cieux, puisque ce n'est pas le fait des hommes d'y apprendre à lire, ni de connoître les temps & les momens de l'avenir que Dieu, selon le texte des livres sacrez, a particuliérement réservé à sa connoissance? qu'ils me marquent quelque Juif ou quelque Arabe, qui après avoir étudié dans cet admirable livre, ait donné une piece qui vaille le moindre traité de nos Philosophes.

XXII. Pourquoi veut-on que les influences des Astres operent seulement dans le moment de la naissance, & non pas avant & après? car il est certain qu'ils n'ont pas moins influé sur ce petit corps durant le temps qui s'est écoulé depuis sa conception jusqu'à sa naissance, qu'au moment qu'il a joüi de la lumiere; & qu'ils influent encore dans la suite; & ainsi qui empêcheroit un bon aspect de ces corps celestes de corriger celui qui aura été mauvais? Lorsque les Planetes changent de disposition, les regles de l'Astrologie enseignent que leur aspect change aussi, & que par consequent il devient bon de mauvais qu'il étoit. Quelle raison a-t-on de croire qu'il n'y en a absolument qu'un qui opere?

XXIII. Si l'on veut que les connoissances qu'on tire de l'Astrologie Judiciaire se tirent de l'experience; c'est une erreur; en voici la raison. Les Etoiles & les Planetes n'ont jamais eû deux fois une même disposition entr'elles, puisque la grande révolution celeste, ne s'acheve qu'en trente six mille ans, ou même, selon quelques-uns, en quarante-neuf mille, pour ne rien dire des supputations de Copernic. Par consequent les Astrolo-

trologues n'ont pû faire deux experiences semblables depuis la création du monde , qui n'est pas si vieux de
beaucoup. Cet argument a été trouvé si fort par Junctin,
l'un des plus grands Partisans de la Judiciaire , qu'il a
été contraint de recourir à la science infuse du premier
de tous les hommes.

XXIV. Considere encore, que comme une infinité
de personnes nées en même temps, ne laissent pas de
vivre & de mourir d'une maniere fort differente , on en
voit aussi qui éprouvent de semblables destinées, ou dans
un naufrage, où à la prise d'une Ville , ou par la chute d'une maison , quoiqu'ils soient de differens âges , de
divers pays , & par consequent gouvernés par differentes
constellations. Le Stoïcien Possidonius soutenoit que
deux freres gemeaux sujets à de pareils accidens de maladie , tenoient cette grande ressemblance de ce qu'ils
avoient eu un égal ascendant , & une même face du Ciel
en naissant ; mais Hypocrate le prenoit mieux que lui,
attribuant cela à la conformité du temperament qui leur
venoit de mêmes parens , & à l'éducation encore, où
il ne s'étoit trouvé aucune diversité. Pline remarque
après Homere , qu'Hector & Polydamas étoient nez en
une même nuit , qui eurent de si differentes destinées;
& que les Orateurs Rufus & Calvus étoient aussi d'un
même jour , sans s'être rencontrés dans aucune conformité de vie , hormis la profession Je sçai bien ,
qu'on allegue la roüe du Mathematicien Nigidius , qui
le fit surnommer le Potier , & qui montre que le Ciel
étant encore plus vîte qu'elle , sans comparaison en ses
revolutions , il est impossible que deux freres sortent si
promptement du ventre de leur mere , que les Astres
n'ayent roulé cependant par une distance fort considera-
rable. Et je n'ignore pas que beaucoup d'Oufles ont
tellement approuvé cette réponse , qu'ils l'ont crue suf-
fisante pour contenter ceux qui demandent pourquoi
de certaines personnes trouvent toûjours assez de facilité au commencement , & même en la suite de toutes
leurs entreprises , sans les pouvoir néanmoins conduire

I 7 jusqu'à

jusqu'à une bonne fin ; comme au contraire d'autres y
rencontrent ordinairement de grands Obstacles d'abord,
qui ne laissent pas de les faire réüssir à leur contentement;
cela vient, disent-ils, du long travail de la mere, lors
de son veritable accouchement, & de ce que la naissance de telles personnes a duré quelque espace de temps,
pendant lequel le Ciel les a regard. s de differens visa-
ges; car ils veulent que le commencement de l'issue du
ventre maternel, regle le commencement de toutes les
actions futures de l'enfant ; que le milieu de ce temps-
là donne la loy au milieu de ses entreprises ; & que la
constitution du Ciel vers la fin, influë sur la conclusion
de tout ce dont il se doit mêler pendant sa vie. Or
s'il y avoit en cela quelque chose de veritable (ce que
je trouve trop imaginaire, pour y ajoûter foy) & qu'un
si petit intervalle pût causer de si notables diversitez ,
qui ne voit que ce seroit par-là, que l'on pourroit le
plus fortément combatre la Judiciaire, puisqu'elle ne
dresse point d'Horoscope , où le moment de la nativité soit si curieusement & si justement observé, que le
suppose cette Doctrine ? il n'y a gueres d'hommes qui
sçachent l'heure de leur naissance autrement, qu'à dis-
cretion & selon que les Horloges ordinaires qui s'accordent très-rarement, l'ont appris à ceux qui ont bien
voulu prendre le soin de la marquer. S'il s'en trouve
quelqu'un pour lequel on se soit donné la peine de
prendre l'élevation du Soleil avec l'Astrolabe, ou de faire
quelqu'autre observation Astronomique, il ne se peut
pas beaucoup plus assurer pour cela du veritable instant
dont je parle , vû la tromperie ordinaire des instrumens, & le peu d'exactitude qu'il y a dans toutes ces
operations, dont plusieurs faites à même dessein, en
même lieu & en même temps, ne se rapportent quasi
jamais.

XXV. Puisque souvent nous resistons aux rigueurs
du Ciel, soit en nous faisant suer dans une étuve pendant l'hyver ; soit en nous rafraîchissant en differentes
manieres pendant l'été, ne pourrons-nous pas aussi
trouver

trouver des moyens pour parer tant d'influences, dont nous menacent les Astrologues? Est-ce que s'il t'en envoyoit pour te rendre pauvre, tu ne pourrois plus travailler pour devenir riche? Continuë de te faire à toi-même de ces sortes d'interrogations, selon tes besoins. C'est seulement là de la besogne que je te taille; mets-y du tien; mets-là en œuvre; donnes-y la façon. Et sur tout ne perds point de vûë ton libre arbitre; ressouviens-toi que tu as la liberté de faire le bien ou le mal, sans que les Astres te la puissent ôter.

Quoi! la necessité des vertus & des vices
D'un Astre imperieux doit suivre les caprices;
Et le Ciel, malgré nous, conduit nos actions
Au plus bizarre effet de ses prédictions?
L'ame est donc toute esclave, une Loy souveraine
Vers le bien ou le mal incessamment l'entraîne,
Et nous ne recevons ni crainte ni desir
De cette liberté qui n'a rien à choisir;
Attachez sans relâche à ce pouvoir sublime,
Vertueux sans merite & vicieux sans crime,
Qu'on massacre les Rois, qu'on brise les Autels,
C'est la faute d'un Astre, & non pas des mortels?
De toute la vertu sur la terre épandue,
Tout le prix à ces Cieux, toute la gloire est dûë,
Ils agissent en nous, quand nous pensons agir,
Alors qu'on délibere, on ne fait qu'obéir,
Et notre volonté n'aime, hait, cherche évite,
Que suivant que d'enhaut leur bras la précipite.
D'un tel aveuglement daignez me dispenser;
Le Ciel juste à punir, juste à recompenser,
Pour rendre aux actions leur peine ou leur salaire,
Doit nous offrir son aide, & puis nous laisser faire.

XXVI. Fais encore attention sur ceci, & tu reconnoîtras par de nouvelles preuves, la vanité de l'Astrologie Judiciaire, & combien tu as tort de la craindre, quand elle te fait des menaces, ou de te confier en elle

le , quand elle te fait des promesses. En matiere de
sciences réelles & veritables , la contrarieté détruit la
discipline. Or est il , qu'on ne voit rien de si different,
que les principes que se sont donnez les Astrologues,
chacun à sa phantaisie , ni de si contraire , que leurs
axiômes. Voilà , sans doute , ce que tu ne sçais pas ,
& dont tu ne t'es jamais informé. Si tu es raisonnable,
tu avouëras , que tu avois extrêmement besoin de cet
écrit; car tu as seulement voulu croire , sans avoir le
moindre dessein de t'instruire , pour connoître si tu croyois avec raison. Passons donc aux contradictions de
la Judiciaire. Les Astrologues n'ont pû encore convenir
du calcul qu'il falloit suivre , ni s'accorder sur les tables
dont il falloit plutôt user. Les uns approuvent les Pru-
theniques , les autres celles d'Alphonse ; quelques uns
sont pour celles de Blanchin ; d'autres leur préferent
celles de Royaumont , & néanmoins la supputation des
unes est fort differente de celle des autres. Les Hebreux
font les figures du Ciel fort dissemblables à celles des
Grecs ; & sur tout n'en representent jamais d'humaines,
en quoi ils croyent satisfaire à loy de Moyse. Les Egyptiens & les Arabes ont eû leurs caracteres celestes à part.
Les Chaldéens n'avoient qu'onze signes dans le Zodiaque ; on en a fait deux du Scorpion , en y ajoûtant la
Balance ; ils ne les faisoient pas aussi du même espace,
que leur donnoient les Egyptiens. La Sphere Barbari-
que , dit Firmicus , est bien differente de la Grecque
& de la Romaine. L'Indienne , la Persique & la Tar-
tarique , ne sont pas moins dissemblables , & les constellations des Chinois sont encore plus éloignées des
communes. Outre que le Pere Trigault assure qu'ils en
ont cinq cens plus que nous. Le Sexe des Astres n'a pû
être encore determiné entr'eux. Alcabice , par exemple,
& Albumasar font Mercure mâle ; (car dans cette profession il y a extravagance sur extravagance, elles ne finissent
point) il est souvent femmelle à Ptolomée , qui le considere comme un Androgine au sixiéme livre de son Qua-
dripartit. Ils ont établi leurs douze maisons aux signes
à cause

à caufe de l'interfection de l'horifon & du Meridien, qui coupe l'Equinoxiale en deux parties égales. Mais leur Architecture eft bien differente ; car outre qu'il y en a qui font ces maifons d'efpaces inégaux, les uns les prennent par un bout & les autres tout au rebours. Ceux qui mettent la premiere partie à l'Orient, l'ont nommée, par excellence, l'Horofcope, comme ayant le plus d'action fur ceux qui naiffent. D'autres prétendent que par cette raifon, l'Horofcope doit être mis au haut du Ciel, d'où les influences viennent perpendiculairement, & d'un lieu plus proche de l'enfant, que n'eft l'Orient, qui n'envoye fes rayons qu'obliquement, & par une ligne plus éloignée. Pauvretez! pauvretez que tout cela, qui n'enrichiront jamais l'efprit de chofes qui vaillent! fadaifes tout-à-fait indignes de l'application de gens raifonnables! raifonnemens creux, & où l'on ne trouve aucune folidité! Voilà pourtant fur quoi tu comptes ; voilà (& je le fçai parfaitement bien) ce qui te guide pour établir tes enfans. Continuons notre carriere; car je ne fuis pas encore au bout; les Cometes font affez fameufes pour que je ne les oublie pas, & que je parle particulierement d'elles. J'aurai de bons fecours pour cela; tu le vas voir.

XXVII. On fait grand bruit des Cometes, quand elles paroiffent, ou plutôt elles font grand bruit elles-mêmes, puifqu'elles portent l'allarme, l'effroy & la terreur par tout. On les regarde, dit un habile Critique, comme des Herauts d'armes, qui viennent de la part de Dieu, déclarer la guerre au genre humain. Rarement leur fait-on fignifier quelque bonheur. Il y eut pourtant enfuite un Aftrologue, qui ayant remarqué qu'en 1661. une Comete avoit paffé par le figne de l'Aigle, & qu'elle étoit venuë mourir aux pieds de ce figne, affura que c'étoit un préfage de la ruine de l'Empire Turc par celui d'Allemagne ; ce que l'événement juftifia fi peu, que deux ans après, les Turcs penferent prendre toute la Hongrie, & euffent apparemment envahi toutes les terres hereditaires de la

Mai-

Maison d'Autriche, si le secours envoyé à l'Empereur, ne l'eût mis en état de faire la paix avec la Porte.

XXVIII. Examinons s'il y a veritablement sujet de les craindre. La lumiere des Cometes n'étant que celle du Soleil, extrêmement affoiblie, il est aussi absurde de lui attribuer des effets que le Soleil lui-même ne peut pas operer, qu'il seroit absurde de se promettre qu'une chandelle allumée au milieu d'une place, échaufferoit tous les Habitans d'une grande Ville, qu'un bon feu allumé dans la chambre d'un chacun, ne peut pas garentir du froid. Juge si les Cometes étant si éloignées & ayant une chaleur si foible, peuvent allumer des guerres, & mettre tout en combustion ?

XXIX. On a fait ce raisonnement & je croi qu'il sera de ton goût, à moins que tu ne sois d'humeur à te dégoûter absolument de tout ce qui est raisonnable. Si une Comete, dit un Auteur qui me sert beaucoup pour t'entretenir sur cette matiere ; car il l'a traitée à fond ; ce qui te doit faire plaisir, en ce qu'on ne peut pas avoir plus de confiance, que tu en as aux livres imprimez ; si une Comete, dit-il, a quelque force, c'est uniquement parce qu'on suppose que la terre est au centre du monde, & que tous les corps pesans ont une inclination naturelle à s'approcher de ce centre. Comment sçait-on que la terre est au centre du monde ? n'est-il pas évident ; que pour connoître le centre d'un corps, il en faut connoître la supperficie, & qu'ainsi n'étant point possible à l'esprit humain de marquer où sont les extremitez du monde, il lui est impossible de connoître si la terre est au centre du monde, ou si elle n'y est pas ? Tu ne t'attendois pas que je t'enverrois à ce centre pour t'ôter la crainte que tu as des Cometes. A la verité, je te fais bien voir du païs ; mais ne le merites-tu pas bien pour ta fausse credulité ? il faut, dit-on, faire voyager les gens, pour les demaiser.

XXX. Tu vas dire comme tous tes semblables, qu'on a remarqué bien des desordres dans le monde, après que des Cometes ont paru, & que par consequent

quent elles en font la caufe. ,, C'eft comme fi tu di-
,, fois, toutes les fois que je mets la tête à la fenêtre,
,, il paffe des caroffes ; donc je fuis caufe que ces carof-
,, fes paffent ; ou du moins ; me montrant à la fenê-
,, tre, je fuis un prefage à tout le quartier qu'il paffe-
,, ra des caroffes. Apparemment tu n'es pas affez fimple, pour croire que ta prefence produife un tel effet ;
n'en croy donc pas plus des Cometes. Ces fortes d'erreurs font provenuës de cette méchante raifon, quand
ont dit d'un ton d'axiôme; *poft hoc ; ergo propter hoc* ;
c'eft-à-dire, parce qu'une telle chofe eft fubféquente
d'une autre, il faut neceffairement que la premiere en
foit la caufe. C'eft en cette même maniere, qu'on a
voulu tirer la confequence, que l'Etoile nommée la
Canicule eft la caufe de la chaleur qu'on croit fentir plus
que de coutume pendant les jours qu'on appelle Caniculaires. Cette Canicule n'a pas plus de part à cette
chaleur, que toi aux roulemens de ces caroffes.

XXXI. On peut dire qu'il eft fort incertain que
des corps auffi éloignez de la terre que le font ceux-
là, puiffent envoyer quelque matiere qui foit capable
d'une grande action ; car fi c'eft (Voici de la Doctrine ; mais qu'elle ne t'éffarouche pas ; car elle fera à ta
portée, pour peu que tu y veüilles donner attention.)
Si c'eft, dis-je, le fentiment univerfel des Philofophes, depuis qu'on a été contraint d'abandonner l'o-
pinion commune touchant la matiere des Cometes,
que l'atmofphere de la terre, c'eft-à-dire, l'efpace jufqu'où s'étendent les exhalaifons & les vapeurs qu'elle
répand de toutes parts, fe termine à la moyenne ré-
gion de l'air, à trois ou quatre lieuës d'élevation tout
au plus, pourquoi croira t-on, que l'atmofphere des
Cometes s'étend à plufieurs millions de lieuës ? On
ne fçauroit dire précifément pourquoi les Planetes &
les Cometes peuvent produire des qualitez jufques fur
la terre, capables d'y caufer de notables changemens,
pendant que la terre n'en peut pas feulement produire
à trente lieuës de diftance. Accordons, que les Cometes

metes peuvent pousser jusques sur la terre quantité d'ex-
halaisons, s'ensuivra-t'il que les hommes en seront
notablement alterez ? point du tout; car si ces exhalai-
sons parcouroient des espaces aussi immenses, que
ceux-là, elles se briseroient & se diviseroient en une
infinité de particules insensibles, qui se répandroient
dans toute l'étenduë du Tourbillon du Soleil, à peu-
près, comme les particules du sel se distribuent dans
toute la masse d'eau qui les dissout. Or si nous com-
parons la Comete avec tout le tourbillon du Soleil,
nous trouverons qu'elle n'est pas à l'égard de ce tourbillon, ce qu'est un grain de sel à l'égard d'une lieuë
cubique d'eau.

XXXII. Supposé que les Cometes répandent jusques sur la terre beaucoup de corpuscules, capables
d'une grande action, il n'y a pas plus de raison à soutenir qu'ils doivent produire la peste, la guerre, la
famine, qu'à soutenir qu'ils doivent produire la santé,
la paix & l'abondance ; parce que personne ne connoît la nature de ces corpuscules, la figure, le mouvement ou les autres qualitez de leurs parties. En effet, y a-t-il plus de bon sens à soutenir qu'une Comete qui paroît en hyver, & qui ne peut empêcher un
froid excessif, causera la guerre trois ans après qu'elle
ne sera plus, parce qu'échauffant la masse du sang,
elle rendra les hommes plus prompts ; qu'à soutenir
qu'elle entretiendra la paix, parce que rafraichissant la
masse du sang, elle rendra les hommes plus sages ?
Voilà ce qui s'appelle raisonner, mon cher Disciple ;
tout ceci t'est bien nouveau ; car jusqu'à present tu as
suivi un parti où la raison ne réside point. Tu as cru
qu'une Comete pouvoit causer de grands maux, sans
t'informer comment cela se pouvoit faire ; ce que tu
viens de lire est très-propre pour détruire ta ridicule
créance ; profites-en, aussi-bien que de ce qui va suivre.

XXXIII. Di-moi, je te prie, quelles raisons tu as
pour croire qu'une Comete, qu'un Astre qui fait chaque jour le tour du monde, en veut plutôt à une nation

tion qu'à une autre ? Je te défie de me donner à cet
égard des raisonnemens affez forts pour me convaincre
que je dois être auffi credule que toi. Comme la
queftion que je te fais eft du nombre de celles aufquelles tu ne t'es jamais attendu, je te donne du temps
pour y répondre, écri ta réponfe, je l'irai querir comme genie, c'eft-à-dire, fans que perfonne puiffe me
voir. En l'attendant, voici une autre queftion que je
te fais.

XXXIV. N'avouëras-tu pas avec moi, que fi Dieu
vouloit avertir les hommes des malheurs qui les menacent, il le feroit par des moyens qui non-feulement
feroient très-intelligibles à ceux qu'il voudroit mena-
cer ; mais auffi, qui ne menaceroient pas ceux qu'il
auroit deffein de favorifer de fes graces ? Or cette Comete qui fait le tour du monde, menaceroit auffi-bien
ceux-ci, que ceux-là. Si tu dis que les Cometes menacent tous les peuples de la terre ; mais qu'il y en a
quelques-uns dont la repentance défarme fa colere ;
montre-moi donc par quelle mortification les Macedo-
niens, par exemple, appaiferent la Juftice Divine,
& meriterent les richeffes & les couronnes de Darius,
au lieu des châtimens qui leur étoient deftinez par la
Comete qui parut au commencement du regne d'A-
lexandre ; & quels actes de devotion fauverent Mahomet II. des infortunes dont il devoit avoir fa part, en
vertu des Cometes qui parurent fous fon regne, &
qui, quoiqu'il fût très-athée, ne laiffa pas de fubju-
guer des Royaumes & des Empires dans la chrétienté ?

XXXV. Si les Cometes font de purs ouvrages de
la nature, ne les appelle donc pas des fignes de maux
à venir ; & cela parce quelles n'ont aucune liaifon naturelle avec ces maux, & que les hommes n'ont aucune revelation qui leur apprenne que Dieu les ait
établies pour en être des fignes, à peu-près, comme il a établi l'Arc-en-ciel, pour leur être un avertiffement qu'il n'y aura plus de déluge. Ces prétendus préfages ne portent donc aucun caractere de ce

que l'on suppose que Dieu veut signifier aux hommes. D'attribuer cela aux Demons, c'est se moquer ; car qu'y gagneroient-ils ? ils engageroient les hommes effrayez à mener une meilleure vie ? tu le sçais ; c'est ce qu'ils ne demandent pas. Enfin fai bien réflexion qu'il est arrivé autant de malheurs dans les années qui n'ont vû ni suivi de près aucune Comete, que dans celles qui en ont vû ou suivi de près ; en un mot, qu'il est des malheurs sans Cometes, & des Cometes sans malheurs.

XXXVI. Je sçai bon gré à celui qui a fait cette remarque-cy, que tu vas lire ; car elle est très-judicieuse, & c'est avec elle que je finirai mes réflexions sur les Cometes. Les Poëtes, dit-il, sont si entêtez de semer dans leurs ouvrages plusieurs descriptions pompeuses, comme sont celles des prodiges, & de donner du merveilleux aux avantures de leurs Heros, que, pour arriver à leurs fins, ils supposent mille choses étonnantes. Il faut s'imaginer qu'un homme qui s'est mis dans l'esprit de faire un Poëme, s'est emparé de toute la nature en même-temps ; le ciel, la terre n'agissent plus que par son ordre ; il arrive des Eclypses ou des naufrages, si bon lui semble ; tous les Elemens se remuent selon qu'il le trouve à propos. On voit des armées dans l'air & des monstres sur la terre tout autant qu'il en veut ; les Anges & les Démons paroissent toutes les fois qu'il l'ordonne ; les Dieux mêmes, montez sur des machines, se trouvent prets, pour fournir à ses besoins ; & comme sur toutes choses, il lui faut des Cometes, à cause du préjugé où l'on est à leur égard, s'il en trouve de toutes faites dans l'histoire, il s'en saisit à propos ; s'il n'en trouve pas, il en fait lui-même, & leur donne la couleur & la figure la plus capable de faire paroître que le Ciel s'est intéressé d'une maniere très-distinguée dans l'affaire dont il est question. Après cela, qui ne riroit de voir un très-grand nombre de gens d'esprit, ne donner pour toute preuve de la malignité de ces nouveaux

Astres,

Aftres , que le , *Terris mutantem regna cometem* , de
Lucain ; le , *Regnorum everfor* , *rubuit lethale cometes* ,
de Silius Italicus , le , *Nec diri toties arfere cometæ* , de
Virgile ; le , *Nunquam terris fpectatum impuné cometem* ,
de Claudien , & femblables beaux dictons des anciens
Poëtes ? Pour moi j'eftime bien moins tous ces dictons , que les deux bons mots que voici ; car ceux-ci
fe moquent de cette erreur , & ceux-là font pour la
faire valoir. L'Empereur Vefpafien voyant qu'on lui
vouloit faire peur d'une Comete chevelue ; ,, pour-
,, quoi , dit-il , en fe moquant , voulez-vous que je la
,, craigne ? ce n'eft pas à moi qu'elle en veut ; fi elle
,, menace quelque Souverain , ce doit être le Roi des
,, Parthes , qui porte une grande perruque comme
,, elle. On dit que le Cardinal Mazarin étant defef-
peré des Medecins , fes Courtifans crurent qu'il falloit
honorer fon agonie d'un prodige , & lui dirent qu'il
paroiffoit une grande Comete qui leur faifoit peur.
Il eut encore affez de force , pour fe moquer d'eux ,
& pour leur dire plaifamment , que la Comete lui
faifoit trop d'honneur.

XXXVII. Il y a une infinité d'inconveniens que
l'Aftrologie peut produire , non pas par elle-même ,
mais par la fotte credulité de ceux qui craignent fes
menaces , ou qui fe confient en fes promeffes. Elle a ,
par exemple , prédit à un Oufle , qu'il mourra bien-
tôt , le pauvre homme fera fi allarmé de cette prédiction , que troublé par des inquiétudes continuelles , &
rongé par un cruel chagrin , il deviendra enfin malade , & fera dire vrai à l'Aftrologue. Cet autre , fous l'efperance de richeffes immenfes qu'elles lui aura promi-
fes , diffipera celles qu'il poffede , & fe réduira enfin
dans la pauvreté , attendant toûjours des biens qui ne
lui viendront jamais. On fouffre fouvent par avance &
par imagination , des maux dont elle a menacé , &
qu'on ne reffentira point réellement. Ce qui précipita
le fçavant Alphonfe , Roi de Caftille , dans les malheurs dont il fut accablé , c'eft qu'il s'étoit fi fort mis

dans

dans l'efprit que les Aftres l'affuroient qu'on le difpof-
federoit, que cette phantaifie le rendit d'abord fi défiant, & enfuite fi cruel, qu'on ne le put plus fouffrir.
Le bien que les Aftrologues annoncent aux hommes,
les fait défefperer, s'il ne vient point; & fi enfin il arrive l'attente en eft ennuyeufe, & l'efperance qu'on a
eûë pendant quelque temps, a, pour ainfi dire, déja moiffonné ce qu'il y a de plus fenfible & de plus pur
dans la joye qui accompagne un bien inefperé. Que
s'ils le menacent de mal, l'imagination, comme j'ai
déja dit, le fait reffentir avant que de le recevoir; fi
leur conjecture fe trouve veritable; & s'ils fe font trompez, ce qui arrive prefque toûjours, on n'a pas laiffé d'être miferable fans fujet, par cette vaine crainte du
mal, qui fouvent ne touche pas moins que le mal même. Cardan dit dans fon livre de la Prudence Civile,
que des fix chofes qui lui avoient caufé le plus de pré-
judice dans le cours de fa vie, l'une étoit d'avoir ajoûté foy à l'Aftrologie Judiciaire. Je ne le reconnois pourtant gueres dans ce fentiment, fi l'hiftoire qu'on fait
de lui eft veritable. La voici. On rapporte que ce Sçavant ayant prédit par l'infpection des Aftres, & par les
regles de la fcience dont il paroiffoit fi mécontent, l'an
& le jour de fa mort, il fe laiffa mourir de faim ce
même jour, afin de conferver fa réputation d'habile
faifeur d'Horofcopes. On fait encore une hiftoire, à
peu-près femblable, d'un autre Aftrologue. Le jeune
Noftradamus, qui fe mêloit de penetrer dans l'avenir,
comme Michel fon pere, ayant une extrême envie de
fucceder à fa réputation, & de fe rendre en prédictions
auffi celebre que lui (celebre, s'entend feulement chez
les Oufles) fe hazarda de prédire que le Pouffin, qui
étoit affiegé, periroit par le feu; & pour être trouvé
veritable, on le vid dans le temps de la prife de cette
ville & de fon pillage, mettre le feu par tout; ce qui
donna tant d'indignation contre lui au Sieur de Saint
Luc, qu'il lui fit paffer fon cheval fur le ventre, &
le tua.

XXXVIII.

XXXVIII. Si les Aftrologues ont foin de faire tout ce qu'ils peuvent pour verifier leurs Oracles, ceux qui les reçoivent prennent d'ordinaire ce foin autant qu'eux, tant on aime à fe tromper foi-même. Suetone en donne une preuve dans la vie de Caligula, en parlant de ce merveilleux pont de vaiffeaux, que cet Empereur fit faire de Baïes à Pouffole. Le Matematicien Trafille, dit-il, connoiffant que Tibere fouhaitoit extrême-ment qu'un fien neveu lui fuccedât à l'Empire plutôt que Caligula, l'affura que celui-ci traverferoit auffi-tôt à cheval le Golphe de Baïes, que d'être fait Empereur. Caligula étant enfin parvenu à cette élevation, & fe ref-fouvenant de ce que cet Aftrologue avoit dit, prit plai-fir à faire ce pont, fur lequel il paffa ce Golphe plu-fieurs fois à cheval & en caroffe, pour accomplir la prophetie. Cela s'appelle forcer les Aftrologues à dire vrai, quoiqu'ils ne l'efperent pas & n'en ayent pas mê-me le deffein; tous les jours on pratique à leur égard cette obligeante conduite; à la verité, pour fe fatis-faire plutôt foi-même, que pour leur plaire. On craint de paroître avoir été affez fimple, pour s'être laiffé trom-per. C'eft par ce même efprit de vanité, qu'on fe plaint continuellement de fon Etoile. Des gens fans efprit, fans conduite, ne peuvent parvenir à aucune élevation, à aucun avancement, ils s'en prennent aux Aftres, ils veulent les rendre refponfables de leur mal-heureux état, pendant qu'eux-mêmes ont été les arti-fans de leur mauvaife fortune. On accufe ces corps céleftes de bien des malignitez & des injufticez, dont ils font innocens autant qu'on le peut être. Ils éclai-rent, ils échauffent, voila ce qu'ils font; mais pour des établiffemens, ils n'en donnent pas plus que le feu allumé dans ta chambre pendant l'hyver.

XXXIX. Cette fameufe Sentence des Aftrologues, *Sapiens dominabitur aftris*, que le Sage donne la Loy aux Aftres, n'eft qu'un leurre pour ôter le fcrupule à ceux qui feroient, fans cela, confcience de les écouter & de les croire. Ils ne laiffent pas, malgré la belle Senten-

ce, d'établir des axiômes, & de décider de la destinée des hommes aussi absolument, que si ceux-ci, au
lieu d'animaux libres & raisonnables, n'étoient que de
vrayes marionnettes, attachées aux Planettes & aux signes celestes par des influences, comme par des cordes,
de qui ils reçoivent tous leurs mouvemens, sans en
avoir aucun propre. Et ainsi prens à la lettre le *Sapiens
dominabitur astris*; sois sage, commence par là; & ne
regarde les Etoiles, que comme des flambeaux pour
éclairer ta sagesse, & non pas comme des êtres capables de l'augmenter & de l'entretenir, ou de t'en donner, si tu n'en as point.

XL. De tout ce que tu viens de lire, tire des con-
clusions pour les Almanachs; elles seront justes & dans
les formes, si tu dis seulement qu'on peut s'y confier
sur ce qui regarde le Calendrier, le lever & le coucher
du Soleil & de la Lune, l'épacte, le commencement
& fin de chaque saison, les Eclypses & autres revolutions
celestes, dont l'Astronomie donne des connoissances,
sur lesquelles on peut compter; mais quant à la mort
d'un Grand, à la perte ou au gain d'une bataille, à
un mariage de conséquence & autres événemens con-
tingens qu'ils débitent & que les Astres ne peuvent produire & encore moins faire connoître, reçoi tout cela
comme des imaginations que les Astrologues hazardent
pour amuser & intriguer les bonnes gens. Il y a pourtant, dit-on, dans de certains Almanachs, des prédictions qui ne sont point faites, sans une attention serieuse, & une discussion exacte. Cela peut être; il
peut y avoir de la bonne foy dans cette discussion &
dans cette attention, ce que je ne croi pas néanmoins
absolument, si vrai, qu'il ne m'en reste quelque doute. Mais, quoiqu'il en soit, cette attention & cette
discussion ne tireront jamais des Astres des connoissances qui ne s'y trouvent point, comme tu en dois être
convaincu par plusieurs de ces Réflexions. De plus
ne peut-il pas arriver que ces prédictions soient artificieuses, si elles ne sont pas hazardées? On l'a crû ainsi de

ſi de quelques-unes. On a dit, par exemple, que *Cronwel* faiſoit mettre dans l'Almanach de Londres ſes deſſeins aſſez ſouvent, & s'en trouvoit bien. Quelques perſonnes ont crû, que l'Auteur de l'Almanach de Milan entretenoit des relations avec des Miniſtres d'Etat. Quand donc je te verrai chercher des prédictions de l'avenir dans un Almanach, j'en ferai une qui ſera plus vraye que celles que tu trouveras. La voici. Oufle va donner une preuve certaine de ſa ſottiſe.

XLI. Il faut encore regarder ce qu'on dit de certains jours, qu'on prétend être toûjours heureux ou malheureux, comme un abus introduit par l'Aſtrologie Judiciaire; c'eſt une erreur qui s'eſt établie, comme pluſieurs autres, ſans qu'on puiſſe donner aucune raiſon valable d'un juſte & raiſonnable établiſſement, à moins qu'on ne diſe, que c'eſt parce que les hommes ſont extrêmement portez à la ſuperſtition. Des gens ne veulent point ſe marier dans le mois de Mai, de crainte de malheur; & cette crainte ſuperſtitieuſe ne vient que d'une ancienne & ſuperſtitieuſe pratique, c'eſt à-dire, d'une fête que les Romains celebroient dans ce mois en l'honneur des mauvais eſprits, *lemuralia.* Voilà la raiſon qu'en donnent les Sçavans; pour le peuple, il n'en apporte aucune; il craint de ſe marier dans ce mois, ſeulement parce qu'il a oüi dire que d'autres le craignoient, & qu'il falloit le craindre. Le 24 de Fevrier dans les années biſſextiles, étoit reputé ſi malheureux, que Valentinien ayant été élû Empereur, n'oſa ce jour-là ſe montrer en public, de peur d'en encourir la fatalité; ou par politique (ce que je croirois plus volontiers) afin de ne pas s'expoſer à avoir la réputation d'un homme malheureux. Timoleon s'étant perſuadé, & l'ayant perſuadé à ſes peuples, que le jour qu'il vint au monde étoit un jour de proſperité pour lui, le choiſiſſoit pour attaquer ſes ennemis avec plus de confiance, & pour animer ſes ſoldats. Les Mahometans croyent qu'à cauſe que Dieu créa la lumiere le Mercredi, les Muſulmans n'entreprennent rien cette journée-là inu-

tilement , & qui ne leur réussisse. Certaines personnes
se persuadent, que ceux qui naissent le Verdredy Saint,
penetrent de leur vûë jusques dans le centre de la terre ; & cela parce que la terre s'ouvrit dans ce jour.
Quand on s'attache à bien examiner cette superstition,
& que l'on considere bien ces jours quelques années de
suite , on voit par l'experience, que tantôt ils sont heureux , tantôt malheureux ; ou plutôt qu'entre les hommes, les uns y joüissent de quelque bonheur , & que
quelque malheur accable les autres. Mais comme il y
a peu de gens qui prennent soin de faire constamment
cette attention, l'erreur subsiste , & se perpetuë de telle
sorte de siecle en siecle , qu'il n'est plus possible de la détruire. On a remarqué qu'un même jour a été heureux
& malheureux à un même peuple ; Ventidius , par
exemple, General des Romains , battit les Parthes à
pareil jour que les Parthes vainquirent Crassus. Lucullus combattit Tigranes , un jour reputé malheureux ,
& cependant il le vainquit. Ce fut dans cette occasion,
qu'étant prêt de donner bataille , & que quelqu'un l'en
voulant dissuader , à cause de ce jour prétendu malheureux, il dit. ,, Tant mieux, nous le rendrons heu-
,, reux par notre victoire. C'est ainsi qu'il faut traiter
ces superstitions ; s'en moquer , si on ne peut pas les
détruire.

XLII. Autre superstitieuse, mais très-fameuse pratique, que les Astrologues ont imaginée ; c'est la construction des Talismans. Avant que je t'en entretienne, il est bon que je t'avertisse de ne les pas confondre avec les Gamahez, c'est à dire, avec de certaines
figures, ou peintes, ou en relief, ou gravées naturellement sur des pierres, des metaux, des herbes, des
fleurs & autres productions qui se trouvent sur la terre ou dans ses entrailles. Voici les plus fameux Gamahez que les Naturalistes , les Voyageurs & autres Auteurs curieux de connoître les effets les plus admirables de la nature ; ont rapportez dans leurs ouvrages. Comme tu aimes avec passion le surprenant & le

mer-

merveilleux, je ne doute point que ce petit détail ne te divertisse. Ressouvien toi pourtant, que je ne me fais pas garant de l'existence de ces curiositez. Je te les donne sur la parole de ceux de qui je les ai reçûës, sans vouloir exiger de toi d'autre credulité, que d'être persuadé que je t'écris ce qu'on a écrit. Je n'aurois pas été obligé de te faire faire tant de réflexions, si tu étois aussi circonspect que moi, quand il s'agit de croire.

Voici donc les Gamahez dont il s'agit.

Le Roi Pyrrhus avoit une Agathe qui representoit les neuf Muses dansantes, & Apollon au milieu, qui joüoit de la harpe.

Albert le Grand vid à Cologne, au tombeau des trois Rois, deux jouvenceaux fort blancs, que la nature avoit dépeints sur une cornaline.

On trouva dans un marbre scié, l'image d'un Silene.

A Pise dans l'Eglise de saint Jean, on voit sur une pierre, un vieux Hermite, parfaitement dépeint par la seule nature dans un desert, assis près d'un ruisseau, tenant une cloche à sa main.

A Ravenne, dans l'Eglise de saint Vitail, il y a un Cordelier naturellement figuré, sur une pierre de couleur cendrée.

On a trouvé dans la forêt Hercine, une pierre qui portoit naturellement la figure d'un vieillard, à barbe longue, & couronné d'une triple Thiare, semblable à celle que portent les Papes.

A Sneiberg en Allemagne, on trouva dans terre une petite statuë d'un certain metail, non épuré, naturellement faite, & qui representoit en bosse ronde un homme ayant un petit enfant sur son dos.

Dans le Temple de la Sapience à Constantinople, on voit sur un marbre blanc scié, l'image de saint Jean-Baptiste, vêtu d'une peau de Chameau, avec une défectuosité, c'est que la nature ne lui a fait qu'un pied.

Un Gamahé representoit des roses, & un autre étoit tout étoilé.

Albert le Grand, dit-on, avoit une pierre, mar-

K 3   quée

quée naturellement d'un serpent, avec cette vertu admirable, que si elle étoit mise en un lieu, où les serpens hantoient, elle les attiroit tous.

Le Marquis de Bade avoit une pierre précieuse, qui
étoit telle, que, de quelque côté qu'on la regardât,
elle montroit toûjours un crucifix naturel.

Il y en avoit aussi un que representoit un marbre.

On voit dans l'Eglise de saint Georges à Venise,
un autre Gamahé qui represente parfaitement une tête
de mort.

On a vû en Angleterre un poisson, qu'on appelle
perche, si bien figuré sur une pierre, qu'il n'y avoit
pas une écaille, ni aucune proportion qui ne fût ob-
servée.

On a autrefois presenté à un Roi, de petits cail-
loux, qui formoient son nom tout entier, par des lettres naturelles.

En Mauritanie, proche de la ville de *Septa*, il y
avoit une fontaine, où l'on trouvoit des pierres qui
portoient naturellement, les unes ces mots, *Ave
Maria*; les autres, *gratia plena*; d'autres, *Dominus tecum*.

Dans l'Amerique, il y a une plante qui represente
distinctement en sa fleur, tous les instrumens de la
passion de J. C.

L'estomach & le ventre d'Auguste étoient parsemez
de perles, qui dans l'ordre & dans le nombre, répre-
sentoient l'Ourse celeste.

Certaines gens en Espagne, qu'on appelle *Los Salu-
tadores*, qui se mêlent de guerir certaines maladies,
ont, dit-on, tous de naissance, certaine marque en
forme de demie roüe.

Les Sauveurs d'Italie, se disent parens de saint Paul,
& portent empreinte sur leur chair, la figure d'un serpent, qu'ils veulent faire croire leur être naturelle,
quoiqu'elle ne soit qu'artificielle. Ils se vantent de ne
pouvoir être blessez par les serpens ni par les scor-
pions, & de les manier sans danger. On a montré
le contraire.

En

En voila affez fur les Gamahez. Tu vas voir, par ce que je dirai ci-après, en quoi ils font differens des Talifmans.

XLIII. Je fçai parfaitement bien, que tu ajoûtes beaucoup de foy aux Talifmans; que tu crois qu'un petit morceau de metail, une pierre, gravez dans un certain temps & d'une certaine maniere, élevent aux plus grandes dignitez, ou précipitent dans la mifere, ou procurent des trefors immenfes, ou donnent la faveur des Rois, l'amour des femmes, enfin plus que tous les hommes enfemble, ne peuvent donner par leur induftrie & leur fçavoir faire. Je ne te demande point pourquoi tu es perfuadé, que ce morceau de metail & cette pierre ont de fi grands pouvoirs & de fi merveilleufes proprietez; car je te donnerois trop d'embarras, fi j'exigeois de toi une réponfe raifonnable là-deffus. Helas! tu n'as jamais fongé à examiner les raifons qui t'engageoient à croire; c'eft-à-quoi les gens comme toi, qui donnent tête baiffée dans les fuperftitions, ne penfent point. Quoiqu'il en foit, je vais te parler des Talifmans, & t'apprendre peut-être ce que tu ne fçais pas. Je te donnerai un détail de plufieurs des Talifmans les plus confiderables qui ont été faits, & que l'hiftoire nous a confervez; enfuite je parlerai de quelques-uns de ceux qu'on peut faire, & qu'on prétend être propres pour apporter aux hommes les avantages qu'ils fouhaitent le plus, & enfin je conclurrai par raifonner fur ce qu'on doit croire de ces charlataneries. Mais auparavant, je dirai quelque chofe de ce qu'il eft neceffaire de fçavoir pour bien connoître en quoi confifte le Talifman. Voici un peu de Doctrine; mais qu'elle ne t'effraye point, elle ne fera pas longue. Trop de prolixité à cet égard, me feroit auffi ennuyeufe qu'à toi. Parlons d'abord du nom.

XLIV. Plufieurs tiennent que le mot Talifman, eft derivé du mot grec *Talefma*, qui fignifie perfection; parce que les Talifmans (fi l'on eft affez fimple pour en croire ces gens-là) sont les plus parfaites choses d'ici bas, ayant une puissance pareille à celle des Astres & des Planetes. Un autre fait venir ce nom du mot Hebreu *Tselem*, qui signifie image. D'autres le tirent de l'Arabe. Borel le fait Persan, d'un mot qui signifie graveure constellée. Ducange croit qu'il vient de *Talasmacis Litteris*, qui sont des chiffres, lettres secretes, ou caracteres inconnus, dont se servent les Sorciers, à cause que *Talamasca* signifie une illusion ou phantôme. On veut encore qu'il soit produit par un mot grec qui signifie conservation. C'est franchement trop se tourmenter pour le nom d'une bagatelle. Tu es sans doute bien surpris de m'entendre appeller les Talismans des bagatelles! c'est pourtant le nom le plus obligeant que je puisse leur donner; ils en auroient un bien plus offensant, si sans les ménager, je les nommois comme ils le meritent. Mais avançons.

XLV. On fait Apollonius de Thiane inventeur des Talismans. Il y en a qui veulent que ce soient les Egyptiens qui les ayent imaginez, & cela selon leurs conjectures, parce qu'Herodote dit dans le second Livre de son histoire, que ces Peuples ayant les premiers donné le nom à douze Dieux celestes, ils graverent aussi des animaux sur des pierres. Enfin je suis persuadé, sans un plus long examen, que qui que ce soit qui ait inventé les Talismans, a plus songé à se divertir lui-même, en se divertissant des autres, qu'à établir serieusement une science qu'il crût contenir quelque solidité.

XLVI. Voyons donc ce que c'est qu'un Talisman. Faisons parler d'abord un homme qui s'est fait une affaire de justifier cette superstitieuse pratique. Il a dit tout ce qu'il a cru être le plus fort pour la soutenir; mais que nous allons remarquer de foiblesse dans cette force! Un Talisman, dit-il, n'est autre chose que le sceau, la figure, le caractere, ou l'image d'un signe celeste, Planete, ou constellation, faite, imprimée, gravée, ou ciselée sur une pierre sympathetique, ou

sur

sur un métail correspondant à l'Astre, par un ouvrier
qui ait l'esprit arrêté, & attaché à l'ouvrage, sans être
distrait ou dissipé en d'autres pensées étrangeres, au jour
& heure de la Planete, en un lieu fortuné, en un
temps beau & serain, & quand il est en la meilleure
disposition dans le Ciel, qu'il peut être, afin d'attirer
plus fortement les influences, pour un effet dépendant
du même pouvoir & de la vertu de ses influences. Voilà une définition bien étenduë! Plus elle en dit, moins
elle fait esperer; car toutes ces circonstances qu'elle demande pour la fabrique du Talisman, rendent fort sus-
pects les effets qu'on s'en promet. Il faut, dit-elle, que
celui qui le fabrique, ne soit point distrait, que ses
pensées ne soient ailleurs qu'à son ouvrage. Ne diroit-
on pas que cet Astre dont il attend les influences, pour
les appliquer sur le métail ou sur la pierre, pourra
connoître sa distraction, & ainsi pour l'en punir, lui
refuser ce qu'il lui demande? Si je voulois parcourir
exactement toutes les parties de cette définition, j'y
trouverois d'aussi grandes ridiculitez. La meilleure définition qu'on pourroit donner de cet ouvrage, ce seroit
de dire, que les Talismans sont certaines figures gravées ou taillées avec plusieurs vaines observations sur
les caracteres & sur les dispositions du Ciel, ausquels
les Astrologues & les Charlatans attribuent des vertus
merveilleuses, & le pouvoir d'attirer les influences celestes. Cette définition, à la verité, ne flatte pas la
profession Talismanique; mais quand on définit, ce
n'est pas pour flatter; c'est pour dire vrai; c'est pour
répresenter la chose telle qu'elle est; c'est pour exprimer son genre & sa difference; ici le genre, c'est la figure; & la difference, ce sont de vaines observations,
faites par les Astrologues Judiciaires, c'est-à-dire, par
des Charlatans.

XLVII. Voici comment on prétend, que la matiere du Talisman reçoit ces merveilleuses influences,
qu'on veut absolument rendre si puissantes & si efficaces,

Le métail ciſelé ou fondu étant, dit-on, excité par un agent exterieur, & ſur tout, attaqué par le feu externe ſon ennemi, ſes eſprits metalliques étant ainſi mus & excitez, demandent & attirent plus fortement l'aide de ſon Aſtre pour reſiſter à cet agent externe, & pour combattre ce Tyran du monde, deſtructeur de toutes choſes ; parce que c'eſt le propre de toutes les natures de ſe roidir, & de chercher du ſecours à la préſence de leur contraire, & puis les vertus, & les influences aſtrales ſe reçoivent beaucoup mieux, quand le ſujet eſt agité & en mouvement, que quand il eſt ſans action, à cauſe des irradiations des eſprits pouſſez par ce mouvement, qui en ſortant de leurs ſujets, donnent un paſſage plus libre, & rendent l'entrée & l'accez plus faciles aux influences planetaires. De tout ce raiſonnement, je conclus qu'il eſt fort fâcheux, que les Fondeurs, les Serruriers, les Maréchaux, enfin tous ceux qui travaillent ſur les matieres metalliques, n'en ſoient pas inſtruits ; car ils ſçauroient, que comme il y a toûjours quelque Aſtre preſent pendant qu'ils forgent ou qu'ils fondent, tous leurs ouvrages ſont autant de Taliſmans dont ils pourroient faire un bon commerce. Combien, par exemple, ne tombe-t'il pas d'influences ſur une clef que l'on forge, à cauſe des irradiations des eſprits par le mouvement que leur donne le feu, qui en ſortant de leur ſujet, donnent un paſſage plus libre, & rendent l'entrée & l'accez plus faciles à ces influences ! Si tu rejettes cette réflexion, rejette donc auſſi le raiſonnement que tu viens de lire ; car il lui ſert de fondement, & elle en eſt une très-naturelle conſequence.

XLVIII. On continuë ainſi : Et parce que la Planette a diverſes influences qu'elle envoye indiſtinctement, & que le Taliſman recevroit de même ſorte ; il faut que l'ouvrier applique non-ſeulement ſon eſprit à l'Aſtre, mais encore à la fin & au deſſein de ſon operation, d'autant que ſe formant ainſi l'image de la qualité qu'il prétend introduire au Taliſman, cette image détermine par la même loy ceue influence à fe communiquer particulierement au Talifme, & eft précifément & singulierement attirée entre routes les influences que la Planere peut produire. Tout cela fignifie; que, fi l'ouvrier talifmanique negligeoit d'avoir une intention actuelle, & n'avoit pas une imagination bien forte, l'influence dont il a befoin, ne voudroit pas faire un pas pour fe rendre & refter fur fon ouvrage. Il faut que ces influences foient bien intelligentes, pour ainfi connoître fi l'on a intention de les attirer, ou fi on ne l'a pas; & qu'elles fe piquent bien d'honneur, pour abandonner ainfi un pauvre ouvrier, à caufe qu'il aura été quelque temps diftrait & fans fonger à elles.

XLIX. La figure, dit-on encore, eft d'une grande confequence pour l'efficacité du Talifman, & cela, parce que la figure établit une plus grande fympathie, & qu'à raifon d'une plus grande fympathie, elle eft au métail une meilleure difpofition pour l'influence de la Planette. J'ai dit ci-devant, que les figures dont on fe fert pour repréfenter les fignes celeftes, font purement arbitraires, qu'elles ne fubfiftent que dans l'imagination; que le figne de la Balance, par exemple, ne reffemble pas plus à une balance qu'à un moulin à vent, il eft donc ridicule de dire, que, fi l'on grave fur du métail la figure de la balance, elle attirera par une fympathie caufée par la reffemblance, les influences d'un figne, auquel elle ne reffemble point du tout.

L. Voici le beau! Vous portez, par exemple, ajoû-te-t-on, un Talifman, pour donner de la terreur ou de l'amour, c'eft-à-dire, de Mars ou de Venus, vos Talifmans imprimez & empreints fortement des influences de ces Aftres, font ici bas comme ces Aftres corporifiez dans leur propre matiere; partant ils agif-fent & exhalent leur vertus à la façon de ces Aftres; & vous qui les portez, êtes comme le Ciel & l'intelli-gent, qui les mouvez de part & d'autre; vous les por-tez aux lieux où font les perfonnes aufquelles vous vou-lez donner de la terreur ou de l'amour; ces perfonnes

à la

à la presence invisible de ces Astres, reçoivent ces influences, elles se trouvent agitées de leurs vertus de crainte ou d'amour, & elles en produisent les mouvemens à votre égard, parce que c'est de vous que part l'influence & la vertu. Si j'entreprenois de me joüer de la foiblesse & de la sotte credulité d'un homme, je ne voudrois point lui faire d'autre raisonnement que celui que je viens de t'écrire. C'est pourtant sur ce raisonnement & sur d'autres semblables, que l'on persuade les simples & même des gens qui se piquent de force d'esprit, du grand pouvoir des Talismans. Ceux qui gobent ces raisonnemens, sont ravis d'y apprendre, qu'avec un Talisman, ils tiennent, pour ainsi dire, les Astres dans leur poche; que dis-je? ils sont eux-mêmes des petits cieux, qui donnent tels mouvemens qu'ils veulent à ces Astres empochez, & qui disposent despotiquement de leurs influences. Imagine toi donc, Ousle, mon cher Disciple, qu'un plaideur à un grand procez, dont la décision fera sa bonne ou mauvaise fortune, & que le bon droit est de son côté. Il lui est par consequent d'une grande importance d'avoir des Juges qui suivent exactement les Loix de la Justice. Selon ces belles regles que tu viens de lire, il n'a qu'à faire faire des Talismans sous les signes de la Balance, & qui en portent la figure gravée. Au lieu de Factums, qu'il fasse present de ces Talismans à ses Juges, il en sortira des influences si équitables, que ces mêmes Juges seront forcez de s'y conformer. Cette espece (pour parler en terme de Jurisprudence) te surprend sans doute; car tu ne t'y attendois point; elle est pourtant entierement dans l'esprit de la science talismanique, cette science que tu admires tant, & dont tu fais si grand cas. Ne trouve pas mauvais si je te dis, que tu ne l'admires, que parce que tu es un ignorant. Sonde bien les raisonnemens dont elle se sert pour soutenir ce qu'elle avance, & tu ne l'admireras plus; ou si tu l'admires, ce sera de ce qu'elle a séduit tant d'esprits par de si impertinentes raisons.

fons. Juge à préfent fi l'on doit croire ce qu'on a écrit de tous ces fameux Talifmans dont il eft parlé dans l'hiftoire, & que je vais expofer ici, comme autant de contes imaginez pour divertir. Je ne prétends pas pourtant dire que ces Talifmans n'ont point exifté ; je veux feulement t'affurer qu'ils n'avoient point du tout, par leur fabrique, ces furprenans pouvoirs qu'on leur attribuë. Voici donc ces Talifmans, reffouvien-toi de ce que je viens de te dire, à mefure que je te les reprefenterai.

LI. Le Rabbi Aben-Efra, dit que les Idoles que le texte Hebreu appelle *Theraphim*, n'étoient autre chofe que certains inftrumens d'airain, faits en forme de cadrans folaires, pour connoître les heures propres à la divination ; mais le Rabi Eliezer-gadol prétend que c'étoit des Statuës d'hommes, faites fous certaines conftellations, dont les influences les faifoient parler en certains temps, pour répondre aux queftions qu'on leur faifoit. Buxtorf a recueilli dans fon grand Dictionnaire Talmudique, ce que les Rabins ont dit fur les manieres de faire ces *Theraphims*. Selon R. Eliezer, un des plus anciens auteurs Juifs, on les faifoit de cette forte. La ceremonie commençoit par tuer le premier né de la maifon, enfuite on lui arrachoit la tête, qu'on falloit de fel, mêlé avec de l'huile, puis on écrivoit fur une lame d'or le nom de quelque mauvais efprit, & l'on mettoit cette lame fous la langue de cette tête, qu'on attachoit à une muraille ; & après avoir allumé devant elle des flambeaux ; on lui rendoit à genoux des refpects, & cette figure répondoit. Et ainfi c'étoit, ou les Aftres, ou les Diables qui fe mêloient des affaires des *Theraphims*. Lequel croire ? le plus fûr, c'eft de douter de l'un & de l'autre, en attendant confirmation par l'évidence. La bonne chofe que cette évidence, pour fe garentir de la contagion des erreurs populaires !

LII. Les premiers Dieux des Latins, qu'on appelloit *Averrunci* ou *Dii Tutelares*, dieux Tutelaires, ont

paffé

passé pour des images Talismaniques ; & cela, parce que quelques historiens assurent, qu'on en dressoit quelques-uns sous certaines constellations ; mais, dit-on, le malheur de l'Idolatrie ayant gâté la meilleure des sciences, fit que prenant ces images pour des Dieux, la légitime fabrique fut étouffée & perduë. Si l'Idolatrie n'avoit point causé d'autre dommage, il n'y auroit pas grand sujet de s'en plaindre. Ne trouver plus la legitime fabrique des Talismans, n'est rien moins assurément, qu'une grande perte.

LIII. On a pris pour Talismans, le Palladium de Troye ; les Boucliers des Romains ; la Statuë de Memnon en Egypte, qui se mouvoit & qui rendoit, disoit-on, des Oracles, aussi-tôt qu'elle étoit éclairée du Soleil ; la Statuë de la fortune de Sejan, qui inspiroit le respect & portoit bonheur à ceux qui la possedoient ; la figure de la Cigogne qu'Apollonius mit à Constantinople, pour en chasser les Cigognes.

On veut faire croire, qu'en une ville d'Egypte il ne se trouvoit point de Crocodiles, comme dans les autres villes qui sont le long du Nil ; parce qu'il y avoit un Crocodile de plomb, enterré sous le seüil du Temple ; & que Mehemet-ben-Thaulon l'ayant fait brûler, les habitans s'en plaignirent beaucoup dans la suite, disant, que depuis ils étoient fort tourmentez par ces animaux.

Gervais dit dans son livre intitulé, *Otia Imperatoris,* que Virgile mit une mouche d'airain sur l'une des portes de la ville de Naples, qui durant l'espace de huit ans, qu'elle y demeura, empêcha qu'aucune mouche entrât dans cette ville. Les Rabins disent qu'on n'en voyoit aucune dans le lieu où l'on assommoit & dépoüilloit les bêtes pour le Sacrifice. Selon Cœlius Rhodiginus *l.* 21. *ch.* 30. *antiq. Lection.* Il n'y en avoit point aussi dans le lieu où l'on celebroit les jeux Olympiques, ni dans la ville de Leucade en Acarnanie. Selon Pline, le marché des Bœufs à Rome, en étoit exempt ; selon Solin, le Temple d'Hercule aussisi ; selon Cardan, une certaine maison à Venise ; selon le Docteur Gervais, le Réfectoir de l'Abbaye de Mailleras en Poitou : & selon Fusil, il ne s'en trouvoit qu'une en toute l'année, dans la grande Boucherie de la ville de Tolede en Espagne.

Le même Gervais dit que Virgile fit ériger sur une haute montagne, proche de la Ville de Naples, une Statuë d'airain, qui avoit en sa bouche une Trompette, laquelle sonnoit si fort, quand le vent de septentrion venoit à souffler, qu'elle chassoit le feu & la fumée du Volcan, de sorte que les habitans n'en recevoient aucun dommage. On prétend encore qu'il fit un feu commun, où chacun se pouvoit librement chauffer, proche lequel il avoit mis un Archer d'airain avec la fleche encochée, & une telle inscription ; *Quiconque me frappera, je tirerai ma fleche.* Ce qui arriva lorsqu'un fou frappa cet Archer, qui dans le même moment tira sa fleche jusqu'au feu & l'éteignit. Alexandre Neckam, Benedictin Anglois, dit aussi dans son livre de la nature & proprieté des choses, que le même Virgile voyant la ville de Naples affligée de Sangsuës, il l'en délivra par une Sangsuë d'or qu'il jetta dans un puits ; qu'il avoit fait des Statuës, appellées la salvation de Rome ; lesquelles étoient gardées nuit & jour par des Prêtres, à cause qu'aussi-tôt que quelque nation vouloit se revolter & prendre les armes contre l'Empire, la Statuë qui portoit la marque de cette nation & qui en étoit adorée, s'émouvoit ; une cloche qu'elle avoit au col, sonnoit, & la même Statuë montroit au doigt cette nation rebelle ; qu'il fit faire à Naples une boucherie, où la chair ne sentoit ni ne se corrompoit jamais, & qu'il mit sur l'une des portes de la ville de Naples, deux grandes images de pierre, l'une desquelles se nommoit joyeuse & belle, & l'autre triste & hideuse, qui avoient cette puissance, que si quelqu'un venoit à entrer par le côté où étoit la premiere, toutes ses affaires lui réussissoient comme il le souhaitoit ; mais s'il entroit par l'autre,

elles

elles se terminoient malheureusement. Voilà bien des prodiges sur le compte du bon Virgile, qui se piquoit assurément plus de faire d'excellens vers, que des Talismans & des sortileges. Mais c'est ce qui arrive d'ordinaire aux Hommes Illustres, on veut toûjours ajoûter du merveilleux à leurs grands talens.

LIV. On prétend qu'Albert le Grand avoit composé une machine qui représentoit un homme entier, ayant travaillé trente ans sans discontinuation, à le forger sous divers aspects & diverses constellations; les yeux, par exemple, lorsque le Soleil étoit au signe du Zodiaque, corespondant à une telle partie; lesquels il fondoit de metaux mélangez ensemble, & marquez des caracteres des mêmes signes & Planetes & de leurs aspects divers & necessaires; & ainsi la teste, le cou, les épaules, les cuisses & les jambes façonnez en divers temps & montez & reliez ensemble en forme d'homme, avoient cette industrie de reveler audit Albert la solution de toutes les principales difficultez. C'est ce qu'on appelle l'Androïde d'Albert le Grand; elle fut brisée, dit-on, par Thomas d'Aquin, à cause de son trop grand caquet. Henry de Assia & Barthelemy Sibille, assurent qu'elle étoit composée de chair & d'os, mais par art: & non par nature. Si l'on avoit dit seulement que cette machine parloit, & que même elle digeroit, cela ne seroit pas incroyable, puisque de ton temps on en a vû qui parloient, & qu'un Capitaine de vaisseau avoit construit un Paon artificiel qui mangeoit & digeroit; & cela par une science méchanique, qui n'a besoin, ni d'inspection des Astres, ni de secours des Diables pour produire quelque chose de surprenant; mais dire que cette figure instruisoit Albert, quelle lui apprenoit à résoudre toutes les difficultez qui se trouvoient en son chemin dans l'étude des sciences, ausquelles il s'appliquoit, franchement c'est étendre trop le pouvoir de la machine, pour s'attendre que les gens raisonnables y ajoûteront foy: car enfin, c'est dire tout net, que cette figure comprenoit

noit ces difficultez, & qu'elle avoit tout le jugement & toute l'intelligence neceſſaire pour les détruire ; qu'ainſi elle étoit même beaucoup plus habile que l'ouvrier qui l'avoit faite. Un tel prodige ne revolte-t'il pas ta credulité ?

LV. On dit qu'une figure de Serpent d'airain empêchoit tous les ſerpens d'entrer à Conſtantinople ; mais que Mahomet II. après avoir pris cette Ville, ayant caſſé d'un coup de fleche les dents de ce Serpent, une multitude prodigieuſe de ſerpens, ſe jetta ſur les habitans, ſans néanmoins leur faire aucun mal ; parce qu'ils avoient tous les dents caſſées, comme celui d'airain. Comprens-tu bien comment ce Serpent d'airain, ou l'Aſtre qui le dominoit, empêchoit les autres de paroître, & de quelle maniere il s'y prit enſuite, après avoir eû les dents caſſées, pour leur permettre de venir, mais à condition qu'ils ſeroient édentez ? Je ſuis ton genie, & par conſequent, je dois en ſçavoir plus que toi, puiſque tu es ſous ma conduite ; certes, ſi tu m'expliques comment cela s'eſt pû faire, je deviendrai moi-même volontiers ton diſciple.

LVI. Autre Taliſman admirable dans Conſtantinople, ſous l'Empire d'Anaſtaſe ; c'étoit une image de bronze de la fortune, ayant un pied ſur un navire du même métal. Quelques morceaux de ce navire s'étant détachez, les navires ne pouvoient plus entrer dans le port de Conſtantinople ; & ils n'y arriverent, qu'après qu'on eut remis ces morceaux en leur place. Quand les influences furent réünies, elles ne refuſerent plus leur obligeant ſecours. N'ai-je pas eu ſujet d'appeller ce Taliſman admirable ? Y a-t'il rien de plus merveilleux, que de voir un petit morceau de bronze, ainſi imbû d'influences, qui étant placé comme l'Aſtre le ſouhaite, donne une entrée facile à de grands vaiſſeaux, & qui, pour peu qu'il ſoit déplacé, les arrête tout court, & les empêche abſolument d'entrer dans le Port ? ſi cela eſt vrai, peut-on après cela douter de la force des Influences ? je dis ſi cela eſt vrai, & ce ſi eſt fort embaraſſant pour l'honneur du prodige.

LVII.

LVII. On lit dans les Paralelles historiques, que du temps de Robert Guiscard, Duc de Calabre & de la Poüille, fut découverte une Statuë de marbre, qui avoit autour de la tête un cercle de bronze, où ces mots étoient gravez. *Kalendis Maii oriente sole, aureum caput habebo.* Aux Calendes de Mai, le Soleil se levant ma tête sera d'or. Ce Prince trouva entre ses prisonniers de guerre, un Sarrazin qui dit que ces mots signifioient, que si le premier jour de Mai, quand le Soleil se leveroit, on observoit l'endroit où la tête de cette figure envoyeroit son ombre, là il y auroit un tresor. Quelqu'un a mis cette figure au nombre des Talismans, mais mal-à-propos ; car elle n'étoit qu'astronomique ; c'est-à dire, que celui qui l'avoit posée, avoit lui-même caché ce tresor dans l'endroit où il sçavoit bien que sa tête seroit ombre au jour marqué. Pour cela, il ne falloit pas plus de connoissance qu'il en faudroit pour placer le stile d'un cadran.

LVIII. Un Citoyen d'Alexandrie, nommé Calligraphus vit sur le minuit, des Statuës d'airain se remuer & crier à haute voix, que l'on massacroit à Constantinople l'Empereur Maurice & ses enfans ; ce qui se trouva vrai. Je dirois volontiers que l'action de ces Statuës est trop prodigieuse, pour croire qu'elles fussent des Talismans ; mais comme on en rapporte de ceux-ci, qui produisent, si on le veut croire, d'aussi grandes merveilles, on peut, sans conséquence, accorder le même nom à celles-là.

LIX. Dans Zamorra, qui est l'ancienne Numance, en un lieu nommé Tavara, il y avoit une tête de métail, qui déceloit les Juifs, quand ils approchoient de ce lieu, & ne cessoit de crier ; *Prenez garde, il y a un Juif ici caché.* Demander à un faiseur de Talismans, comment cela se peut faire, il répondra que c'est par une antipathie entre les Astres qui dominent sur les Juifs, & celui qui gouverne cette tête. Il n'y aura que des Oüßes qui pourront se contenter de cette réponse.

LX. Saint Gregoire de Tours dit, que comme on
creu-

creufoit les Ponts de Paris , on trouva une piece de cuivre fur laquelle on voyoit la figure d'un rat, d'un ferpent & d'un feu ; & que dans la fuite , étant negligée , ou gâtée , ou rompuë , on vit grand nombre de ferpens & de rats, & la ville fort fouvent affligée d'incendies. Heureufement pour la verité , cette tradition n'eft pas du nombre de celles que l'on foit obligée de croire.

LXI. En Egypte , pour faire ceffer la grêle , il falloit que quatre femmes toutes nuës fuffent couchées par terre fur le dos , & qu'ayant les pieds élevez , elles prononçaffent certaines paroles. Cette ridicule & impudente ceremonie étoit prife de la pofture d'une figure Talifmanique qu'on difoit fervir pour détourner la grêle, fur laquelle on voyoit, dit Chomer , une Venus couchée.

L'Ambaffadeur de Breves parle d'une pierre, taillée en forme de fcorpion , placée dans les murailles de Tripoli, pour en exterminer toutes les bêtes venimeufes qui l'avoient toûjours infectée auparavant.

On a cru que la feule figure d'Alexandre rendoit heureux ceux qui la portoient ; celle d'Hercule fe mettoit fur la porte des maifons , pour les garentir d'accidens, avec une infcription qui fignifioit, *que rien de mauvais n'entre ici* ; ce qui donna occafion à Diogene de demander plaifamment, par où entroit le Maître de la maifon. Quelqu'un a appellé ces deux dernieres figures des Talifmans ; mais à tort , car il ne s'agiffoit point d'influences celeftes, mais plutôt de fimples fuperftitions terreftres.

Suidas dit qu'un Ephefien aux jeux olympiques, eut l'avantage de la courfe fur plufieurs ; parce qu'il avoit un Talifman attaché au talon, fur une petite lame de cuivre , où étoient gravez les pieds de Diane. Il demeura en arriere quand on le lui eut ôté.

On prétend que faint Thomas étant incommodé dans fes études , par le grand bruit des chevaux qui paffoient tous les jours devant fes fenêtres pour aller

boire,

boire, il fit une image d'un cheval, suivant les regles
de l'Astrologie Judiciaire, laquelle étant mise en la
ruë deux ou trois pieds dans terre, les Palfreniers furent ensuite contraints de chercher un autre chemin,
n'étant plus en leur puissance de faire passer aucun
cheval en cet endroit.

Voilà la plûpart des plus fameux Talismans, dont
les Historiens nous ont conservé la memoire. J'ai fait
réflexion sur quelques-uns, pour t'en montrer le ridicule ; & il suffit de lire les autres, pour en connoître par soi-même la ridiculité. Ce que je t'ai dit des
Talismans qui ont été faits, se peut dire aussi de ceux
qu'on propose de faire ; par exemple, de ceux-ci.

LXII. Marcellus Empirique dit, que pour guerir la
colique qui se forme dans l'intestin qu'on appelle *colum*,
qui va depuis le roignon droit jusqu'au gauche, en passant sur le fonds de l'estomach, il faut dresser un Talisman d'une lame d'or ; que cette lame d'or soit
gravée sous la 21e. Lune avec une pointe de même
métail ; qu'étant gravée, elle soit mise dans un petit tu-
yeau d'or, bouché de peau de chevre, puis le lier avec
une couroye du même animal au pied droit ou gauche, selon que le mal se trouvera de l'un ou de l'autre
côté ; que celui qui en usera n'ait aucune connoissance
de femme, & principalement d'enceinte, qu'il prenne garde de ne pas entrer dans des tombeaux ou sepulchres ; enfin qu'il observe sur tout de chausser toûjours
le pied gauche avant le droit.   Tout le reste est trop
long & trop impertinent, pour te le rapporter ici.

Pour avoir la faveur des Rois, des Princes & des
Grands, & même pour guerir des maladies, gravez,
dit un autre, l'image du Soleil, sous la figure d'un
Roi assis dans un Trône, ayant un Lion à son côté,
sur de l'or très-pur & très-rafiné en la prémiere face
du Lion.

On aura, dit-on, l'esprit subtil & la memoire excel-
lente, si l'on grave en la premiere face des jumeaux ou
de la Vierge sur de l'or épuré, l'image de Mercure
sous

fous la figure d'un jeune homme affis, tenant en main un caducée, & la tête couverte d'un chapeau.

Enfin on affure que l'image de Mars, gravée en la premiere face du Scorpion, donne du courage & rend victorieux; que l'image de Mercure, gravée fur de l'argent ou fur de l'étain au jour & à l'heure de Mercure, rend heureux en marchandife & au jeu; que l'image de Jupiter, gravée fur de l'étain, ou fur de l'argent, ou fur une pierre blanche, fous la forme d'un homme, ayant la tête d'un belier, procure des honneurs, des grandeurs & des dignitez? il faut, ajoûte-t-on, pour rendre la chofe plus croyable en l'accompagnant de circonftances exactes & myfterieufes, que ce foit au jour & heure de Jupiter, quand il eft dans fon domicile, comme au Sagittaire, ou aux Poiffons; ou dans fon exaltation, comme au cancre, & qu'il foit libre de tous empêchemens, principalement des mauvais regards de Saturne ou de Mars, qu'il foit jufte & non brûlé du Soleil; que pour avoir de la joye, de la beauté & de la force du corps, il faut graver l'image de Venus, qui eft une Dame tenant en main des pommes & des fleurs, en la premiere face de la Balance, des Poiffons ou du Taureau; que pour acquerir des richeffes, il faut graver la figure de l'Ecriviffe, à l'heure de Saturne, le cancre étant au milieu du ciel à la feconde face, fur du plomb affiné, ou fur de l'argent, ou fur de l'or; pour affembler ou faire fuir les animaux, il faut faire les figures ou fignes des Planetes qui dominent fur ces animaux, quand ces fignes ou Planetes font dans une convenable difpofition, c'eft-à-dire, que fi c'eft pour les amaffer & affembler il faut que la Planete foit dans une bonne difpofition; fi c'eft pour les faire fuir, il faut qu'elle foit dans une mauvaife conjonĉture; on met les Talifmans dans les lieux où l'on defire amaffer les animaux; comme dans un colombier pour faire venir les pigeons; dans un bois, pour raffembler les loups, afin de les tuer; dans une campagne où doivent paffer les ennemis, pour leur infpirer spirer de la terreur & les mettre en déroute ; dans un grenier , pour en chasser les rats & autres vermines qui mangent le grain.

En verité , il faut être bien persuadé de la facilité de l'esprit de l'homme à croire , pour s'imaginer qu'il ajoûtera foi à des choses si éloignées de la vrai-semblance ; pour prétendre qu'il croira qu'un morceau de métail , gravé dans un certain temps & imprimé d'une certaine figure , ramassera & unira en lui en un moment plus de proprietez , que tous les Medecins , par leur application à l'étude des secrets de la nature ; & que tous les Chymistes ; par leurs reductions & leurs distillations , n'en auront pû trouver dans les animaux , les plantes & les metaux , après plusieurs siecles !

LXIII. De tout ce que tu viens de lire , tu dois conclure , qu'il n'y a jamais rien eû de plus impertinent , rien de plus chimerique , que l'Astrologie Judiciaire ; rien de plus ignominieux à la nature humaine , à la honte de laquelle il sera vrai de dire , qu'il y a eû des hommes assez fourbes , pour tromper les autres , sous prétexte de connoître les choses du ciel , de disposer de ses influences , par des figures & par des paroles ; & des hommes assez sots , pour donner créance à des promesses , dont la raison montre l'execution être impossible.

Qu'un Astrologue ait prédit quelque-fois la verité , c'est , ou par hazard , ou par de certaines passions qu'il a sçu adroitement inspirer pour la réüssite de sa prédiction , ou par des conjectures indépendantes de ses regles & fondées sur des connoissances qu'il a tirées adroitement de la condition , des habitudes , de la conduite de ceux qui ont voulu apprendre de lui l'avenir ; ou parce que ceux-ci mêmes l'ont aidé par leur simplicité & par leur mal-adresse , à réüssir. Un fameux Astrologue Judiciaire (c'est Agrippa) qui avoit assurément approfondi le sujet que je traite , & qui parut même vouloir lui donner tout le credit que de-

mandoit

mandoit sa profession , employant toute l'érudition
possible pour le faire valoir , remarque enfin , qu'en
Alexandrie , on levoit une taxe sur les Astrologues,
qui étoit appellée *le denier des sots;* parce que , dit-il
franchement , il n'y a que les sots qui ayent recours
aux Astrologues. Voi si tu veux continuer d'être du
nombre de ces sots; car , après avoir lû ces réflexions,
peux-tu raisonnablement douter que ce ne soit une sottise de donner dans les visions de cette charlatannerie ?
si cependant tu veux persister dans la confiance que tu
y as euë jusqu'à present , je te proteste , foi de genie
justement irrité , que je te troublerai en tout ; j'altere-
rai ta santé , sans que toutes les influences celestes
jointes ensemble puissent te guerir ; je te broüillerai la
raison encore plus que tu ne l'as broüillée ; car étant
saine à quoi te serviroit-elle , si tu veux persister à être
continuellement la dupe de tous les Charlatans ? Je
mettrai le désordre dans tes affaires , & je t'en suscite-
rai d'autres pour te faire perdre tes biens ; & cela afin
que tu n'ayes pas le temps d'écouter les Astrologues ;
je remplirai ta maison de Spectres & de Phantômes ;
je te livrerai en proye aux Sorciers & Magiciens faux
ou veritables ; bien loin de m'opposer aux Diables,
s'il s'en trouve qui ayent dessein de te tourmenter &
de t'accabler de persecutions ; j'en irai chercher dans
les enfers pour te les amener , s'ils le veulent bien &
s'ils le peuvent , comme autant de furies qui ne te
laisseront prendre aucun repos ; enfin je ferai de ta
maison même une espece d'enfer , tant je la remplirai
d'horreurs , de troubles , d'effroys & de confusion ; &
cela , parce que le soin de ta conduite m'étant confié , je
dois t'attacher à cette erreur , ou si je ne le puis , t'en punir comme tu le merites ; & parce qu'aussi je ne veux
plus servir d'objet de risée & de moquerie aux genies de
tous ces Astrologues qui te trompent.

Fin des Réflexions Crit.-comiques sur l'Astrologie judiciaire.

C H A-

CHAPITRE XX.

Quel fut le succez de la lecture que fit Monsieur Oufle des Reflexions Criti-comiques, rapportées dans le Chapitre précedent.

MOnsieur Oufle & l'Abbé Doudou furent très-consternez après la lecture de ces Reflexions ; ce n'est pas qu'ils fussent entierement persuadez que ce fût une erreur d'ajoûter foi à l'Astrologie Judiciaire ; car ils étoient trop superstitieux, pour changer ainsi d'abord tout-à-fait de sentiment ; mais ce qui les embarassoit le plus, c'étoient les terribles menaces que faisoit le prétendu Genie. Ils les relurent plus d'une fois, & enfin ils les trouverent si fort à craindre, que leur esprit en étant intimidé, ils lurent pour une seconde fois tout l'ouvrage ; & soit que la timidité eût affoibli leur prevention, soit qu'ils trouvassent qu'en effet il n'y avoit rien a répondre aux raisonnemens qu'il contenoit, ils prirent le parti de ne plus consulter les Astrologues, & de ne se plus regler sur leurs décisions.

Monsieur Oufle fut pendant quelques jours fort triste, fort rêveur & fort taciturne. Il sembloit n'abandonner qu'avec chagrin une opinion qui avoit été tant de son goût, & à laquelle il prenoit un si grand plaisir de se conformer. On parla cependant du mariage de Ruzine & de Belor ; il ne le rejetta plus avec tant de vivacité qu'il avoit fait jusqu'alors ; enfin de jour en jour, on voyoit croître en lui de grandes dispositions pour terminer cette affaire au gré de Madame Oufle, de Ruzine & de Belor ; & il l'auroit en effet terminée de la sorte, si le traître Mornand n'eût détruit ces dispositions dans le temps qu'on s'y attendoit le moins, & voici pourquoi.

Belòr qui commençoit à être bien reçû de Monſieur Oufle, alloit ſouvent chez lui: Il arriva, je ne ſçai par quelle indiſcretion, que dans quelques-unes de ſes viſites, il marqua qu'il n'aimoit point du tout Mornand ; il lâcha même quelques paroles qui faiſoient connoître, qu'il ne le ſouffriroit pas long-temps dans la maiſon, s'il devenoit le mary de Ruzme. Comme les valets ſçavent d'ordinaire tout ce qui ſe dit & tout ce qui ſe fait chez leurs maîtres, & que Mornand étoit un des plus attentifs à cet égard, il apprit bien-tôt quels étoient les ſentimens de Belòr, & l'averſion qu'il avoit pour lui. Il ne differa point de prendre ſon parti, c'eſt-à-dire, de mettre en uſage tout ſon ſçavoir faire, pour empêcher un mariage qu'il prévoyoit lui devoir être fort deſavantageux, en le faiſant ſortir d'une maiſon, où il demeuroit depuis ſi long-temps, & dont ſon établiſſement dépendoit. Comme il avoit été employé au ſtratagême, dont on s'étoit ſervi pour faire tenir à Monſieur Oufle le diſcours du genie ; qu'il étoit entré dans le ſecret de cette eſpece de conſpiration contre ſon maître ; & qu'il ſçavoit que celui-ci n'étoit diſpoſé à conſentir à ce mariage, que parce qu'il y avoit été porté par les raiſonnemens & les menaces du Genie, il prit réſolution de lui apprendre quel étoit le veritable auteur des Réflexions Criti-comiques. Sa réſolution fut executée preſque auſſi-tôt qu'elle fut priſe.

Il ſeroit difficile de bien comprendre la joye qu'eut le bon-homme, quand il apprit ce myſtere ; car par cette inſtruction & cet obligeant avis, il ſe voyoit dans la liberté de conſulter les Aſtrologues & de les croire, ſans rien craindre. Il ne s'en rapporta pourtant pas ſi fort à ce que lui diſoit Mornand, qu'il ne lui demandât quelque preuve, qui ne lui laiſſât aucun lieu de douter du tour qu'on lui avoit joüé. Mornand lui en promit de ſi fortes, qu'il ne lui reſteroit là-deſſus aucun doute. Pour cela, il le fit un jour cacher dans un lieu, d'où il entendit une converſation entre Madame

dame Ouffe, Ruzine & Belor, où l'on s'entretint beaucoup du stratagême. Et ainsi, Monsieur Ouffe en
apprit plus qu'il ne lui en falloit, pour être parfaitement convaincu, que son valet ne lui avoit rien dit
qui ne fût veritable. L'Abbé Doudou, à qui il avoit
fait part de l'avis de Mortuand, ne fut pas moins content que son pere, de cette découverte ; & enfin le
tout se termina à donner congé à Belor dans toutes
les formes, & à l'assurer qu'on ne consentiroit jamais qu'il épousât Ruzine, quand même il n'y auroit que lui d'épouser dans le monde.

Voilà donc à quoi se termina tout le stratagême,
dont on s'étoit servi, pour ôter à Monsieur Ouffe,
la prévention où il étoit pour l'Astrologie Judiciaire ;
ce fut de rompre un mariage que cette Astrologie lui
défendoit de faire, & de continuer d'être toûjours entêté des prédictions de cette science impertinente &
chimerique.

FIN.